Jeff Foster

Radikales Erwachen

vianova
Verlag Via Nova

JEFF FOSTER

Radikales Erwachen

Nimm dich im Alltag ganz an

vianova
Verlag Via Nova

Originaltitel: The deepest acceptance – radical awakening in ordinary life / Jeff Foster

Auszug des Textes von Hafiz aus der dt. Ausgabe von „I Heard God laughing. Poems of Hope and Joy.“ 1986 & 2006, Genehmigung durch Daniel Ladinsky.

Übersetzung aus dem Englischen: Evelyn Horsch-Ihle

---

2. Auflage 2016

Verlag Via Nova, Alte Landstr. 12, 36100 Petersberg

Telefon: (06 61) 6 29 73

Fax: (06 61) 96 79 560

E-Mail: info@verlag-vianova.de

Internet: www.verlag-vianova.de / www.transpersonale.de

Umschlaggestaltung: Guter Punkt, München

Satz: Sebastian Carl, 83123 Amerang

Druck und Verarbeitung: Appel und Klinger, 96277 Schneckenlohe

ISBN 978-3-86616-282-2

Bist du traurig oder einsam,
wünscht' ich, ich könnte
dir das erstaunliche Licht
deines eig'nen Wesens zeigen.

Hafiz, aus
„Das Licht deines Wesens"

Inhaltsverzeichnis

Widmung

In Liebe und tiefer Dankbarkeit für

Amy Rost
Tami Simon
Matt Licata
Julian und Catherine Noyce von Non-Duality-Press (GB)
Menno van der Meer und Jeannine de Klerk
Sherie Davis und Amy O'Neil
Lynda und Sid Foster
Maurizio und Zaya Benazzo
Mike Larcombe, Nic Higham und Scott Kiloby
Arlene Eastland

… und all die anderen wundervollen Wesen,
die ich auf dieser unglaublichen Reise getroffen habe.

Vorbemerkung des Autors

Mir scheint, dass all unsere Probleme, unser ganzes Leid und alle Konflikte auf persönlicher und globaler Ebene auf einem einzigen Problem beruhen: dass wir nicht wissen, wer wir wirklich sind. Wir haben vergessen, dass wir nicht vom Leben getrennt sind, und haben deshalb angefangen, uns vor dem Leben zu fürchten, und aus dieser Furcht heraus haben wir begonnen, dem Leben auf unterschiedliche Weise den Krieg zu erklären. Wir sind im Krieg mit unseren Gedanken, mit unseren Gefühlen, mit unseren Emotionen, mit unserem Körper und auch mit dem gegenwärtigen Augenblick. In unserem Bemühen, uns vor Schmerz, Angst, Traurigkeit, Unbehagen, Versagen und vor denjenigen Teilen des Lebens zu schützen, von denen wir zu glauben gelernt haben, dass sie schlecht oder negativ oder dunkel oder gefährlich sind, haben wir aufgehört, wahrhaft lebendig zu sein.

Der Panzer, den wir tragen, um uns vor einer vollständigen Erfahrung des Lebens zu schützen, wird das „getrennte Selbst" genannt. Aber dieser Panzer schützt uns nicht wirklich – er macht uns nur taub und hält uns auf eine bequeme Weise in dieser Taubheit gefangen.

Spirituelles Erwachen – zu erkennen, dass das, was wir wirklich sind, nicht das ist, was wir zu sein glauben – ist die Antwort auf dieses grundsätzliche Problem der Menschheit. Heutzutage gibt es viele Bücher zu diesem Thema, und mir scheint, dass mehr Menschen als je zuvor die uralten Lehren wiederentdecken, die einst nur wenigen Auserwählten zur Verfügung standen. Aber in dieser Erscheinung liegt auch eine Falle. Spiritualität kann leicht zu einer weiteren Schicht unseres Panzers werden. Statt unsere Öffnung für das Leben zu begünstigen, kann sie uns noch stärker vor ihm verschließen. Spirituelle Theorien und Klischees wie „Es gibt doch gar kein Selbst" oder „Dies ist nicht mein Körper" oder „Dualität ist nur eine Illusion" können einfach ein neues Glaubensmuster sein, dem man nachfolgen kann; eine neue Art, das Leben zu vermeiden und die

Welt von sich zu weisen – und die Folge davon ist noch mehr Leid: mehr Leid, das wir selbst erfahren, und mehr Leid auch bei denen, die wir lieben.

Bei dem spirituellen Erwachen, von dem ich in diesem Buch spreche, geht es nicht darum, wie man sich noch besser schützen kann; es geht vielmehr darum, zu erkennen, dass das, was wir wirklich sind, gar keinen Schutz braucht; dass das, was wir wirklich sind, so offen und frei und liebevoll und zutiefst annehmend ist, dass es das ganze Leben in sich zulässt. Leben kann uns nicht verletzen, denn wir *sind* Leben. Deshalb ist der gegenwärtige Augenblick auch nie ein Feind, vor dem wir Angst haben müssten, sondern ein lieber Freund, den wir willkommen heißen können. Wahre Spiritualität stärkt nicht unseren Panzer gegen das Leben – sie zerstört ihn.

Spirituelles Erwachen ist eigentlich sehr einfach. Es besteht in der zeitlosen Erkenntnis dessen, was wir wirklich sind – in einem Bewusstsein, das wir hatten, bevor wir Form wurden. Aber diese Erkenntnis auch wirklich zu leben, und zwar Tag für Tag, und sie nicht zu vergessen oder zu verlieren oder sie nur zu einem Gedankengebäude zu machen – darin liegt der Beginn des wahren Abenteuers, das ich Leben nenne. Und genau an dieser Stelle scheinen viele Menschen mit sich zu kämpfen – spirituell Suchende ebenso wie spirituell Lehrende.

Denn es ist eine Sache, zu wissen, wer wir wirklich sind, wenn das Leben unproblematisch ist und alle Dinge sich gerade prächtig entwickeln. Aber es ist eine andere Sache, sich dies auch in der Hitze des Augenblicks zu bewahren, wenn die Dinge gerade vollständig schief laufen, wenn das Leben total aus der Spur zu sein scheint und wenn sich all unsere Träume in Luft auflösen. Wenn wir unter körperlichen und emotionalen Schmerzen leiden, wenn wir ein Suchtproblem entwickelt haben, wenn unsere Beziehung nur noch aus Streit und Auseinandersetzungen besteht oder wenn wir vor den Trümmern unserer weltlichen oder spirituellen Existenz stehen, dann kann es sein, dass wir uns deutlich weniger „erwacht“ und mehr als je zuvor vom Leben getrennt fühlen, getrennt auch von den anderen und vor allem von dem, was wir wirklich sind. Unsere Träume von Erleuchtung können sich schnell in Luft auflösen und unsere Fähigkeit zur Akzeptanz kann dann Millionen Kilometer weit weg scheinen.

Dabei haben wir immer die Wahl, das Chaos und auch die Schönheit der alltäglichen menschlichen Existenz als etwas zu betrachten, das gemieden, transzendiert oder sogar ausgelöscht werden sollte – oder aber es so zu sehen, wie es wirklich ist: ein Geheimnis und eine immerwährende Einladung, zum Jetzt zu erwachen, selbst wenn wir glauben, wir seien doch schon gestern erwacht. Das Leben lässt in seinem unendlichen Mitgefühl nicht zu, dass wir uns auf unseren Lorbeeren ausruhen.

Wenn meine bisherigen Bücher das spirituelle Erwachen beschrieben haben, dann beschäftigt sich das vorliegende Buch mit wesentlich wichtigeren Fragen: Wie kann nämlich dieses Erwachen dann Tag für Tag gelebt werden? Wie können wir den gegenwärtigen Moment annehmen, selbst wenn dieser gegenwärtige Moment uns vollkommen unannehmbar erscheint? Ist die Frage „Wie können wir den gegenwärtigen Moment annehmen?“ überhaupt die richtige Frage? Denn sind wir überhaupt von diesem gegenwärtigen Moment getrennt?

Was ich lehre, dreht sich immer wieder um eine Sache: um ein tiefes und furchtloses Annehmen all dessen, was uns auf unserem Weg begegnet. Dabei geht es nicht um passive Hingabe oder kalte Distanz, sondern um das intelligente und kreative Eintauchen in das Mysterium des Jetzt. Dieses Buch erscheint nach vielen Jahren des Zuhörens und Sprechens mit Tausenden von Menschen auf dem spirituellen Weg – Menschen, deren Sorgen ich gehört, denen ich Antworten auf ihre herausfordernden Fragen gegeben habe und denen ich in ihrem Schmerz und ihrer Trauer, in ihren täglichen Kämpfen und Ängsten begegnet bin und die ich nicht auf eine Erleuchtung in der Zukunft verwiesen habe, sondern denen ich sanft gezeigt habe, wie sie ihre Erfahrung des gegenwärtigen Moments in der Tiefe bedingungslos annehmen und so in eine Annahme dessen gelangen können, was sie in ihrer Essenz wirklich sind.

Willkommen im täglichen Leben, lieber Suchender – es ist die letzte Hürde beim spirituellen Erwachen. Mögest du mutig dorthin gehen, wohin bisher noch niemand gegangen ist!

In Liebe zu dir selbst,
Jeff Foster

TEIL 1

Zum tiefen Annehmen erwachen

Die Ganzheit des Lebens

„Die wahre Entdeckungsreise besteht nicht darin,
neue Landschaften zu suchen, sondern darin,
sie mit neuen Augen zu sehen."

Marcel Proust

Die Falten auf der Hand deines alternden Vaters. Der erste Schrei deines neugeborenen Kindes. Eine Skulptur in einer Kunstgalerie. Eine bestimmte Tonfolge in einem Musikstück. Ein Tautropfen auf einem Grashalm. Ein bestimmter Gesichtsausdruck auf dem Gesicht eines völlig Fremden, der unerwartet und ganz plötzlich dein Herz zum Schmelzen bringt. Ganzheit, die plötzlich im Getrenntsein aufscheint.

Das Leben ist reich an Mysterien.

Ich sprach kürzlich mit einer Freundin, die gerade ein Kind geboren hatte. Sie ist eigentlich Wissenschaftlerin, eine „rationale Denkerin" und Atheistin, ohne jedes Interesse an Spiritualität oder Religion oder an irgendetwas, das nicht durch „wiederholbare Experimente", wie sie es nennt, bewiesen werden kann. Sie glaubt daran, dass es im Leben ausschließlich darum geht, hart zu arbeiten, für seine Familie zu sorgen, für das Alter zu sparen und irgendwann in Rente zu gehen und das „gute Leben" zu genießen, bevor man stirbt.

Und dennoch: Als sie über ihre Erfahrung mit der Geburt ihrer Tochter sprach, da waren ihre Worte nicht die einer Atheistin – es waren vielmehr spirituelle Worte, die sie benutzte, religiöse Worte, Worte, die die Ehrfurcht und das Staunen und das überwältigende Wunder der Schöpfung in sich trugen. Sie sprach über das Wunder des Lebens selbst – über das Mysterium der Geburt und des Todes, über das kosmische Rätsel, das alle Dinge durchdringt. Sie sagte mir, dass in ihr alle um sie selbst kreisenden Gedanken verschwanden, als sie ihre Tochter zum ersten Mal im Arm hielt, dass Vergangenheit und Zukunft sich auflösten und dass da ganz plötzlich nur noch DAS da war – nur noch das Leben selbst, gegenwärtig, ganz lebendig, rätselhaft. Es gab da nur noch den kostbaren Augenblick, hier und jetzt, und nichts anderes mehr.

Sie erzählte mir, wie sie voll Dankbarkeit weinte, als sie die kleinen zarten Finger ihrer Tochter zum ersten Mal erblickte – wie zierlich sie waren, wie zerbrechlich. Sie erzählte, wie verwundert sie war, dass etwas so Rätselhaftes und Lebendiges aus ihr hervorgegangen sein konnte, wie etwas aus dem Nichts heraus zu so etwas werden konnte, wie Leben aus sich selbst heraus Leben hervorbringen könne und wie dasselbe Leben, das schon beim Urknall vorhanden war, auch heute und hier noch in Form dieses kleinen, rosigen Wesens in ihren Armen lebendig war. Sie war plötzlich erfüllt von einer bedingungslosen Liebe – zu ihrer Tochter, zu allen Babys und Müttern überall auf dem Planeten, zur gesamten Schöpfung. Und es war eine Liebe, für die sie keine Worte hatte. Alle „überprüfbaren Beweise“ zerstoben im Licht der nicht erfassbaren Größe dieser Erfahrung der unmittelbaren Gegenwart.

Meine Freundin, die Wissenschaftlerin, die rationale Denkerin, die Skeptikerin, war vorübergehend zu einer non-dualistischen Mystikerin geworden, und sie war sich dessen nicht einmal bewusst. Einen Augenblick lang hatte sie die Ganzheit des Lebens berührt, das Mysterium ohne Worte, das die gesamte Schöpfung durchdringt. Einen Augenblick lang hatte sie sich in das Leben selbst verliebt, die Trennung zwischen ihr und dem Leben war weggefallen und hatte eine Liebe enthüllt, die keine Worte braucht.

Im Laufe der Jahre habe ich viele Menschen getroffen, die anfingen, sich für Spiritualität zu interessieren, weil sie in ihrem Leben solche seltsamen, unerklärlichen, nicht erfassbaren Erfahrungen oder Erkenntnisse erlebt hatten, die oft ganz ohne Ankündigung über sie kamen – Erfahrungen, die später nur schwer in Worte zu fassen und noch schwerer ihren Freunden und Familien weiterzugeben waren.

Künstler sprechen davon, wie ihr Selbst sich aufzulösen scheint, wenn sie ganz im Malen aufgehen. Musiker sprechen davon, wie es nur noch Musik für sie gibt, wenn diese Musik sie ganz erfüllt, und wie sie selbst als getrennte Wesen in diese Musik verschwinden, als ob sie vom Leben selbst aufgesogen worden seien. Sie spielen die Musik nicht mehr – sie *sind* die Musik, die sich selbst spielt. Athleten sprechen davon, dass sie in den Flow kommen, wie sie die „Zone" betreten – einen Ort, an dem Laufen oder Reiten oder Springen vollkommen ohne Anstrengung geschieht, an dem der Körper vollkommen funktioniert, und dass sie dabei ihren Körper nicht einmal mehr als ihren eigenen wahrnehmen. Schauspieler sprechen davon, dass sie buchstäblich in die Charaktere verschwinden, die sie darstellen, dass sie sich in eine Rolle hinein verlieren, und wie es, wenn sie wirklich spielen, niemanden mehr gibt, der spielt. Wenn man ihnen dann hinterher zu ihrer Darstellung gratuliert und sie fragt, wie sie es geschafft hätten, so zu spielen, dann müssen sie zugeben, dass sie es wirklich nicht wissen.

Oder es geschieht, dass du einfach durch einen Park spazierst und ganz plötzlich kein Ich mehr da ist, das spazieren geht – es gibt nur noch den Wind auf deinem Gesicht, das Rascheln der Blätter, das Lachen der Kinder und das Bellen der Hunde. Du verschwindest, und du wirst alles – oder alles verschwindet und du wirst nichts. Worte können dem einfach nicht gerecht werden.

Manchmal sind die Geschichten auch weniger dramatisch. Du machst vielleicht gerade den Abwasch und plötzlich werden die glitzernden Seifenblasen zu den faszinierendsten Dingen, die es im ganzen Universum gibt – ja wirklich, die Seifenblasen *werden* in diesem Moment zum ganzen Universum. All deine Probleme, all deine Ängste, all deine Sorgen und deine verzweifelte Suche nach einem besseren Leben, dein Streben nach Ruhm, Erfolg, Liebe, Macht oder Erleuchtung – sie alle lösen sich auf. Alles ist auf einer tiefen Ebene ganz einfach richtig, so, wie es ist – es ist auf kosmische Weise richtig. Und obwohl deine Lebenssituation sich in keiner Weise verändert hat – die Rechnungen müssen immer noch bezahlt werden, die Kinder brauchen immer noch etwas zu essen, die Arbeit muss immer noch getan werden, der Schmerz ist nach wie vor da – aber deine Beziehung zu all dem hat sich ganz plötzlich verändert. Von einem Augenblick zum anderen bist du nicht länger ein getrenntes Wesen, das darum kämpft, seine Ganzheit zu erlangen. Es *gibt* vielmehr nur noch Ganzheit. Du bist wieder zurück im Mutterleib des Lebens – ein mütterlicher Leib, den du nie wirklich verlassen hast. Und gleichzeitig ist das ganz gewöhnliche Leben dennoch weiter da, und du funktionierst weiter in der Welt, aber ohne Anstrengung.

Die Naturwissenschaft kann solche Erfahrungen – oder besser, diese Nicht-Erfahrungen, oder wie immer du sie auch nennen willst – nur schwer erklären, denn sie bringen uns über die Welt der Ursache und Wirkung, über Subjekt und Objekt, über Beobachter und Beobachtetes, Absolutes und Relatives, Innen und Außen und selbst über Zeit und Raum hinaus. Es ist schwer, sie zu beweisen oder sie logisch, wissenschaftlich oder philosophisch zu präsentieren. Aber für all diejenigen, die sie erlebt haben, sind sie realer als alles, was es sonst gibt. Man kann sie vielleicht Erleuchtungsmomente oder Gipfelerfahrungen oder ganz einfach unmittelbare Begegnungen mit dem Leben selbst nennen. Und eigentlich ist es auch gar nicht wichtig, wie du sie nennst, weil Worte sowieso letztlich immer erst danach kommen, wenn die eigentliche Erfahrung schon vorbei ist.

Das Dasein ist voll von Mysterien und Wundern, und manchmal, ohne jede Vorwarnung, kann das Licht durch die Ritzen des getrennten Selbst hindurchscheinen. Einige kurze Momente lang gibt es den kosmischen Vorschlag, das Leben als etwas zu erkennen, das irgendwie unendlich mehr ist als das, was es zu sein scheint. Die einfachsten Verrichtungen können sich ganz unerwartet in etwas Ungewöhnliches verwandeln, und das kann uns zu der Frage verleiten, ob das Wunderbare vielleicht immer im ganz Gewöhnlichen verborgen ist und nur darauf wartet, entdeckt zu werden.

Ja, vielleicht sind die ganz gewöhnlichen Dinge im Leben – kaputte alte Stühle, Fahrradreifen, das Sonnenlicht, das sich auf Glasscherben spiegelt, ein Lächeln eines geliebten Menschen, der erste Schrei eines neugeborenen Kindes – in Wirklichkeit überhaupt nicht gewöhnlich. Vielleicht ist in ihrer Gewöhnlichkeit etwas ganz Ungewöhnliches versteckt. Vielleicht sind all die Dinge, die wir so ganz selbstverständliche hinnehmen, in Wirklichkeit göttlich, heilig, unendlich kostbare Ausdrucksformen einer Ganzheit, eines Einsseins, das gedanklich oder mit Worten nicht ausgedrückt werden kann.

Und vielleicht ist diese Ganzheit nicht „irgendwo da draußen“, weit weg von uns oder irgendwo in der Zukunft, wo sie auf Entdeckung wartet. Vielleicht brauchen wir nicht in die entferntesten Winkel des Universums vorzustoßen, um sie zu finden. Vielleicht ist sie auch nicht erst im Himmel zu finden oder in den tiefsten Tiefen der Seele. Vielleicht ist die Ganzheit hier, direkt bei uns zu finden, an dem Punkt, an dem wir gerade sind – und zwar in diesem Leben, in dieser Welt – und vielleicht sind wir nur irgendwie blind dafür geworden, weil wir so besessen davon waren, sie zu finden.

Die moderne Physik bestätigt heute das, was schon zu allen Zeiten die spirituelle Lehren zu vermitteln versucht haben: dass nämlich alles miteinander verbunden ist und dass nichts getrennt von irgendetwas anderem existiert. Wir haben im Laufe der Jahre viele Worte erfunden, mit denen wir versucht haben, diese kosmische Ganzheit zu beschreiben, Worte wie *Spirit, Wesen, Einssein, Advaita, Nichtdualität, Bewusstsein, Achtsamkeit, Lebendigkeit, Sein, Quelle, Existenz, Istheit, Tao, Buddha, Geist und Gegenwärtigkeit.* Und wir könnten uns hundert Jahre hinsetzen und debattieren, was die Ganzheit des Lebens wirklich ist, aber ich glaube nicht, dass wir das wirklich mit Worten ausdrücken können und in Wirklichkeit das verpassen, für das die Worte lediglich ein Hinweis sind. Nehmen Sie deshalb ihr Lieblingswort für Ganzheit, denn letztlich geht es nicht wirklich um Worte. Vielleicht nennen Sie es *Tao.* Ich nenne es *Leben.* Sie nennt es vielleicht *Gott.* Er nennt es *Bewusstheit.* Jemand anders nennt es vielleicht *das Nichts* und noch jemand anderes nennt es *das Alles.* Noch jemand anderes will am liebsten gar nicht darüber sprechen. Ein Künstler malt vielleicht Bilder darüber. Ein Musiker schreibt darüber Musikstücke. Ein Physiker versucht es durch komplizierte Berechnungen und bewusstseinsverändernde Theorien zu beweisen. Ein Dichter oder Philosoph jongliert mit Worten, um es zu erreichen. Ein Schamane gibt dir vielleicht seltsame Substanzen zum Einnehmen, damit du es selbst finden kannst. Und ein spiritueller Lehrer deutet sowohl mit Worten wie auch mit Schweigen darauf hin.

Was ich sagen will, ist, dass sich das, was es wirklich *ist*, letztlich niemals in Worte fassen lässt. Gedanken und Worte zerteilen die Ganzheit in Stücke, sie brechen eine ganzheitliche Wirklichkeit auf in getrennte Einzelteile: in Körper, Stühle, Tische, Bäume, die Sonne, den Himmel, mich, dich. Die Welt der Gedanken ist eine Welt der Dualität, eine Welt der *Dinge.*

Natürlich werde auch ich in diesem Buch viele Worte machen. Worte sind sehr nützlich, wenn man Bücher schreibt oder sie liest. Aber wichtig ist, sich immer daran zu erinnern, dass *es hier nicht um die Worte geht.* Es geht um die Ganzheit des Lebens selbst – und die liegt vor *allen* Worten, sogar vor dem Wort *Ganzheit.*

Es gibt eine große Stille und Ruhe, die alle diese Worte durchzieht, und aus dieser inneren Stille heraus spreche ich. Das gesamte Buch, das du in der Hand hältst, ist ein Liebesbrief der Stille an sich selbst – von dem Punkt, an dem ich wirklich bin, zu demjenigen, an dem du wirklich bist.

Ich habe früher einmal in einem Hospiz mitgearbeitet und Zeit mit Menschen verbracht, die dort die letzten Tage oder Wochen und manchmal auch die letzten Stunden ihres Lebens verbrachten. Oft beichteten diese Patienten mir, dass sie erst jetzt, in diesem Augenblick, in dem der Vorhang schon fast zum letzten Mal fiel, ihre Augen für die Aufführung öffnen konnten. Erst jetzt waren sie in der Lage, zu sehen, wie kostbar das Leben ist – und es immer schon war. Viele von ihnen sprachen darüber, wie sehr sie dies bedauerten. Bedauerten, dass sie das Leben nicht wirklich bis in die Tiefe gelebt hatten. Bedauern darüber, nicht genug geliebt zu haben, darüber, die eigenen Gefühle aus Angst vor Zurückweisung zurückgehalten zu haben. Bedauern darüber, in ihren Beziehungen nicht ehrlicher und offener gewesen zu sein. Bedauern darüber, dass sie zu viel gearbeitet hatten, so lange, bis sie krank geworden waren, auf Jagd nach einer Zukunft, die niemals kam und niemals kommen würde. Wenn sie nur gewusst hätten, dass das Leben anderes mit ihnen vorhatte, dann hätte ihnen das früher die Augen geöffnet.

Einige von ihnen fingen erst wirklich an, das Leben für sich zu erforschen, als der Faktor Zeit ihnen genommen worden war. Sie hatten keine Zeit mehr, in Hoffnungen oder Träumen zu leben – sie hatten nur noch Zeit, wirklich zu leben. Manche von ihnen hatten sich der Kunst zugewandt; einige lernten ein Instrument spielen oder sangen oder tanzten zum ersten Mal in ihrem Leben. Eine Frau, der ich begegnete, hatte endlich den Mut gefasst, ihr erstes Album einzuspielen. Ihr ganzes Leben lang hatte sie nur unter der Dusche gesungen, wenn sie ganz allein war, sie hatte ihre Stimme versteckt und sich so vor einem möglichen Ausgelachtwerden und vor Zurückweisung geschützt. Aber nun, in den allerletzten Wochen ihres Lebens, als sie nichts mehr zu verlieren hatte, sang sie aus vollem Herzen, so, als ob niemand ihr zuhören würde, so, als ob sie schon gestorben wäre und nichts mehr zu fürchten hätte. Ausgelachtwerden und Zurückweisung waren nichts mehr, wovor sie sich fürchtete.

Einmal spielte ich mit einer Patientin Schach. Während wir spielten, wechselten wir kaum ein Wort. Ihr Kopf war kahlgeschoren, und sie war ganz offensichtlich von einer monatelangen Chemotherapie sehr geschwächt. Aber in dieser Stunde, die sie mit mir verbrachte, war sie so *präsent*, so *vollständig im Hier und Jetzt*, so vertieft in das Leben selbst – wie ein neugeborenes Kind, das fasziniert ist von allem, was geschieht. „Schachmatt“, sagte sie lächelnd, als sie meinen König einschloss. Sie starb noch am selben Abend, aber während dieses Spiels war sie lebendiger, offener für die Erfahrung, verliebter in den gegenwärtigen Augenblick als viele andere, die noch 50 Jahre zu leben haben. Gegenwärtigsein ist nichts, was mit Zeit zu tun hat.

Warum braucht es häufig solch extreme Lebenssituationen, damit ein Bewusstsein für den Zauber und das Mysterium des Lebens wiederkehrt? Warum warten wir oft fast bis zu unserer Todesstunde, ehe wir eine tiefe Dankbarkeit für das Leben, so wie es ist, entwickeln? Warum mühen wir uns so sehr damit ab, irgendwann in der Zukunft Liebe zu finden, Angenommensein, Ruhm, Erfolg oder Erleuchtung? Warum arbeiten oder meditieren wir uns ins Grab? Und warum verschieben wir das Leben auf später? Warum halten wir uns selber hin? Wonach suchen wir eigentlich wirklich? Und worauf warten wir? Wovor haben wir Angst?

Denn: Wird das Leben, nach dem wir uns sehnen, irgendwann in der Zukunft so sein, wie wir es wünschen? Oder ist es uns immer viel näher, als wir glauben?

In diesem Buch geht es um die Ganzheit des Lebens und um die Möglichkeit, zu entdecken, dass diese Ganzheit *direkt hier* zu finden ist – nicht im nächsten Jahr, nicht morgen, nicht „irgendwann einmal“, sondern hier, *mitten in der gegenwärtigen Erfahrung*, mitten in allem, was gerade geschieht. Auch wenn das, was gerade geschieht, ungemütlich ist oder schmerzhaft oder aus einer Sehnsucht nach Freiheit besteht.

In diesem Buch geht es letztlich darum, herauszufinden, wer du wirklich bist, jenseits von all dem, was du zu sein denkst, jenseits auch von dem, was man dir beigebracht hat zu denken, dass du es bist, jenseits deiner Geschichte über das, was du bist, und jenseits all deiner Konzepte und Bilder von dir und über dich. Und es geht darum, die Wege zu entdecken, durch die wir, indem wir vergessen, wer wir sind, und in unserem Versuch, das zu bauen und aufrechtzuerhalten, was man im Grunde ein falsches Gedankenkonstrukt und Bild unseres Selbst nennen könnte, in einen Krieg ziehen – in einen Krieg gegen die Erfahrung des

Augenblicks, in einen Krieg gegeneinander, in einen Krieg gegen diesen Planeten. So wird unser innerer Konflikt zu einem äußeren Konflikt. Und wenn ich mich mit mir selbst im Kriegszustand befinde, dann muss ich auch dich bekriegen. Was ich in mir selbst unterdrücke, das unterdrücke ich auch in der Welt. Und diese Unterdrückung führt zu Leid, zu Leiden jeglicher Art. Wir machen uns von Suchtmitteln oder Gewohnheiten abhängig – auch von scheinbar guten – um zu vermeiden, was wir an uns selbst nicht leiden können. Wir kämpfen mit schmerzhaften Gefühlen. Wir suchen nach jemandem oder nach einer Beziehung, die uns ganz und vollständig macht. Und wir versuchen verzweifelt, jedem Unbehagen zu entkommen, indem wir erleuchtet werden.

In diesem Buch werde ich mit einem Vergrößerungsglas den Ort betrachten, an dem in uns dieser innere Konflikt entsteht, denn der Ort, an dem in uns ein Konflikt beginnt, ist auch der Ort, an dem er aufhören kann.

Im 20. Jahrhundert haben die Menschen es geschafft, bei Kriegen und durch Völkermorde schätzungsweise 200 Millionen andere Menschen umzubringen. In dieser Hinsicht sind Menschen einzigartig unter den Organismen, die die Erde bevölkern – wir verletzen und töten andere Menschen nicht nur, um uns körperlich zu schützen, nicht nur, um Nahrung zu beschaffen und Hoheitsgebiete zu erweitern, sondern auch, weil wir *Vorstellungen und Ideale* verteidigen müssen. Wir töten im Namen aller möglichen Ideale – im Namen von Ideologien, Philosophien, Glaubenssystemen, spirituellen Wegen oder von Weltanschauungen. Wir töten in dem Versuch, unser Bild vom Himmel auf die Erde zu bringen und unser Bild von der Welt anderen Menschen aufzuzwingen, die dies nicht so sehen. Wir töten im Namen von Bildern der Wirklichkeit, Bildern von Wahrheit und Falschheit, Bildern von dem, wie wir sind und wie andere im Verhältnis zu uns sind – Bilder, die nur selten, wenn überhaupt, etwas mit der Wirklichkeit zu tun haben. Wie kann diese schreckliche Gewalt endlich ein Ende nehmen?

Heutzutage ist es modern, über eine Verschiebung des menschlichen Bewusstseins zu sprechen, die sich derzeit auf dem Planeten abspielen soll. Dabei geht es um die Vorstellung, dass die menschliche Rasse derzeit dabei ist, irgendeinen höheren Bewusstseinszustand zu erreichen. Ich glaube stattdessen, dass wir in Wirklichkeit dabei sind, eine neue und erhöhte Bewusstheit darüber zu entwickeln, wie verrückt der menschliche Geist eigentlich ist. Wir sind uns mehr als je zuvor bewusst, dass die alte Art und Weise, Dinge zu tun, nicht länger funktioniert. Unsere alten Annahmen darüber, wer wir sind, unser dualistisches Denkmodell, unsere „Wir-und-Sie"-Mentalität haben uns dem Frieden nicht nähergebracht – weder dem Frieden in unserer Welt als Ganzes noch dem Frieden in unserem Inneren. Ganz im Gegenteil: Kriege, Völkermord, Unterdrückung und Gewalt gehen genau in diesem Augenblick ungehindert weiter. Das Finanzsystem der Welt ist im Begriff zusammenzubrechen (und manche würden sogar sagen, es *ist* bereits zusammengebrochen), und die großen Supermächte schieben eine riesige Schuldenlawine vor sich her. Am Horizont zeigt sich ein echtes ökologisches Desaster. Und die Menschen erleben eine Zunahme an psychischen Störungen wie Depression, Ängste und Stress, die jedes bisherige Maß übersteigt.

Die Welt ist immer schon ziemlich verrückt gewesen, aber in dieser Zeit werden wir uns unserer Verrücktheit mehr und mehr bewusst. Zum ersten Mal in der Geschichte der Menschheit sind Daten über den Zustand der Welt für praktisch jeden verfügbar, der Zugang zu einem Computer besitzt. Man könnte auch mit derselben Wahrheit sagen, dass wir verzweifelter als je zuvor nach einem Ausweg suchen.

In diesem Buch geht es jedoch nicht darum, alle Probleme dieses Planeten zu lösen – um über so etwas zu sprechen, bin ich nicht kompetent genug. Aber worüber ich sprechen kann, ist die Frage, wo der Ursprung des menschlichen Leidens, der menschlichen Konflikte und der Gewalt liegt: in dem dualistischen Abspalten der Erfahrung der Gegenwart, in der Trennung des „Ich" vom Leben selbst. Wenn nicht jeder von uns an irgendeinem Punkt seines Lebens sein eigenes Erleben des Jetzt entdeckt und die Verrücktheit, die Gewalt und die Trennung, die an dieser Stelle zu finden sind, heilt, dann können wir die Hoffnung aufgeben, einen Ausweg aus der kollektiven Verrücktheit der Menschheit zu finden. Wenn wir aber herausfinden, wo die Gewalt, das Leiden und die Trennung vom Leben und voneinander in unserem eigenen Erleben beginnt, und wenn wir das Leid, das wir in uns selbst erzeugen, klar erkennen und verstehen können, dann werden wir auch in der Lage sein zu erkennen, wie wir Leid bei anderen erzeugen – bei denen, die wir lieben, in unseren Städten, unseren Ländern, unseren Kontinenten und im Planeten als Ganzes.

Gewalt beginnt und endet in *dir*. Diese Wahrheit zu erkennen, führt zu vollständiger Verantwortlichkeit, im besten und wahrsten Sinne dieses Wortes.

Ich biete keinen Ausweg aus der Verrücktheit des menschlichen Geistes, ich biete einen Weg hinein. Ich biete auch nicht wirklich eine Lösung für alles Leiden an, sondern einen anderen Weg, dieses Leiden zu betrachten – eine radikale, neue Weise, dazu *in Beziehung zu treten*. Wir können nicht hoffen, das Leiden zu beenden – weder das persönliche noch das globale Leid – ehe wir verstehen, was Leiden im Tiefsten wirklich ist. Und wenn wir wahrhaftig das Leiden verstanden haben, dann entdecken wir vielleicht, dass wahre Freiheit nicht dadurch gefunden wird, dass man versucht, der gegenwärtigen Erfahrung zu entkommen, sondern dadurch, dass man furchtlos in ihre verborgenen Tiefen eintaucht. Darin werden wir dann vielleicht den ganzen Frieden, die wahre Liebe und die tiefe Annahme finden, die wir immer „da draußen" gesucht haben.

Nun könnte man sagen, das klingt aber ziemlich selbstsüchtig oder sogar narzisstisch, sich so sehr auf das eigene Leid zu stürzen. „Wer bin ich denn, dass ich mich hier hinsetze und mein eigenes Leiden erforsche? Sollte ich nicht lieber vergessen, was nur mich betrifft, und mich nach außen wenden, damit ich dazu beitragen kann, das Leiden dieser Welt zu mindern?" Erinnere dich daran, dass du jedes Leiden, das du in dir findest, notgedrungen auf die Welt da draußen projizierst. Du bist eins mit dieser Welt, wie wir noch herausfinden werden. Alles, was du in dir bekämpfst, wirst du notgedrungen irgendwann auch in der Welt draußen bekämpfen. Wenn Gewalt und Trennung in dir lebendig sind, dann wirst du sie in deine engen Beziehungen einbringen, in deine Familie, an deinen Arbeitsplatz, in die Welt im Allgemeinen. Denn die Welt ist nichts anderes als deine Projektion von ihr, wie spirituelle Lehrer, Heilige, Weise und Mystiker aller Zeiten zu betonen nicht müde wurden.

Der spirituelle Lehrer Osho beispielsweise sprach einmal über den Widerspruch, der entsteht, wenn man tief in sein eigenes Erleben eintaucht, statt zu versuchen, die Probleme der Welt zu lösen. Er sagte: „Ja, es wird wie Selbstbezogenheit aussehen. Aber ist die Lotusblüte selbstsüchtig, wenn sie erblüht? Ist die Sonne selbstbezogen, wenn sie scheint?" Auf seltsame Weise muss man, damit man vollkommen selbstlos ist, vollkommen selbstsüchtig sein, vollkommen besessen von sich selbst, aber nicht so, wie wir normalerweise diese Selbst-Besessenheit verstehen. Du musst fasziniert von dir sein, neugierig, bereit, durch das Getrenntsein hindurchzuschauen, in all seinen Formen, genau jetzt, in deinem gegenwärtigen Erleben. Du musst dich dafür öffnen, dein Leid zu erkunden – wie und warum es sich in dir zeigt und woher es kommt. Du musst bereit sein, es wirklich anzuschauen, mit deiner ganzen Kraft, und dann den Ort zu finden, wo selbst die scheinbar am wenigsten akzeptablen Aspekte deines Selbst in der Tiefe angenommen werden können.

Wahre Freiheit besteht darin, sich furchtlos der Dunkelheit zu stellen und irgendwann dahin zu kommen, zu erkennen, dass diese Dunkelheit vom Licht nicht zu trennen ist. Sie besteht darin, anzuerkennen, dass das, was du immer gesucht hast, in deinen schlimmsten Ängsten verborgen lag. Um Thomas Hardy zu zitieren: „Wenn es einen Weg zum Besseren gibt, dann besteht er darin, mit offenen Augen das Schlimmste zu betrachten – und genau dort eine tiefe Akzeptanz zu entwickeln."

Wenn du verstehst, wie du Leiden in dir erzeugst, dann verstehst du auch unmittelbar, wie es in allen anderen Menschen entsteht. Wir konzentrieren uns so sehr auf die individuellen Unterschiede, dass wir vergessen, dass wir im Grunde sehr ähnlich oder sogar gleich sind. Wir leiden alle, und wir alle suchen einen Ausweg aus diesem Leid, wie schon Buddha lehrte. Wenn du den Mechanismus des Leidens in dir erkennst und durchdringst, dann bekommst du ein tiefes Mitgefühl mit dem Leid anderer – und das ist die wahre Bedeutung des Wortes *Mit-Gefühl* (im englischen: *com-passion*, was wörtlich bedeutet: „Ich leide mit dir" – die Übersetzerin).

Wenn ich den Schmerz ausschließlich als meinen eigenen sehe, dann verliere ich mich in meiner persönlichen Leidensgeschichte und fühle mich abgeschnitten vom Leben, unverbunden und einsam in meinem Jammer, meiner Not. Aber jenseits der persönlichen Geschichte meines eigenen Leids kann ich entdecken, dass dieser Schmerz nicht wirklich nur mein eigener Schmerz ist. Er ist der Schmerz der ganzen Welt. Er ist der Schmerz der ganzen Menschheit. Wenn ich beispielsweise meinen Vater verliere, dann ist die Trauer, die ich erlebe, nicht nur meine persönliche Trauer, sondern die Trauer jedes Sohnes auf der Welt. Wenn mein Partner mich verlässt, dann kann ich zu jedem werden, der schon einmal jemanden verloren hat, den er liebt. In den intimsten Bereichen des Erlebens des Jetzt entdecke ich, dass ich das Universum *bin*, das ich so verzweifelt zu retten versuche, und ich entdecke, dass ich das Mitgefühl *bin*, das ich so unermüdlich in die Außenwelt zu bringen versuche. Ich entdecke, dass ich die Anderen *bin*, mit denen ich mich so sehnsuchtsvoll zu verbinden versuche. Und in der Tiefe meines Personalen, im Zentrum meiner besonders schmerzlichen und ausgesprochen persönlichen Erfahrungen und Erlebnisse kann ich die unpersönliche Wahrheit der Existenz selbst entdecken, und dort, an dieser Stelle, bin ich plötzlich frei. Viele spirituelle Lehren erzählen uns davon, dass wir dem Persönlichen entfliehen und irgendwann in der Zukunft einen überpersönlichen Zustand erreichen sollen, aber, wie wir in diesem Buch erkennen werden: Persönliches und Überpersönliches sind auf eine ganz intime Weise eins und können nicht voneinander getrennt werden. Die Trennung selbst ist die Wurzel allen Leidens und jedes Konfliktes.

Von einer bestimmten Ebene aus betrachtet ist ein Buch wie dieses hier eigentlich nicht notwendig. Du bist nämlich schon vollkommen, genauso, wie du bist. Du bist das Leben selbst und bist es immer schon gewesen. *Das ist es* – hier und jetzt! Dieser Augenblick ist alles, was existiert, und er ist vollkommen in sich. Darüberhinaus gibt es nichts zu tun. Glückwunsch! Du kannst jetzt das Buch weglegen und eine Tasse Tee trinken und ein Sandwich essen.

Von einer anderen Ebene aus betrachtet, *erkennst* du aber vielleicht nicht, dass du schon vollkommen bist. Vielleicht sind für dich inspirierende spirituelle Wahrheiten wie „Du bist schon vollkommen“ oder „Es gibt nur das Eine“ nichts weiter als wunderschöne, inspirierende *Worte* und noch keine lebendige, erfahrbare *Wirklichkeit*. Vielleicht kämpfst du noch mit deinen Gefühlen, mit deinem Schmerz, mit Süchten, mit Beziehungskonflikten. Vielleicht suchst du immer noch nach Antworten, nach Liebe, nach Bestätigung, nach Erleuchtung. Vielleicht wartest du immer noch auf Frieden und sehnst dich danach, den Weg zu finden, wie du in dieser Welt auf eine liebevollere, authentischere, erdverbundenere Weise leben kannst. Und vielleicht, auch wenn du *glaubs*t, dass du nicht vom Leben getrennt bist, *fühlst* du dich dennoch von ihm abgeschnitten.

Dein Leiden ist kein Fluch, keine Strafe, kein Irrweg und auch kein Zeichen, dass du in irgendeiner Weise versagt hast. Leiden ist immer ein großartiger Ort, um damit anzufangen, die Erfahrung des Jetzt zu untersuchen. Gott weiß, dass ich – hätte ich nicht so gelitten, wie ich es tat – wahrscheinlich niemals damit angefangen hätte, alles in Frage zu stellen, das ich kannte, und die Freiheit in all dem entdeckte, mit dem ich nicht im Frieden in mir war, sondern auch mit allem, was ich in mir zu verleugnen versuchte.

Ich verspreche euch keinen besonderen Zustand und auch keine besondere spirituelle Erfahrung – das überlasse ich den spirituellen Gurus. Außerdem: Zustände und Erfahrungen kommen und gehen, und wenn wir wirklich und wahrhaftig ein Ende unseres Leidens anstreben, dann müssen wir über solche vorübergehenden Zustände und Erfahrungen hinausgehen, ebenso wie über spirituelle Höhenflüge, um etwas zu entdecken, das nicht kommt und geht. Etwas, das immer da ist. Etwas, das gerade jetzt da ist, das aber scheinbar stets übersehen wird, weil wir ständig zukünftigen Erfahrungen hinterherlaufen oder uns nach vergangenen Ruhmestaten zurücksehnen.

Ich würde mich selbst nicht als spirituellen Führer oder Selbsthilfe-Guru bezeichnen, ebenso wenig als ein besonderes, erwachtes oder erleuchtetes Wesen oder als jemand, der in irgendeiner Weise grundlegend anders ist als du. Ich sehe mich mehr als einen Freund, der dich sanft auf das hinweist, was du wirklich bist, und der dich daran erinnert, was du irgendwo tief in deinem Inneren bereits weißt. Ich will ganz sicher nicht, dass du blind alles glaubst, was ich dir hier erzähle. Ich möchte, dass du es ganz für dich allein durchkaust, dass du alles einem Härtetest unterziehst, was ich sage – dem Härtetest deiner eigenen Erfahrung. Ich bin keine Autorität für die Sache des Lebens. (Und wer könnte schon eine Autorität für den Gesang der Vögel sein oder für das klopfende Herz oder für den tröpfelnden Regen oder für den Augenblick, wie er gerade ist?) Aber vielleicht werden die Worte in diesem Buch dich auf ein tiefes, alles durchdringendes Angenommensein, auf eine Leichtigkeit und eine Ruhe im Herzen von allem verweisen, das dich über das Bedürfnis hinausbringt, nach einer Autorität im Außen zu suchen, und das dich wirklich frei sein lässt, so wie ein Baum im Sturm, direkt dem Leben zugewandt, vollkommen beschäftigt mit den Wirklichkeiten und Herausforderungen der relativen Existenz, aber gleichzeitig gut gegründet in der unerschütterlichen Gewissheit dessen, was du wirklich bist, tief verwurzelt in einem *Wissen,* das niemals sterben wird.

Warum leiden wir?

Wir werden nicht aufhören zu forschen.
Und am Ende all unseres Forschens
kommen wir da an, wo wir aufgebrochen sind,
nur dass wir dann um diesen Ort wirklich wissen.

T. S. Eliot, Little Gidding

Beinahe mein ganzes Leben lang war ich ein sehr trauriges und einsames kleines Selbst, eine depressive Welle im kosmischen Ozean des Lebens, die sich vollkommen getrennt von diesem Ozean fühlte, mit sich selbst und mit anderen auf Kriegsfuß stand und sich nie einen Augenblick Ruhe gönnte. Lange Jahre versuchte ich mich immer wieder anzupassen, ich versuchte erfolgreich zu sein, mich mit anderen verbunden zu fühlen, Liebe zu finden und meinen Platz in der Welt zu erobern. Aber trotz meiner immensen Anstrengungen wurde meine Depression immer schlimmer. Ich gab allem und jedem die Schuld daran – meinen Genen, der Chemie in meinem Gehirn, meiner Erziehung, meinen Eltern, meinen Freunden, meinem Chef, der Grausamkeit des Lebens, unserer geldbesessenen Gesellschaft, den Medien, den Fleischessern, den Politikern, den Großunternehmern, den „Schlimmfingern". Meine Not hatte nichts mit mir selbst zu tun – jedenfalls dachte ich das. Sie war die einzig mögliche Antwort auf ein Leben, das sich gegen mich gerichtet hatte. Das Leben war grausam, es war ungerecht, unfreundlich, und es schien mich verflucht zu haben. Ich gab dem Leben die Schuld an meiner Misere, und ich glaubte, dass ich alles Recht dazu hätte. „Wenn du erlebt hättest, was ich erlebt habe, dann würde es dir ganz genauso gehen!" – so oder so ähnlich rechtfertigte ich mein Gefühl anderen gegenüber.

Das Leben hatte sich nicht meinen Erwartungen entsprechend entwickelt, Menschen hatten mich enttäuscht und ganz gleich, wie sehr ich es versuchte – ich hatte keine Kontrolle darüber, wie mein Leben sich entwickelte. Als Folge davon lag ich nur noch im Bett herum, unfähig aufzustehen, ich hatte Selbstmordgedanken, Schwindelanfälle und fühlte mich nur bedrückt, unfähig und nicht einmal bereit, mich dem beginnenden Tag zu stellen. Warum sollte ich auch aufstehen? Vor meiner Schlafzimmertür wartete nur noch mehr Kummer und Elend auf mich. Ich wusste genug über das Leben, und ich wollte ihm um jeden Preis ausweichen. Leben bedeutete Schmerz, und ich wollte diesen Schmerz nicht erleiden.

Wie war es bloß dazu gekommen? Ganz einfach gesagt, hatte ich im Laufe meines Lebens viele Vorstellungen darüber aufgebaut, wie das Leben sein sollte. Ich hatte viele Glaubenssätze über die Wirklichkeit gesammelt, viele Annahmen über die Natur der Dinge zusammengestellt, ich hatte viele Konzepte in mir, was in der Welt geschehen oder besser nicht geschehen sollte. Ich hatte Schlussfolgerungen daraus gezogen und dachte, ich wüsste, was richtig und was falsch war, was gut und was böse, was normal war und was abnorm, was korrekt war und was unkorrekt.

Und ich hatte mir Vorstellungen von mir selbst gebildet, die ich aufrechterhalten wollte – viele Anforderungen an mich selbst, wie ich gesehen werden wollte und wie ich mich selbst sehen wollte. Ich wollte mich als einen erfolgreichen, attraktiven, intelligenten, freundlichen, gutmütigen, mitfühlenden, talentierten Menschen definieren – und ich wollte, dass auch andere mich so sahen. Das Leben aber stellte mir bei all diesen inneren Anforderungen ein Bein – es ließ mich einfach nicht das sein, was ich so dringend sein wollte. Es verstand mich einfach nicht. Und die Menschen verstanden mich auch nicht. Eigentlich verstand mich niemand – und nie würde mich jemand verstehen! Meine frustrierten Erwartungen und meine dauernden Bewertungen im Hinblick auf mein Leben und mich selbst verursachten Schmerzen und ich hasste diesen Schmerz und hatte keine Lust, ihn auch nur eine Sekunde länger zu ertragen.

Mit Mitte 20 jedoch kam ich durch eine Folge von Einsichten, die sich immer mehr vertieften, zu der Erkenntnis, dass meine Depression im Grunde nichts anderes war als ein *tiefer Widerstand gegen das Leben*. Ich erlebte nicht etwas, was außerhalb von mir war und dem man die Bezeichnung Depression gab. Es war nicht so, dass mir so etwas wie eine Depression „passierte". Ich erlebte meinen eigenen inneren Krieg mit den Dingen, wie sie nun einmal waren. Und auf dem Grund all dessen lag meine Unkenntnis darüber, wer ich wirklich war. Ich hatte aufgehört, die Vollständigkeit des Lebens wahrzunehmen, ich hatte mein wahres Wesen vergessen und ich hatte der Erfahrung der Gegenwart den Krieg erklärt. Indem ich nicht erkannte, wer ich wirklich war, und mich daher als ein „getrenntes Selbst“ wahrnahm, befand ich mich im Kriegszustand mit dem gegenwärtigen Augenblick.

Meine Depression war ein vollkommener Ausdruck dessen, wie ich die Welt sah – mit meinen Bewertungen, mit meinen Glaubenssätzen, mit meinen Anforderungen, wie der jeweilige Augenblick sein sollte. Unter all diesen Versuchen jedoch, das Leben durch Denken zu kontrollieren, lag Angst – Angst vor Veränderung, Angst vor Verlust, und, ganz in der Tiefe, Angst vor dem Tod. Mein Widerstand gegen das Leben brachte mich in einen extremen Zustand – eine Depression mit Selbstmordabsichten – aber mehr oder weniger sind wir alle von der Ganzheit abgeschlossen. Das Maß, in dem wir uns vor der Ganzheit verschließen, ist das Maß, in dem wir leiden. Ich hatte mich vollkommen vom Leben abgeschnitten, und mein Leiden war daher unerträglich geworden. Ich war ein wandelnder Leichnam, aber nicht das Leben hatte mich dazu gemacht. Ich hatte mich selbst in aller Unschuld in einen solchen verwandelt, indem ich hinter einer Ganzheit in der Zukunft hergejagt war, die niemals kommen würde.

An der Wurzel meiner Depression lag das Gefühl, dass ich als Mensch getrennt war – ein individuelles Ich, ein vom Leben getrenntes Selbst, abgeschnitten von der Erfahrung des Jetzt. Dieses individuelle Selbst musste irgendwie dieses Etwas, das ich „mein Leben“ nannte, aufrechterhalten, unterstützen und hochhalten – es inszenieren, damit es sich so abspielte, wie ich es wollte, und damit ich es kontrollieren konnte. Das war mir beigebracht worden, seit ich klein war, und das war es auch, was die Welt mir scheinbar entgegenschrie: Ich sollte mein Leben gefälligst in den Griff bekommen, ich sollte endlich wissen, was ich eigentlich wollte, und ich sollte mich dann endlich darum kümmern, dass ich das auch verwirklichte. Jeder außer mir schien genau zu wissen, wer er war, was er zu tun hatte und was die Zukunft für ihn bringen würde, nur ich schien nicht in der Lage zu sein, mein Leben aufrechtzuerhalten, ohne von ihm erdrückt zu werden. *Meine Depression war meine Erfahrung, nicht in der Lage zu sein, mein Leben aufrechtzuerhalten, und als Folge davon hatte ich das Gefühl, von meinem Leben selbst deprimiert (niedergedrückt) zu werden.*

Ich kann inzwischen sehen, dass wir alle auf die eine oder andere Weise vom Gewicht unseres Lebens niedergedrückt werden – dem Gewicht unserer Geschichte, dem Gewicht unserer fantasierten Zukunft. So gesehen sind wir alle zu einem gewissen Grade deprimiert. Erst dann jedoch, wenn wir tatsächlich nicht mehr in der Lage sind, dieses Gewicht zu tragen oder zu ertragen, bezeichnen wir uns als „deprimiert“ und trennen uns von anderen ab. Und wenn wir alle vielleicht nicht in einem klinischen Sinne deprimiert sind, so wandern wir trotzdem durch unser Leben, beladen mit Geschichten über unser Selbst, und versuchen, das Leben sich so entwickeln zu lassen, wie wir es wollen. Nur dass wir es alle an der einen oder anderen Stelle nicht schaffen, so zu sein, wie wir eigentlich nicht sind.

Mein Leiden nahm die Form einer Depression an, voll existenzieller Angst, schmerzlicher Schüchternheit und einem vollständigen Mangel an Innigkeit in Beziehungen – aber wir alle leiden auf unsere ganz persönliche Art und Weise. Wir alle leiden, aber entweder bewerten wir dieses Leid als etwas Schreckliches, das man um jeden Preis vermeiden sollte, oder wir erkennen es als das, was es wirklich ist – als einen deutlichen Hinweis, der uns nach Hause zurückbringen soll.

Mitten in meiner extremen Depression erlebte ich, dass sich auch noch eine andere Möglichkeit am Horizont zeigte: Vielleicht war ja meine Unfähigkeit, mein Leben selbständig zu führen, nicht wirklich ein Zeichen einer psychischen oder physischen Krankheit und auch kein Zeichen einer Fehlfunktion oder Schwäche. *Vielleicht war das Leben einfach nicht das Leben, das ich führen sollte.* Vielleicht war ich einfach nicht der, der ich zu sein glaubte. Vielleicht hatte wahre Freiheit überhaupt nichts damit zu tun, die beste Welle im Ozean zu sein, oder damit, das eigene Drehbuch immer perfekter werden zu lassen. Vielleicht ging es bei der Freiheit in Wirklichkeit darum, aus dem Traum zu erwachen, dass wir in erster Linie alle voneinander getrennte Wellen seien, und stattdessen auch alles, was im Ozean der gegenwärtigen Erfahrung auftaucht, anzunehmen. Vielleicht war das mein Job, meine wahre Berufung in diesem Leben – die Erfahrung des Jetzt wirklich in der Tiefe anzunehmen und alle Vorstellungen darüber loszulassen, wie dieser Augenblick sein sollte, statt weiterhin ein falsches Bild von mir aufrechtzuerhalten.

Ich verlor langsam das Interesse daran, vorzugeben, jemand zu sein, der ich nicht war. Ich verlor nach und nach das Interesse daran, mich dem Jetzt zu widersetzen. Und ich begann, mich in die Erfahrung des Jetzt zu verlieben. Ich entdeckte in der Tiefe ein Annehmen, das jedem Gedanken, jedem Gefühl, jeder Wahrnehmung innewohnt, und mein Leiden brach buchstäblich in sich zusammen. Ich erkannte, dass nichts Falsches an mir war und auch nie gewesen war. Und ich erkannte, dass dies für jeden anderen Menschen auf diesem Planeten ebenso galt.

Menschliches Leiden kann sich so unergründlich anfühlen, so wenig zu beherrschen, so verwirrend – wie ein Problem, das zu groß ist, um es zu lösen. Manchmal scheint Leiden so sinnlos zu sein und so unerklärlich, oder es kommt so zufällig über einen oder so ganz aus dem Nichts, dass man nur sagen kann: „Da muss doch irgendetwas mit mir nicht stimmen" oder „Das muss doch an mir liegen" oder „Es ist wohl mein Schicksal, so zu leiden" oder „Vielleicht liegt es an meinen Genen oder an der Chemie in meinem Gehirn".

Ich glaube nicht, dass irgendetwas grundlegend Falsches in irgendjemandem ist oder dass jeder einfach manchmal leiden muss oder dass Not und Elend vorbestimmt oder in uns irgendwie eingepflanzt sind.

Was ich aber glaube, ist, dass viele Menschen *suchen*. Sie versuchen, dem zu entrinnen, was sie gerade jetzt denken oder fühlen. Sie widersetzen sich in der Tiefe der Erfahrung des Jetzt, *aber sie erkennen nicht einmal, dass sie das tun*. Deshalb fühlt sich das, was ihnen zustößt, wie Leiden an, beinahe wie etwas, was von außen über sie hereinbricht und dessen Opfer sie sind. Wenn sie das Ausmaß ihres Widerstands dem Jetzt gegenüber spüren könnten, dann würden sie nicht länger alle möglichen seltsamen Theorien einsetzen müssen, um ihr Leid zu erklären oder zu rechtfertigen. Sie würden nicht länger dem Leben für ihr Leiden die Schuld geben oder sich selbst oder anderen oder den Umständen. Sie würden auch den Sternen- und Planetenkonstellationen nicht mehr die Schuld geben, nicht den elektromagnetischen Kräften oder den kosmischen Energien, ihrem Karma, ihrem Guru, Gott oder dem Teufel. Sie würden im wahrsten Sinne des Wortes die Ver-Antwortung übernehmen – fähig, auf das Leben zu antworten, so, wie es jetzt gerade ist, im Gegensatz zu einem Leben, wie sie es sich vorstellen oder wie es sein sollte.

Mein ganzes Leid erwies sich als ein Segen und nicht als ein Fluch. Die Depression war gekommen, um mir – auf sehr dramatische Weise – zu zeigen, wie sehr ich mich vom Leben abgeschnitten hatte. Wenn man es auf diese Weise betrachtet, dann ist Leiden immer, wirklich immer, ein Wegweiser, der uns zur Ganzheit zurückführen will.

Oft fangen wir erst an, auf das Leben zu hören, wenn uns irgendetwas wirklich verletzt hat. Und auf unerklärliche Weise werden wir alle mit genau der Menge Leiden ausgestattet, die wir brauchen, um zu erkennen, wer wir wirklich sind. Jede Welle ist ein einzigartiger Ausdruck des Ozeans, und jede Welle wird auf eine ganz einzigartige Weise leiden. Dein Leiden ist deine ganz einzigartige Einladung, wieder mit dem Ozean eins zu werden.

Meine Depression war ein direkter Wegweiser zu meinem spirituellen Erwachen. Meine Depression (mein „Niedergedrücktsein", engl. de-pressed, die Übersetzerin) war ein Hinweis, mich darauf zu besinnen, wer ich wirklich bin, und dass dieser Teil sich immer in tiefer Ruhe und Gelassenheit (engl. deep-rest, ein Wortspiel mit dem englischen Wort de-pressed, die Übersetzerin) befand. Die Depression war eine Einladung, mein schwergewichtiges inneres Drehbuch über meine Vergangenheit und Zukunft loszulassen und mich endlich in der Erfahrung des Jetzt auszuruhen. Sie war eine Einladung, aus dem Traum des Getrenntseins aufzuwachen. Ich brauchte nur einige Zeit, um diese Einladung anzunehmen.

Einzusehen, dass nichts außerhalb von uns selbst unser Leiden verursacht, ist der Schlüssel zu unglaublicher Freiheit. Die Umstände können eigentlich niemals unser Leiden verursachen, vielmehr ist es immer unsere Antwort auf diese Umstände, die uns leiden lässt. Wir leiden nur, solange wir suchen und wenn wir verschiedenen Aspekten unseres gegenwärtigen Erlebens auszuweichen versuchen und uns, indem wir genau dies tun, vom Leben trennen und mit uns selbst und anderen auf Kriegsfuß stehen – manchmal auf sehr offensichtliche Weise, manchmal aber sehr subtil. Unser Leiden wurzelt in unserer Ablehnung, das zu fühlen, was wir fühlen, das zu erleben, was wir genau jetzt erleben. Leiden setzt ein, wenn wir das Leben bekämpfen, so wie es ist. Es beginnt, wenn wir es nicht schaffen zu erkennen, dass alles in jedem einzelnen Augenblick angenommen ist, und zwar im tiefsten Sinn des Wortes.

Es gibt eine Menge Verwirrung über die Bedeutung des Wortes Akzeptanz, deshalb möchte ich darüber einige Worte verlieren, bevor wir hier weitermachen. Eine der ersten Reaktionen, die ich von Menschen höre, die neu bei meinen Seminaren sind, ist, dass sie sagen: „Jeff, geht es bei deiner Botschaft darum, einfach zu allem Ja zu sagen – sich also bequem zurückzulehnen, nichts zu tun und allem seinen Lauf zu lassen, ohne noch zu versuchen, irgendetwas zu ändern? Wenn wir einfach alles, was geschieht, annehmen, führt das dann nicht zu Passivität, Distanziertheit, Tatenlosigkeit oder Machtlosigkeit?"

Akzeptanz, Annehmen bedeutet nicht, dass wir all unsere Versuche aufgeben sollten, schlimme Dinge zu verhindern, so, als ob das überhaupt möglich wäre. Und ich sage auch nicht, dass wir uns einfach zurücklehnen und dabei zusehen sollten, wie schlimme Dinge geschehen, wenn wir etwas tun könnten, um sie zu ändern. Niemand möchte dabei zusehen, wie seine Lieben krank werden. Niemand möchte sein ganzes Geld verlieren oder bei einem Autounfall verletzt werden. Niemand möchte plötzlich von seinem Partner verlassen werden. Und niemand möchte auf der Straße oder irgendwo anders körperlich angegriffen werden. Aber: Dinge wie diese geschehen. Das Leben folgt nicht immer unseren Plänen. Selbst wenn wir die besten Absichten haben, die sichersten und solidesten Pläne gemacht haben, versuchen, nur positiv zu denken, zu beten und unsere Berufung zu erfüllen, unserem spirituellen Pfad zu folgen und unsere spirituelle Entwicklung zu fördern, dann geschehen trotzdem Dinge, die wir bestimmt nicht gewählt hätten, und wir müssen immer wieder lernen, dass wir letztlich keine Kontrolle über die Dinge haben, die wir Leben nennen. Selbst viele der sogenannten Erleuchteten haben sich irgendwann in einem Krankenhausbett wiedergefunden, mit schier unerträglichen Schmerzen wegen eines Tumors, und haben um mehr Morphium gebettelt.

Was ich also sagen will, ist: Wenn wir wirklich frei sein wollen, dann müssen wir uns mit offenen Augen dieser Wirklichkeit stellen. Wir müssen wegkommen von der Verleugnung, von unserem Wunschdenken, von unserer Hoffnung und uns der Wahrheit des Lebens stellen, wie es ist. Wenn wir die Wahrheit des Jetzt zulassen, dann wartet an dieser Stelle eine große Freiheit, ganz gleich, ob dadurch unsere Hoffnungen, unsere Träume und unsere Pläne zusammenbrechen.

Ich sage daher, dass die höchste Autorität die Wirklichkeit selbst ist – nicht das, was wir über die Wirklichkeit denken. Und bei der Akzeptanz geht es darum, diese Wirklichkeit zu erkennen, die Dinge so zu sehen, wie sie wirklich sind, und nicht so, wie wir sie erhoffen oder wünschen, dass sie sind. Von diesem Ort der vollständigen Übereinstimmung mit dem, was ist, aus beginnt dann auf ganz natürliche Weise unsere kreative, liebevolle und intelligente Handlungsfähigkeit zu fließen.

Wir beurteilen das Leben ständig, ohne Unterlass. Dinge geschehen, und dann stimmen wir damit überein, oder wir lehnen sie ab. Wir nehmen sie an oder wir weisen sie zurück. Wir sagen: „Das sollte aber geschehen sein" oder „Das sollte aber nicht geschehen sein". Wir sagen: „Das Leben ist schlimm" oder „Das Leben ist wunderbar", oder wir sagen: „Das Leben ist sinnlos" oder „Das Leben ist grausam". Wir sagen: „Das Leben war immer freundlich zu mir", oder wir sagen: „Das Leben schenkt mir nie, was ich mir wünsche". Aber die Wahrheit ist: Das Leben ist schon so, bevor wir solch ein Etikett darauflegen, es ist schon so, bevor wir damit anfangen, all unsere Wertmaßstäbe daran anzulegen. Das Leben kann gar nicht gut oder schlecht sein. Das Leben ist einfach das Leben, in jeder Form, die möglich ist, als das, was wir gut nennen, und als das, was wir schlecht nennen. Das Leben lässt die „Sonne genauso auf die schönen wie auf die schlimmen Dinge scheinen", wie schon die Bibel sagt. Es lässt die Sonne scheinen, und die Sonne scheint, und sie scheint auf alles, einschließlich all der Dinge, die wir lieber nicht von der Sonne bescheinen lassen würden.

Im weiteren Verlauf werde ich noch ausführlicher und in einem tieferen Sinn über das wahre Wesen der Akzeptanz sprechen. Aber an dieser Stelle lasst uns nur sagen, dass jeder immer vollkommen frei ist, das zu tun, was er glaubt tun zu müssen, wenn er das, was ist, in tiefer Akzeptanz annimmt und erkennt, dass das Leben selbst eine ihm innewohnende Vollkommenheit besitzt. Er ist weiterhin frei, zu helfen, Dinge zu verändern, dafür zu sorgen, dass etwas Anderes geschieht. Der Unterschied liegt darin, dass unsere Handlungen dann nicht länger von der Grundannahme diktiert sind, dass *die Wirklichkeit irgendwie kaputt ist und repariert werden muss* und – noch tiefer – von der Annahme ausgehen, dass *jeder von uns vom Leben abgetrennt* ist. Jede Handlung, die aus der Annahme folgt, dass das Leben irgendwie kaputt ist und repariert werden muss, wird schlicht und einfach die Krankheit fortsetzen, die es eigentlich zu heilen versprochen hat.

In diesem Buch geht es nicht darum, sich auszuruhen, sich zurückzulehnen und nichts zu tun – das wäre Abtrennung, Distanz, was eine andere Form der Trennung wäre. In diesem Buch geht es ganz im Gegenteil um die *Intimität mit dem ganzen Leben*, was man auch den Tod der Distanz nennen könnte. Eine passive Haltung dem Leben gegenüber ist nicht möglich, wenn du erkennst, dass du Leben *bist.*

Erwachen bedeutet nicht das Ende der Beschäftigung mit dem Leben – sondern im Gegenteil seinen Anfang. Auf ganz paradoxe Weise sind wir freier als je zuvor, in die Welt hinauszugehen und Dinge zum Besseren zu verändern, wenn wir erkennen, wie vollkommen das Leben ist und wie alles ganz genauso geschieht, wie es sollte. Wenn du erkennst, wie vollkommen jemand ist, und zwar genauso, wie er ist, dann bist du freier als je zuvor, ihm zu helfen, einen Blick auf das zu werfen, was er als Unvollkommenheit wahrnimmt. Dann handelst du nicht länger aus der Grundannahme heraus, dass irgendetwas mit ihm nicht in Ordnung ist und dass dies repariert werden muss. Du kannst dann sehen, dass er schon ganz ist. Und aus der Tiefe dieser Erkenntnis heraus weist du ihn auf seine ihm innewohnende Ganzheit hin. Verwurzelt in Ganzheit bist du *frei, dich vollständig auf den Tanz mit den Erscheinungsformen der Trennung einzulassen.*

Wenn du nicht mehr versuchen musst, das Leben zu reparieren, dann kannst du vielleicht ein großer Helfer für das Leben werden. Wenn du nicht länger andere Menschen heilmachen musst, dann kannst du vielleicht wirklich ein großer Segen für sie werden. Vielleicht geschieht wahre Heilung dann, wenn du dich ihr nicht länger in den Weg stellst.

Vielleicht ist es das, was das Leben mehr als alles andere braucht – Menschen, die nicht länger Probleme sehen, sondern die diese Untrennbarkeit zwischen sich selbst und der Welt erkennen und die sich aus diesem Ort tiefster Annahme vollständig für die Welt engagieren. Tiefe Akzeptanz der Dinge, wie sie sind, und furchtloses Engagement für das Leben sind ein und dasselbe, ganz gleich, wie paradox das für den rationalen Verstand auch klingt.

Unsere Ganzheit in die Zukunft verlagern

In dem Roman „Die Straße" von Cormac McCarthy reisen ein Vater und ein Sohn zerlumpt und hungernd durch ein post-apokalyptisches Amerika. Die Bäume und Blumen sind dabei, zu sterben. Die meisten Menschen sind auch schon tot, und eine große Anzahl der Überlebenden sind zu Kannibalen geworden. Was Vater und Sohn am Leben erhält, ist die Hoffnung, dass *es irgendwann eine bessere Zukunft* geben wird. Eins ihrer wenigen Besitztümer ist eine zerfledderte, eingerissene Karte. Sie wissen nicht wirklich, wohin sie sich wenden sollen; sie wissen nur, dass sie in den Süden gehen wollen. Sie wissen zwar nicht, was sie dort im Süden finden werden oder ob es überhaupt dort etwas zu finden gibt. Sie wissen nur, dass sie immer weiter südlich gehen müssen. *Süden* ist ein Synonym für etwas Wunderbares für sie geworden – etwas Gutes, etwas Wahres im Leben.

Ich werde jetzt nicht erzählen, wie das Buch weitergeht, aber am Ende zeigt sich, dass sie ein wenig mehr gemerkt hätten, was sich auf ihrem Weg abspielte und was das Leben ihnen damit zeigen wollte, wieder und wieder, wenn sie nicht so fixiert auf ihr Ziel gewesen wären. Aber dadurch, dass sie sich so auf ihr Ziel fixiert hatten, verpassten sie die Reise und damit das, wo sie das Leben und die Liebe hätten finden können.

Diese Geschichte ist eine wundervolle Metapher dafür, wie wir alle leben. Wir versuchen alle, *dorthin* zu gelangen, während doch das *Hier* der Ort ist, an dem die Vollständigkeit des Lebens sich abspielt. Wir wollen alle nach Hause kommen, aber vielleicht, nur vielleicht, sind wir schon zu Hause, in unserer gegenwärtigen Erfahrung, nur dass wir das nicht erkennen.

Diese Dynamik spielt sich in so vielen unserer Romane ab, in unseren Schauspielen, Filmen, Mythen und spirituellen Geschichten. Die Protagonisten reisen oft von zu Hause fort, entdecken, wer sie wirklich sind, und dann kommen sie nach Hause zurück, irgendwie verändert, irgendwie aber auch dieselben. In dem Buch „Der Zauberer von Oz“ beispielsweise – einem der vielleicht beliebtesten Filme aller Zeiten – verlässt ein kleines Mädchen ihr farbloses Zuhause und begibt sich auf eine unglaubliche, farbige Reise, trifft unterwegs verschiedene Facetten ihres Selbst und kommt an denselben Ort zurück – und erst dann kann sie erkennen, was wirklich dort ist. Das Zuhause hat sich nicht verändert, aber ihre Augen haben sich dafür geöffnet. Am Anfang vieler Disney-Musicals singt der Hauptdarsteller oder die Hauptdarstellerin, die sich meist als Außenseiter in ihrem Zuhause fühlen, ein Lied darüber, wie sehr er oder sie sich nach einem Abenteuer sehnt oder nach Liebe oder nach irgendetwas, dass er oder sie an ihrem Heimatort nicht bekommen kann. Dann ruft sie irgendetwas fort, aber am Ende kommen sie nach Hause zurück, oder sie finden ein neues Zuhause – ihr wahres Zuhause, ihren wahren Platz in der Welt. Man könnte sogar denken, jede Geschichte besitzt im Grunde genommen diese oder eine ähnliche Struktur: Unser Held löst sich vom Bekannten und geht ins Unbekannte, aber am Ende kehrt er immer auf irgendeine Weise nach Hause zurück. Der spirituell Suchende verlässt sein Zuhause auf der Suche nach Erleuchtung, nur um zu entdecken, dass die Erleuchtung, die er suchte, schon von Anfang an da war.

In der Musik gehen Noten und Akkorde auf eine ähnliche Reise, bewegen sich weg von ihrer natürlichen Heimat, erzeugen Spannung bei dem aufmerksamen Hörer, lösen sich aber schließlich auf, indem sie zu ihrem Anfangspunkt zurückkehren. Und wir, die Zuhörer, haben das Gefühl, dass die Musik uns irgendwie bewegt und auf eine Reise mitgenommen hat, die aus dem Gewöhnlichen hinausführt und uns dann – irgendwie verändert, berührt, transformiert – zu dem Ort zurückbringt, von dem wir aufgebrochen sind. Wir werden bewegt, auch wenn wir uns körperlich gar nicht bewegt haben.

Wir fühlen uns gezwungen, unsere Heimat zu verlassen, um etwas zu suchen, was uns irgendwie vollständiger werden lassen soll, aber wir fühlen uns gleichermaßen angetrieben, nach Hause zurückzukehren Nach einem langen, anstrengenden Tag im Kindergarten oder im Büro wollen wir nur noch nach Hause – zurück zu Mutter und Vater, zurück zu unseren Lieben, zurück ins Bett. Als Kinder haben wir Heimweh, wenn wir zu lange weg von zuhause oder von den Menschen sind, die wir lieben. Wenn Menschen sterben, sagen wir, dass sie „heimgegangen“ sind oder ein neues Zuhause gefunden haben, in dem sie für immer bleiben können, und dass sie endlich in Frieden ruhen.

Im Laufe der Menschheitsgeschichte ist diese Suche nach Heimat in jeder einzelnen Facette unseres Lebens ausgedrückt worden – in unserer Kunst, in unserer Musik, unserer Wissenschaft, unserer Mathematik, unserer Literatur, unserer Philosophie, unserer Suche nach Liebe, unserer Spiritualität. Die Suche nach einem Zuhause steckt sehr, sehr tief in der menschlichen Psyche.

In der Kunst erzeugt das Wechselspiel zwischen dem Suchenden und dem Gesuchten, zwischen Vordergrund und Hintergrund, zwischen Licht und Schatten, zwischen positivem und negativem Raum Spannung und Dramatik. Ein Witz braucht seine Pointe. Ein Satz braucht seine Vervollständigung. Unsere angeborene Sehnsucht nach Auflösung macht für uns ein Kunstwerk, einen Witz, eine Phrase so überwältigend, so dramatisch, so befriedigend. Vielleicht ist es dasselbe Sehnen, das Mathematiker, Philosophen, Ärzte und andere dazu gebracht hat, nach einer Art großer, übergreifender, vereinheitlichender Wirklichkeitstheorie zu suchen, um Ganzheit im Chaos zu finden, Liebe mitten in der Zerstörung und einen kosmischen Abschluss. Uns ist gesagt worden, dass sogar das Universum sich ausdehnt und sich zusammenzieht – und damit irgendwie ein Gleichgewicht sucht, ein Zuhause. Alle Dinge verlangen danach, zur Ruhe zu kommen.

Zuhause ist kein Ort, kein Ding, kein Mensch. Es ist ein Ruhepol. Im Grunde bedeutet das Wort „Heim" nichts anderes als „ausruhen" oder „sich hinlegen".

Wir sind wie Wellen im Ozean, die sich so sehr danach sehnen, zum Ozean zurückzukehren, den wir eigentlich niemals verlassen haben. Eine Welle nimmt sich als getrennt vom Ozean wahr und beginnt, ausgehend von diesem Missverständnis, den Ozean auf tausend verschiedene Arten und Weisen zu suchen. Sie sucht sich selbst und merkt es nicht einmal. Und ihre Sehnsucht nach dem Zuhause ist die Sehnsucht nach sich selbst. Das ist der Zustand des Menschen.

Wie manifestiert sich dieses Gefühl von Getrenntsein in unserem Erleben in der Gegenwart? Nun, wir erleben es als dieses nagende Gefühl, dass in unserem Leben *irgendetwas fehlt*, nicht wahr? Es ist das Gefühl eines Mangels, ein seltsames Gefühl von Leere, so, als ob es irgendwo in uns ein Loch gäbe, das gefüllt werden müsste, so, als ob wir nicht gut genug wären, wie wir sind, so, als würde da irgendetwas grundsätzlich mit uns nicht stimmen. Aus diesem grundlegenden Gefühl der Leere heraus gehen wir hinaus in die Welt von Zeit und Raum und suchen unser wahres Zuhause, unseren kosmischen Ruhepol, unsere Erlösung und die Ganzheit der Dinge. Wir suchen Erfüllung, und es ist eigentlich das Auffüllen unserer Leere. Wir haben eine Art kosmisches Heimweh und suchen dann die Einheit mit Gott, mit dem Großen Geist, mit der Natur, mit einem Guru. Wir suchen volle Bäuche und ein volles Bankkonto. Das Weibliche sucht das Männliche und sie suchen einander, in dem Versuch, sich durch die Vereinigung selbst zu vervollständigen. Wir suchen unsere Seelengefährten, unsere anderen Hälften, die uns vervollständigen werden. Wir suchen unser Schicksal und erkennen nicht, dass wir es schon leben.

Aus diesem grundlegenden Gefühl der Unvollständigkeit heraus beginnen wir unsere Suche nach einer Vollständigkeit, die in der Zukunft liegt. Indem wir unsere wahre Identität als den Ozean des Jetzt nicht erkennen, beginnen wir diesen Ozean zu suchen, und wir sind ganz sicher, dass wir ihn irgendwann in der Zukunft finden werden, irgendwann, „eines Tages". Wir sagen uns dann:

„Ich bin jetzt unvollkommen, aber eines Tages, wenn ich gefunden habe, was ich suchte, dann werde ich vollständig sein. Eines Tages werde ich die Liebe finden, und dann werde ich vollständig sein. Eines Tages werde ich spirituell erleuchtet sein, und dann werde ich vollständig sein. Eines Tages werde ich erfolgreich sein, und dann werde ich vollständig sein. Eines Tages werde ich reich sein. Eines Tages werde ich geheilt sein. Eines Tages werden sie mich alle mögen. Eines Tages werde ich ganz wach und präsent sein. Eines Tages werde ich vollkommen bewusst sein. Eines Tages werde ich ganz im Jetzt leben. Eines Tages werde ich Frieden finden. Eines Tages werde ich ganz ich selbst sein. Eines Tages werde ich verstanden werden. Eines Tages werde ich ein Star sein. Eines Tages werden sie mich lieben und akzeptieren. Eines Tages werde ich wirklich spirituell entwickelt sein. Eines Tages werde ich Vater werden oder Mutter. Eines Tages werde ich frei sein. Eines Tages werde ich glücklich sein. Ja, ich werde vollständig sein, eines Tages. Aber jetzt nicht. Nicht jetzt.“

Wir suchen nach Wohlstand, nach Macht, Liebe, Erfolg und Erleuchtung in der Zukunft, „eines Tages“, weil all diese Dinge das „Zuhause“ für uns symbolisieren. Wir glauben, dass es uns innerlich nach Hause bringen wird, wenn wir das bekommen, was wir wollen, oder wenn wir das finden, wonach wir suchen. Die Wurzel von allem ist unser kosmisches Heimweh.

Manchmal bekommen wir sogar, was wir wollen – das neue Auto, die neue Beziehung, den neuen Job, den schlanken und fitten Körper, die neue spirituelle Erfahrung, den Ruhm, die Bewunderung, den Erfolg. Und wir fühlen uns eine Weile wirklich ganz und vollständig. Aber sehr bald kommt in uns das leere, unerfüllte Gefühl zurück und die Suche beginnt von vorn. Es ist, als ob es etwas gäbe, das ewig unzufrieden mit dem ist, was ist, es will immer noch mehr. Ganz gleich, wie viel es bekommt, es will immer noch mehr. Ganz gleich, wie viel es besitzt oder erreicht oder bekommt, es will immer mehr. Ganz gleich, wie viel es erlebt oder erlebt hat, ganz gleich, wie viel es immer noch zu sich hinzufügt, es will immer mehr.

Ganz gleich, wie vollständig die Geschichte meines Lebens schon ist, sie könnte immer noch vollständiger sein. Der Job könnte immer noch höher bezahlt, die Beziehung können immer noch erfüllender sein. Ich könnte immer noch mehr Geld verdienen, erfolgreicher sein, mehr Beifall bekommen. Die spirituelle Erfahrung könnte noch tiefer sein oder länger anhalten. Ich könnte der

Erleuchtung noch näher sein oder noch erleuchteter oder noch gegenwärtiger, bewusster, freier oder noch geliebter. Oder es könnte immer etwas weniger von dem geben, was mir nicht gefällt – weniger Schmerz, weniger Angst, weniger Traurigkeit, weniger Wut, weniger Leid, weniger Ego, weniger Gedanken. Die Geschichte meines Lebens ist nie vollständig, was bedeutet, ich werde niemals selbst rechtzeitig vollkommen sein.

Ich kannte einmal einen Mann, der vor seinem 40. Geburtstag schon Millionär war. Er hatte hart gearbeitet und alles bekommen, was er sich erträumt hatte – mehr Geld, als er jemals ausgeben konnte, ein großes, luxuriöses Haus, eine wunderschöne, liebevolle Partnerin, intelligente, gehorsame, hart arbeitende Kinder, zahlreiche Freunde, Achtung, Respekt. Er ging mit 37 in Pension. Und buchstäblich am Tag danach, als er ganz allein in seinem schönen Heim saß, kam ganz plötzlich dieses Gefühl der Leere, des Unvollkommenseins, des Heimwehs in ihm wieder hoch – dasselbe Gefühl, das er als Teenager schon gehabt hatte, dasselbe Gefühl, das ihn zum Arbeiten getrieben hatte, so sehr, dass es ihn fast das Leben gekostet hatte, nur damit er seine Millionen verdienen konnte, dasselbe Gefühl, dem er sein ganzes Leben lang immer wieder ausgewichen war. Es war das Gefühl, das all sein Geld, das große Haus, die Ehefrau, die Familie ihm endlich nehmen sollten. Jedenfalls hatte die Welt das versprochen.

Und nun hatte er wirklich ein Problem. Er hatte alles, was er sich jemals gewünscht hatte, und er war immer noch unvollständig. Er hatte immer noch Heimweh. Was stimmte nicht mit ihm? Nun, er konnte sich jetzt nicht mehr mit Arbeit ablenken. Jetzt, wo er mit seinem Mangel konfrontiert war, konnte er ihm nicht mehr ausweichen.

An diesem Abend nahm der junge Millionär einen Drink. Und noch einen. Und noch einen. Und sehr bald war er von den Drinks abhängig geworden. Seine Sucht zu arbeiten hatte er durch die Sucht nach Alkohol ersetzt. Denn letztlich muss sein Gefühl kosmischen Mangels ja irgendwie überdeckt werden.

Die Geschichte dieses Mannes ist ein perfektes Beispiel dafür, wie der Suchende nicht zufrieden sein kann, selbst wenn er bekommt, was er sich wünscht. Das Grundgefühl des Mangels, das wir fühlen, kann durch etwas Weltliches nicht gestillt und unser zugrundeliegendes Heimweh kann dadurch nicht weggenommen werden.

Und es gibt an dieser Stelle auch noch ein weiteres Problem – eins, das die Buddhisten immer schon kannten: In einer Welt, in der überhaupt nichts von Dauer ist, in einer Welt, die stets im Fluss ist und sich verändert, in einer Welt, die letztlich außerhalb deiner Kontrolle liegt, *kannst du alles, was du gewonnen hast, auch wieder verlieren*. Letztlich gibt es keine Sicherheit in diesem Leben. Was erscheint, verschwindet auch wieder.

Wir wissen ganz in der Tiefe, dass nichts, absolut nichts uns davor schützen kann, dass wir alles wieder verlieren können, was wir besitzen, und darum erleben wir so viel Angst in unserem Leben. Gerade jetzt, wo wir das neue Haus gebaut haben, machen wir uns natürlich Sorgen darum, was ist, wenn wir unseren Job verlieren, weil wir dann die Hypothek nicht mehr bezahlen können. Gerade jetzt, wo wir so viel Geld auf unserem Konto haben, machen wir uns Sorge über die Wirtschaftslage, die zusammenbrechen und uns unser so hart erspartes Geld wieder nehmen könnte. Und gerade jetzt, wo du so unglaublich glücklich mit deiner Partnerin bist, kriecht in dir die Sorge hoch, was ist, wenn sie dich verlässt oder wenn du krank wirst oder irgendetwas noch Schlimmeres geschieht. Du machst dir Sorgen darum, dass deine Kinder verletzt werden könnten. Du machst dir Sorgen um deinen Körper, über all die Dinge, die ihm zustoßen könnten. Und du weißt, dass nichts – dein großes Haus, die Möbel, das Superauto, der Pool und dein ganzes Geld auf deinem Konto, ja, nicht einmal dein geliebter Guru – dich vor diesem Verlust bewahren kann und auch nicht vor Veränderung, vor dem Wandel und vor der Art, wie Dinge eben kommen.

Sicher, Menschen und Objekte können dir vorübergehend das Gefühl von Sicherheit geben, von Trost und Genuss, aber sie können dir nicht das geben, wonach du dich wirklich sehnst – nämlich nach der Freiheit von jedem Verlust, nach der Freiheit vom Mangel, und letztlich, nach der Freiheit vom Tod. Sie können dir die kosmische Sicherheit nicht geben, nach der du verlangst, sie können dich nicht nach Hause bringen. Nichts außer dir selbst kann dich heimbringen.

Es gibt noch eine andere Art, wie man über deine Suche nach Heimat nachdenken könnte. Stelle dir vor, du bist ein neugeborenes Baby. Du hast die Welt nie zuvor gesehen, alles ist unbekannt und mysteriös für dich. All diese seltsamen Dinge, die du siehst, all diese Geräusche und Gerüche! Und all diese seltsamen Gefühle und Empfindungen, die du spürst, für die du aber noch keine Bezeichnungen hast. Du wachst mitten in der Nacht auf. Du bist allein und hungrig und hast Angst (auch wenn du bisher für keins dieser Gefühle irgendein Wort besitzt). Auf irgendeiner Ebene fühlst du dich nicht wohl, und du hast keine Möglichkeit, dies zu kommunizieren – du kannst nur schreien und weinen. Du kannst nicht sagen: „Entschuldigt, aber ich fühle mich überhaupt nicht wohl! Bitte, kann mir mal irgendjemand helfen?!" Du kannst nur schreien und darauf warten, dass dir irgendjemand zu Hilfe kommt.

Deine Mutter kommt herein und hält dich und tröstet dich und füttert dich. Plötzlich fühlt sich alles wieder gut und richtig an. Plötzlich ist das Unwohlsein nicht mehr so schlimm. Und die Angst ist auch nicht mehr so überwältigend. Du fühlst dich wieder sicher. Du fühlst dich beschützt von einer Macht, die außerhalb von dir selbst zu finden ist. Dein Unwohlsein hat sich in Wohlsein verwandelt. Etwas außerhalb von dir ist gekommen und hat die Dinge wieder in Ordnung gebracht.

Wenn das Baby nun sprechen könnte, dann könnte es etwas sagen wie: „Wenn das Gefühl von Unwohlsein kommt, dann kann ich schreien. Irgendwann kommt Mama, und dann geht das Unwohlsein weg, wie Zauberei. Mama macht das Unwohlsein weg. Mama kann bewirken, dass das Unwohlsein weggeht."

Aber in Wirklichkeit war es gar nicht Mama, die das Unwohlsein weggemacht hat. Mama hat nicht wirklich die Macht, das Gefühl von Unwohlsein wegzumachen – es fühlt sich für ein neugeborenes Kind nur so an. Es ist eine wundervolle Illusion – dass Objekte, Menschen oder irgendetwas außerhalb von uns selbst uns ein Wohlgefühl geben, uns heimbringen können. Wir fangen sehr schnell an zu glauben, dass die Suche nach etwas außerhalb von uns selbst irgendwann all die schlimmen Gedanken, die unangenehmen Gefühle und Empfindungen wegmachen könnte. Der Suchmechanismus ist etabliert, wahrscheinlich beginnt er in einem sehr frühen Alter. Wir suchen dann außerhalb von uns selbst nach etwas, das die Dinge wieder in Ordnung bringen kann. Vielleicht ist unsere Bindung an unsere Mütter der erste Ausdruck dieser Suche. Aber in Wirklichkeit ist es nicht Mama, an die wir so gebunden sind – es ist die Heimat. Für die meisten Babys, vermute ich, ist ihre Mutter der erste Mensch, der diese Heimat symbolisiert.

Ich frage mich, ob wir auf tausend verschiedene Arten danach suchen, in die Gebärmutter zurückzukehren, den Ort, an dem wir noch nicht getrennt waren.

In der Gebärmutter gab es noch keine Trennung zwischen mir und der Gebärmutter, keine Trennung zwischen mir und der Mutter. Es gab nur ein Ganzes, ohne Innen und Außen. In der Gebärmutter gab es keinen „anderen“. Anders ausgedrückt: Die Gebärmutter war „alles“. So, als ob die ganze Welt da war, das ganze Universum da war – da, um für mich zu sorgen, um mich zu beschützen. Ich war von einem Ozean der Liebe umgeben, immer und zu jeder Zeit. Ich war zu Hause, ohne Gegenpol, denn in der Gebärmutter hatte ich keine Vorstellung von innen und außen. Sie war der Ozean, in dem jede einzelne Welle zutiefst und immer angenommen war. Sie war ich.

Und wirklich war ich ja nicht *in* der Gebärmutter – ich *war* die Gebärmutter. So vollkommen, so vollständig war alles. Es gab nicht mich und die Gebärmutter (also zwei Dinge), es gab nur die Gebärmutter (eins, alles). Und deshalb kam ich nicht wirklich aus der Gebärmutter. In meinem tiefsten Wesen, war ich – und bin ich – die Gebärmutter. Ich bin die Ganzheit, nach der ich mich so sehne.

Aber aus diesem Ort der Vollkommenheit, aus der allzeit gegenwärtigen Vollständigkeit ohne Gegenpol wurde ich dann offenbar irgendwann ohne Vorwarnung hinausgeworfen. Plötzlich war all diese mühelose Sicherheit verschwunden. Plötzlich war ich mit der Welt der Dinge konfrontiert, einer Welt getrennter Objekte, einer bedingten Welt, einem Ort, wo Trost, Sicherheit und Schutz – Wohlbefinden – erscheinen und auch wieder plötzlich verschwinden konnten. Es war keine Welt des dauerhaften Wohlbefindens mehr. Es war nun eine Welt, in der Wohlbefinden mit Unwohlsein kämpfte.

Es ist nicht unvernünftig, daraus zu schließen, dass wir – da ja alle Menschen, die es gibt oder je gegeben hat, zu einer Zeit ihres Lebens in der Gebärmutter waren – irgendwo noch eine vage, vorsprachliche Erinnerung an ein tiefes Gefühl des Wohl- und Richtigseins in uns tragen und dass wir alle eine Sehnsucht danach haben, dorthin zurückzukehren. Vielleicht ist unsere Suche nach der Heimat auch so etwas wie unsere Suche nach der Gebärmutter – nicht im körperlichen Sinn, aber nach der Einheit, die es dort noch gab. Wir sehnen uns danach, uns sicher zu fühlen, beschützt und eins mit allem. Wir sehnen uns danach, uns ganz tief wohl und richtig zu fühlen.

Als Erwachsene suchen wir dann nicht mehr buchstäblich nach unserer Mutter, sondern suchen nach einer Erlösung aus dem Unwohlsein in einer subtileren Art und Weise. Wir schreien sinnbildlich nach der nächsten Zigarette, dem nächsten Drink, der nächsten sexuellen Eroberung, der nächsten Beförderung, der nächsten spirituellen Erfahrung, der nächsten *Erlösung* – nach irgendetwas, das die Dinge wieder richtig machen soll, nach etwas, das uns unser Unwohlsein nimmt.

Selbst Kinder, die eine wirklich idyllische, liebevolle Erziehung genossen haben, entkommen diesem Grundgefühl von Trennung und Mangel nicht. Es scheint, dass es in die Erfahrung, ein Individuum zu sein, eingegraben ist. Kein Elternteil ist schuld daran, dieses Gefühl von Trennung erzeugt zu haben, dieses Gefühl von Mangel, niemand verwandelt willentlich seine Kinder in Suchende. Der Organismus eines Neugeborenen, der unfähig zu abstraktem Denken ist, verlegt auf ganz natürliche Weise die Suche nach einer gedanklichen Vollständigkeit in die Zukunft. Er fängt auf ganz natürliche Weise an, alle möglichen Vorstellungen aufzubauen, was in seinem Erleben richtig und was nicht richtig ist, und versucht all dem auszuweichen, was er lernt, als nicht richtig wahrzunehmen, um da anzukommen, wo er sich wohl und richtig fühlt. Wenn man es aus diesem Blickwinkel betrachtet, ist die Entwicklung des Gefühls von Getrenntsein und die darauffolgende Suche, dies durch das Finden von Ganzheit zu korrigieren, Teil unseres natürlichen Entwicklungsprozesses im Leben. Und die Suche ist demzufolge kein Fehler, und es ist auch kein Feind. Sie ist einfach ein Fall von falschverstandener Identität.

Widerstand gegen das Jetzt

Ich werde ganz sein…

- wenn ich endlich in meine Clique passe, zu meinen Kollegen, in die Gesellschaft
- wenn die Menschen mich endlich verstehen und einverstanden mit dem sind, was ich tue
- wenn sich alles um mich ändert
- wenn ich ein Meisterwerk geschaffen habe, das jeder bewundert
- wenn mein Körper vollkommen ist
- wenn ich endlich wirklich meine Berufung lebe
- wenn ich meinen Seelengefährten gefunden habe
- wenn ich endlich ganz erleuchtet bin
- wenn ich die Goldmedaille gewonnen habe

- wenn ich ein Kind habe
- wenn ich endlich gefunden habe, wonach ich suche.

Wir suchen in der Zukunft nach Vollständigkeit, weil wir uns auf irgendeiner Ebene *jetzt* unvollständig fühlen.

Du möchtest in der Zukunft verstanden werden? Das bedeutet, dass du dich auf irgendeiner Ebene *jetzt* nicht verstanden fühlst. Du möchtest in der Zukunft erleuchtet sein? Das bedeutet, dass du dich auf irgendeiner Ebene *jetzt* nicht erleuchtet fühlst. Du willst in der Zukunft Liebe? Das bedeutet, dass du dich auf irgendeiner Ebene *jetzt* ungeliebt fühlst. *Die Frage „Wonach sehnst du dich in der Zukunft?" ist dasselbe wie die Frage „Wovor läufst du* ***jetzt*** *gerade weg?"*

Es ist ganz wesentlich, das zu verstehen: Unsere Suche nach etwas Abstraktem in der Zukunft – Erleuchtung, Reichtum, Macht, Erfolg, Liebe – ist immer tief verwurzelt in einem Widerstand gegen den gegenwärtigen Augenblick. Unsere Suche nach einer Ganzheit in der Zukunft hat ihre Wurzeln in der Erfahrung gegenwärtiger Unvollständigkeit. Und sich im Jetzt unvollständig zu fühlen ist der Anfang allen Leids und aller Suche. Eine tiefe und vollständige Annahme des gegenwärtigen Augenblicks andererseits kann eben dieses Leiden und Suchen beenden.

Manchmal kommen Menschen zu mir und fragen, wie sie erleuchtet werden können. Sie glauben, dass ich erleuchtet bin (auch wenn ich das selbst nie von mir behaupten würde) und dass ich ihnen beibringen kann, wie sie wie ich werden können. Oft antworte ich ihnen dann einfach: „Nun, was verstehen Sie denn unter dem Wort *Erleuchtung*? Wenn Sie erleuchtet sind, in welcher Weise wird Ihr Erleben dann anders sein als das, wie es genau *jetzt* ist?" Und oft antworten sie dann mit so etwas wie: „Ich denke, wenn ich erleuchtet bin, dann wird meine Angst weg sein. Ich glaube, dass dann meine Traurigkeit und mein Schmerz verschwinden werden. Ich glaube, Erleuchtung wird all die schlechten Dinge von mir nehmen."

Aber sieh mal, niemand will in Wirklichkeit wirklich „erleuchtet" werden. Sie wollen alle den Gefühlen der Unzufriedenheit, der Trauer, des Schmerzes, der Wut, der Frustration, der Langeweile entrinnen oder Gefühlen wie Ungeliebtsein, Nichtgewolltsein, Unerfülltsein. Sie wollen einfach ihr Leiden nicht mehr haben. Statt sich mit ihrem Leiden wirklich zu konfrontieren, jetzt, in diesem Moment, und die Ganzheit darin zu erkennen, warten sie auf ein zukünftiges Ereignis oder einen zukünftigen Zustand, der kommen und es für sie verändern soll. Eigentlich wollen sie alle nach Hause, so wie wir alle. Aber in ihrer Geschichte haben sie sich auf die Erleuchtungsvorstellung fixiert und glauben, das sei ihr zukünftiges Zuhause.

Wir wollen nicht, dass Schmerz entsteht, und doch entsteht er. Wir wollen nicht, dass Angst entsteht, und doch entsteht sie. Durch unsere Konditionierung sehen wir Schmerz, Angst, Traurigkeit, Wut und alle möglichen anderen Gefühle nicht als Teil der Ganzheit, als Teil der Totalität des Lebens. Wir sind so konditioniert worden, dass wir Teile unserer Erfahrung als Unvollkommenheiten abspalten, als Vergiftungen, Irrwege, Verunreinigungen, *Ausdrucksformen der Unvollständigkeit*. Mit anderen Worten: Uns ist beigebracht worden, und wir haben sehr gut gelernt, wie nach einer Gehirnwäsche, einige Teile von uns und unserer Erfahrung als Bedrohungen des Lebens selbst zu sehen. Wir glauben, dass Teile unseres Erlebens etwas sind, das sich gegen uns richtet – so, als dürften sie in uns keinen Platz haben. Wut, Angst, Traurigkeit, Unwohlsein, Schmerz – all das sollte nicht da sein. Ich weise sie zurück, weil ich glaube, dass sie nicht zu mir gehören. Ich sehe sie nicht als Teil der Ganzheit des Lebens. Ich glaube, dass sie gefährlich für mein Wohlbefinden sind. Und so verbringe ich mein Leben damit, mich von ihnen abzuwenden.

Welcher Teil deines Erlebens fühlt sich so an, als würde er nicht zu dir gehören? Welche Gedanken, welche Empfindungen, welche Gefühle sind dir buchstäblich fremd? Welche fühlen sich deplatziert an, so, als sollten sie besser nicht da sein, so, als gehörten sie nicht wirklich zu dir?

Um es wirklich einfach auszudrücken: Wir suchen Reinheit, Vollkommenheit und Ganzheit außerhalb der gegenwärtigen Erfahrung, weil wir unsere Erfahrung des Jetzt als kaputt ansehen, unvollständig, unvollkommen, auf irgendeine Weise nicht ganz. Wir *suchen* Ganzheit, weil wir die *Ganzheit im Jetzt nicht erkennen*. Wir sehen die Ganzheit in den Gedanken, Empfindungen und Gefühlen im Jetzt nicht, und wir suchen sie irgendwo in der Zukunft. Wir werden Suchende der Ganzheit und wir warten auf eine Zukunft, die uns ganz machen soll. Der Sucher braucht immer Zeit, um das zu finden, wonach er oder sie sucht. Das Jetzt wird so zu einem Mittel für ein auf die Zukunft ausgerichtetes Ende.

An diesem Punkt beginnt das Leiden – mit dem Verlust des gegenwärtigen Augenblicks, dem Verlust unserer wahren Heimat.

Versuche, das Jetzt zu kontrollieren

Ein Mann sprach mit mir über sein Problem, dass er seinen Kindern gegenüber seine Wut nicht zügeln konnte. Er sagte, dass seine Wut wie ein Vulkanausbruch sei – sie brach buchstäblich aus dem Nichts heraus aus, in einem Moment, in dem er selbst am wenigsten damit rechnete. Sie brach aus, wenn er beispielsweise abends vom Dienst nach Hause kam und von dem langen Bürotag erschöpft war und die Kinder im Haus herumrannten, herumschrien und nur Chaos verursachten. Gewöhnlich versuchte er dann zunächst alles, um sie zu beruhigen und dafür zu sorgen, dass sie sich anständig verhielten. Dazu versuchte er jede Taktik anzuwenden, die er im Laufe der Jahre gelernt hatte – er appellierte an sie, bat sie freundlich oder versuchte sie zu ignorieren, versuchte, „präsent" zu sein oder streng zu werden, „spirituell" zu sein und sie zu belohnen oder sie zu bestrafen. Nichts half. Sie hörten einfach nicht auf ihn, und dann merkte er, wie die Wut in ihm hochkochte. Er versuchte dann verzweifelt, diese Wut herunterzudrücken, sie bei sich zu behalten, sie anzunehmen, sie zu lieben, sie zuzulassen, sie zu transzendieren, sie bewusst wahrzunehmen, sie zu unterdrücken, sie „zu werden", aber irgendwann explodierte sie einfach, ganz egal, was er tat oder was nicht. Und dann erlebte er wieder, wie er mit Worten auf die Kinder eindrosch, sie mit voller Stimme anbrüllte, sie beleidigte und Dinge sagte, die er gar nicht so meinte, und sich alles in allem so verhielt, dass er dies später aus tiefster Seele bereute. Seine Wut schien außer Rand und Band zu sein, unkontrollierbar.

Kennen Sie das? Reagieren Sie auch manchmal in einer Art und Weise, die Sie selbst nicht verstehen können – auf Ihre Kinder, auf Ihren Partner, auf Ihre Eltern, auf Ihre Freunde?

Erinnern Sie sich daran, alle Beispiele in diesem Buch haben etwas mit Ihnen zu tun. Gehen Sie deshalb bei jedem Beispiel, das ich benenne, innerlich direkt zu Ihrem eigenen Erfahrungsschatz und prüfen Sie, was davon für Ihr eigenes Leben von Bedeutung ist.

Dieser Mann jedenfalls war schon bei verschiedenen spirituellen Lehrern gewesen und hatte ihnen von seinem Problem erzählt, und sie hatten ihm Dinge gesagt wie: „Entscheiden Sie sich einfach dafür, nicht wütend zu sein", oder „Man hat es nicht in der Hand, ob Wut auftaucht oder nicht", oder „Es gibt nur Eins. Alles ist eins, deshalb spielt es keine Rolle, ob du wütend auf deine Kinder reagierst oder nicht. Niemand ist wütend." Diese Antworten erleichterten den Mann vorübergehend, aber letztlich beendeten sie sein Leid nicht. Er konnte erkennen, dass sein wütendes Explodieren letztlich ein Teil des Lebens war und seinen Platz verlangte, aber diese Erkenntnis unterbrach den Zyklus nicht, noch beendete es sein nachfolgendes Leiden. Die Wut war da, ganz gleich, was die spirituellen Lehrer sagten, und sie zerstörte die Beziehung zu denen, die er am meisten liebte. Alle spirituellen Ansätze, die er kannte, schienen nicht bis zum Kern des Problems vorzudringen. Es fühlte sich für ihn so an, als ob es nichts gebe, das er tun könnte, und dass er einfach lernen sollte, mit seiner Wut zu leben.

Ich fragte den Mann, was er in der Situation wirklich brauchen würde, und er konnte die Frage nicht beantworten. Es schien, als ob diese Wutausbrüche einfach geschahen und dass auch er ihr Opfer war. Was er nicht erkennen konnte, war, in welcher Weise diese Ausbrüche etwas mit seiner Suche nach Ganzheit zu tun hatten, und damit, wie er die lebendige Erfahrung des Jetzt bekämpfte. Er sah sich selbst nicht einmal als jemand, der irgendetwas suchte. Er suchte nicht nach Erleuchtung. Er suchte nicht nach Ruhm oder Reichtum. Es schien, als würde er ganz einfach auf eine äußerst schwierige Situation reagieren und dabei das Beste tun, was er tun konnte.

Um den Aspekt des Suchens in einer Situation zu erkennen, muss man manchmal anhalten, tief durchatmen und ein Vergrößerungsglas auf die Erfahrung des gegenwärtigen Moments halten. Der Mann und ich begannen seine Erfahrung genau zu untersuchen, und mit einer sehr einfachen und ehrlichen Nachforschung wurde deutlich, dass während dieser sehr kurzen Augenblicke, als er sich von dem Menschen, der seine Kinder höflich bat aufzuhören, in jemanden verwandelte, der vor Wut explodierte, eine Menge in ihm passierte.

Als er sich seine Kinder vorstellte, die schrien und sich anpöbelten, fühlte er in sich alle möglichen Arten von Gedanken und Gefühlen hochkommen – Gefühle seiner eigenen Unfähigkeit als Vater und seiner Ohnmacht angesichts der Situation. „Was stimmt mit mir nicht? Warum bekomme ich sie nicht unter Kontrolle? Ich bin doch erwachsen – ich sollte doch in der Lage sein, diese Situation unter Kontrolle zu bringen. Aber ich schaffe es nicht. Ich versage als Vater, und ich versage auch als Mann." Gefühle intensiver Frustration, Verzweiflung und vollkommener Hilflosigkeit kamen in ihm auf, und dann fingen diese Gefühle an, sich vollkommen überwältigend anzufühlen. Dieser erwachsene Mann fing an, sich wie ein hilfloses Kind zu fühlen – nicht als der reife, starke Vater, als der es sich selbst gern sehen wollte. Es fühlte sich so an, als ob seine gesamte Identität zusammenbrach, und das führte dazu, dass eine Art existenzieller Panik in ihm entstand. Es war beinahe so, als ob er mit seinem eigenen körperlichen Tod konfrontiert war; aber in Wirklichkeit war er konfrontiert mit dem Tod seines Selbstbildes als eine reife, starke Vaterfigur, mit dem Tod dessen, als den er sich sah, als den, der er seiner Ansicht nach in dem betreffenden Moment sein sollte, als den, den andere Menschen nur als souverän kannten. Er sah sich mit dem Tod seines Selbstbildes konfrontiert, mit dem er so lange gelebt hatte, einem Selbstbild, das er auf die Welt projiziert hatte. Und diese Konfrontation wurde ganz durch seine Kinder provoziert, die einfach ein bisschen zu laut waren.

In seiner Hilflosigkeit, in seiner Ohnmacht, in seiner Panik spürte er den Drang, loszuprügeln. In seiner Schwäche wollte er dafür sorgen, dass er sich irgendwie wieder stark fühlte. Es gab da etwas in ihm, das sich nicht hilflos und ohne Kontrolle fühlen wollte – besonders nicht in Gegenwart seiner Kinder!

Wenn man sich vollkommen ohnmächtig und unfähig fühlt, den Augenblick zu kontrollieren, dann kann Losprügeln und Machtdemonstration einem ein Gefühl von Erleichterung geben, aber das hält nicht lange an. Einen anderen Menschen anzugreifen ist ein perfekter Weg, sich selbst von den eigenen unbequemen Gefühlen abzulenken – Gefühlen, die man einfach in sich selbst nicht zulassen will. Und oft ist es so, dass wir am irrationalsten und am gewalttätigsten sind, wenn wir uns am hilflosesten fühlen (und unsere eigene Hilflosigkeit nicht erkennen oder sie uns selbst oder anderen nicht eingestehen wollen). Manchmal endet es dann so, dass wir die verletzen, die wir am meisten lieben. Statt zuzugeben, dass wir selbst uns verletzt fühlen, verletzen wir andere. Und dann geben wir ihnen die Schuld und sagen ihnen, dass sie es nicht besser verdient haben, wenn wir ihnen etwas antun – dass *sie* unseren Ausbruch provoziert haben, dass sie uns wütend *gemacht* haben. (Und dann, wenn wir uns schon einmal mit Konzepten der Non-Dualität beschäftigt haben, sagen wir ihnen auch noch, dass wir keine Wahl hatten!!)

Dieser Mann jedenfalls hatte – wie die meisten von uns – an einem bestimmten Punkt in seinem Leben gelernt, dass Hilflosigkeit und Ohnmacht nicht in Ordnung sind. Unfähig zu sein, die Situation zu kontrollieren, ist auch nicht in Ordnung. Sich schwach zu fühlen, ist nicht okay. Gefühle wie Hilflosigkeit werden gewöhnlich mit einem Mangel an Sicherheit assoziiert oder mit der Gefahr, nicht geliebt oder angenommen zu werden, und letztlich werden sie mit dem Tod verbunden. Viele Menschen vermeiden das Gefühl von Hilflosigkeit um jeden Preis. Und eine Menge unseres Leidens entsteht durch die weit verbreitete Ablehnung von Gefühlen wie Hilflosigkeit, Ohnmacht, Schwäche, Unsicherheit und Ungewissheit im Angesicht des Jetzt.

Wir können sogar all unser Leid in dem Satz zusammenfassen:

Ich will diesen Augenblick kontrollieren, aber ich schaffe es nicht!

Dieser Mann hatte vielleicht nicht unbedingt Erleuchtung, Ruhm oder einen Heiligenschein gesucht, aber in diesem Moment suchte er mit aller Kraft der Verzweiflung. Er suchte dringend danach, den Gefühlen von Schwäche und Ohnmacht angesichts der Wirklichkeit des Lebens zu entrinnen. In diesem Augenblick wurde er ein Suchender, er suchte nach Macht, nach Kontrolle und letztlich nach Liebe. Er suchte nach einem Ausweg aus dem, was er gerade erlebte. Herumzuschreien und seine Kinder anzubrüllen vermittelte ihm wenigsten einen Augenblick lang diesen Ausweg, diese Erlösung, die er so dringend brauchte.

Oberflächlich betrachtet sah es so aus, als sei er ein Vater, der nicht in der Lage war, seine Wut über seine frechen Kinder zu kontrollieren. Aber wenn man sich anschaut, was dieser Mann in diesem Moment wirklich erlebte, dann war da jemand, der total frustriert war, der sich wie ein Versager und ein Idiot fühlte, und zwar sowohl als Vater wie auch als Mann, ohnmächtig, hilflos und schwach, und der verzweifelt versuchte, einen Weg aus seiner Zwickmühle zu finden. Und man kann auch jemanden erkennen, der nicht in der Lage war, irgendetwas davon *zuzugeben* – weder sich selbst noch den Kindern gegenüber. Unter unserer Wut werden wir immer Schmerz finden, der nicht zugelassen wird, oder eine Ohnmacht.

Bis er das Suchen erkannte, das seinem Erleben zugrunde lag, fühlte der Mann sich so, als ob das Leid, was er erlebte, ihm einfach geschah – dass er ein hilfloses Opfer des Lebens war, dass er vielleicht irgendein genetisches Programm in sich trug, wütend zu werden, oder dass seine Reaktion auf seine Kinder irgendwie kosmisch vorbestimmt war und deswegen keine Hoffnung auf Veränderung bestand. Aber indem wir das darin verborgene Suchen aufdeckten, wurde ganz klar, warum er so litt und wie das Leiden erzeugt wurde. Er erlaubte sich ganz einfach nicht, das zu fühlen, was er in diesem Augenblick fühlte. Er erlaubte sich nicht, sich hilflos zu fühlen, nicht einmal einen Augenblick lang. Er konnte die tiefe Akzeptanz seines gegenwärtigen Erlebens der Hilflosigkeit noch nicht zulassen.

Als er aber erkannte, wovor er weglief (nämlich vor seiner Hilflosigkeit), merkte er im selben Moment, dass er nicht länger weglaufen musste – dass es in Ordnung war, sich hilflos zu fühlen, dass das Gefühl von Hilflosigkeit in diesem Moment vollständig annehmbar war. (Ich werde später noch darüber sprechen, wie und warum selbst die scheinbar negativsten Gefühle annehmbar werden können). Er hatte sich ganz einfach nie erlaubt, sich wirklich hilflos zu fühlen, auch nicht für einen einzigen Augenblick (und dieser Augenblick der Hilflosigkeit ist alles, mit dem man sich je konfrontieren muss). Er hatte stattdessen immer angenommen, dass es nicht in Ordnung war, das Gefühl zu fühlen. Indem er erkannte, dass es in Wirklichkeit vollkommen in Ordnung war, sich hilflos zu fühlen, genau in jenem Moment, und dass es sogar eine seltsame Freude und einen Frieden im Zentrum dieser Hilflosigkeit gab, spürte er in sich nicht mehr diesen Drang, diesem Gefühl zu entkommen.

Indem er dieses Gefühl der Hilflosigkeit in sich annahm, war dieser Mann nicht länger ein Opfer des Lebens. Seine Hilflosigkeit kontrollierte ihn nicht länger, denn jetzt durfte sie in ihm auftauchen und auch wieder verschwinden. Und er entdeckte, dass er sich in Wirklichkeit weniger hilflos und mehr in Kontrolle als je zuvor fühlte, wenn er sich endlich erlaubte, sich schwach und hilflos zu fühlen. Stärke ist nicht das Gegenteil von Schwäche. Wahre Stärke liegt in der vollständigen Annahme der Schwäche (und wir werden später sehen, wie es in Wahrheit in der Erfahrung des Jetzt keine Polaritäten gibt).

Wenn du erkennst, was du suchst, und wenn du erkennst, dass das, vor dem du wegläufst, vollkommen annehmbar ist, dann ist diese Erkenntnis in sich schon das Ende des Suchens. Erkennen ist das Ende der Suche. Da gibt es keinen nächsten Schritt. Ein „wie man…" ist nicht länger nötig.

Später werde ich in allen Einzelheiten diskutieren, wie jeder einzelne Teil deiner gegenwärtigen Erfahrung bereits jetzt vollkommen annehmbar ist. Aber jetzt und hier lasst uns ganz einfach anmerken, dass man immer dieses Suchen entdecken kann – in jeder Erfahrung von Leid, wenn man die Konzentration von den Details wegnimmt oder von der Geschichte dessen, was das angeblich gerade geschieht, oder von den äußeren Umständen – und zwar dann, wenn man wirklich nur das gegenwärtige Erleben genau untersucht – die gegenwärtigen Gedanken, die gegenwärtigen Gefühle und Empfindungen im Körper. Immer dann kann man dieses Suchen finden – selbst wenn es sich auf sehr subtile Weise äußert. Dann wird man immer entdecken können, dass es etwas gibt, was du dir nicht erlaubst, was du nicht vollständig fühlen willst, etwas, was sich ganz unschuldig in dir ausdrücken will, aber dabei auf deine Angst und deinen Widerstand stößt. Du wirst dabei immer eine Einladung entdecken, diesen Augenblick in seiner ganzen Fülle wirklich anzunehmen, ganz gleich, wie unannehmbar dieser Moment zu sein scheint.

Der Ozean des Annehmens

Es gibt kein größeres Mysterium als dies:
Wir suchen und suchen die Wirklichkeit,
obwohl wir doch in Wirklichkeit die Wirklichkeit sind.

Ramana Maharshi

Wenn du deine Aufmerksamkeit unmittelbar in die Erfahrung des Jetzt zurückbringst, zu dem, was genau jetzt geschieht, wo du gerade jetzt bist – was entdeckst du dann? Entdeckst du, dass alles hier festgelegt ist, unveränderbar, unbeweglich? Entdeckst du ein getrenntes, dauerhaftes, beständiges Selbst an diesem Punkt? Entdeckst du etwas Festes da, das du ICH nennen könntest? Oder entdeckst du, dass alles hier sich immerwährend ändert, bewegt, von Augenblick zu Augenblick tanzt?

Gedanken kommen auf und verschwinden wieder, ganz von allein. Bilder, Erinnerungen und Vorstellungen steigen auf in dein Bewusstsein, lungern eine Weile hier herum und verschwinden dann wieder. Alle Arten Gefühle kommen und gehen – Traurigkeit, Langeweile, Frustration, Wut, Angst. Empfindungen sind im ganzen Körper spürbar. Geräusche entstehen, ganz aus dem Nichts heraus – der Verkehr vor dem Fenster, der sirrende Fernseher, eine Tür, die zuschlägt, dein Atem, ein singender Vogel – tschilp tschilp!!

Den ganzen Tag lang heben sich alle Arten von Gedanken, Empfindungen, Gefühlen und Geräuschen aus dem Ozean des Bewusstseins, der du bist. Alles, was so hochkommt, könnte man eine Welle der Erfahrung nennen. Ein Gedanke ist eine solche Welle. Ein Geräusch ist eine Welle. Ein Gefühl ist eine Welle. Eine Empfindung ist eine Welle. Alle diese Gedankenwellen, Geräuschwellen, Gefühlswellen und Empfindungswellen tauchen aus dem weiten, offenen Raum des Bewusstseins – dem riesigen Ozean, der du in deiner Essenz bist – auf und verschwinden dann wieder.

Kannst du anerkennen, dass deine Lebenserfahrung zu jedem Zeitpunkt nichts anderes als ein gerade jetzt sich ereignender Tanz von Wellen ist, ein Tanz, der in dem riesig großen Ozean geschieht, der du bist? (Und für das Wort Ozean kannst du stattdessen das Wort Bewusstheit oder Bewusstsein oder Sein oder Jetzt einsetzen oder irgendein anderes Wort, das sich für dich richtig anfühlt, um diese Wirklichkeit jenseits von Worten zu beschreiben. Ich benutze in diesem Buch all diese Worte, und sie sind untereinander austauschbar. Wer du wirklich bist, dem ist es sowieso egal, wie du es nennst).

Was du bist, als der Ozean, enthält einfach all diese Erfahrungswellen, so wie sie aufkommen und abschwellen, so wie sie geboren werden und sterben. Gedanken, Empfindungen, Geräusche und Gefühle kommen und gehen in dir. Und du bist nicht deine Gedanken, du bist nicht deine Gefühle und auch nicht deine inneren Vorstellungen oder Bewertungen, die du in dir hast, ebenso wenig wie die Geschichte deiner Erfolge und Misserfolge, und auch nicht irgendeine der Empfindungen oder Geräusche, die in dir auftauchen und wieder verschwinden. Und dennoch, was du bist – der weite, offene Raum, in dem alle Gedanken, Empfindungen, Geräusche und Gefühle auftauchen und wieder verschwinden dürfen – ist gleichzeitig auf irgendeine Art und Weise nicht von diesen Gedanken, Empfindungen, Geräuschen und Gefühlen zu trennen. Du bist nicht deine Gedanken, aber zur selben Zeit sind in der Intimität deines Selbst alle diese Gedanken erlaubt. Was du bist, sind nicht diese Geräusche, und dennoch sind all diese Geräusche in dir erlaubt, dürfen auftauchen und wieder verschwinden.

Mach dir keine Sorgen, wenn du diese Worte jetzt ein wenig verwirrend und widersprüchlich findest. Im Verlauf dieses Buches werden wir zu dieser *Intimität*, zu dieser *Untrennbarkeit*, zu dieser *Nondualität* zwischen dir und dem Leben selbst zurückkommen. Ich werde darauf immer wieder hinweisen, von unterschiedlichen Gesichtspunkten aus, und ich werde sie auf viele verschiedene Arten und Weisen erklären.

Jetzt, vom Blickwinkel dessen, was du bist, aus betrachtet, aus dem Blickwinkel des Ozeans also, kann man sagen, dass die Wellen, auch wenn sie alle untereinander verschieden sind, dennoch in ihrer *Essenz* dasselbe sind. Sie bestehen alle aus Wasser. Und deshalb – wenn man diese Metapher benutzen will – könnte man sagen, dass der Ozean weiß, dass all diese Wellen nur ein Teil von ihm selbst sind. Jeder Gedanke, jedes Gefühl, jede Empfindung, die in dir auftaucht, ist nichts anderes als der Ozean, der gerade tanzt. Wellen bestehen alle aus Wasser – ganz gleich, ob sie nun die riesigen, wilden Wellen sind oder die weichen, sanften Wellen. Und deshalb, auf der tiefsten Seinsebene, hat der Ozean auch kein *Problem* mit irgendeiner dieser Wellen, weil er weiß, dass keine dieser Wellen bedrohen kann, was er wirklich ist. Und deshalb gibt es ein tiefes Einverstandensein mit all diesen Wellen, einen Frieden jenseits von Verständnis, das aus der grundlegenden Untrennbarkeit der Wellen mit dem Ozean resultiert.

Keine dieser Wellen des Lebens kann dem Ozean, der du bist, wirklich schaden. Keine dieser Wellen kann dich zerstören. Keine dieser Wellen kann dir etwas wegnehmen, und keine dieser Wellen kann dir etwas zusätzlich geben. Keine dieser Wellen ist dir fremd.

Und deshalb weiß der Ozean in seinem tiefsten Inneren, dass alle diese Erscheinungsformen der Wellen okay sind – ganz gleich, ob sie sich nun als Gedankenwelle, als Schmerzwelle, als Angstwelle, als Traurigkeitswelle, als Erwartungswelle, als Freudewelle oder als irgendeine andere Welle zeigen. Sie alle sind in dir zu Hause. Was du bist, ist groß genug, um all diese Wellen zu umfassen.

Wie alle glaubwürdigen spirituellen Lehrer aller Zeiten uns immer wieder vermittelt haben, bist du in Wirklichkeit kein getrenntes Wesen, kein individuelles Selbst, sondern der offene Raum, in dem all diese kleinen Erfahrungswellen – Gedanken, Empfindungen, Geräusche und Gefühle – kommen und gehen. Du bist buchstäblich das, was du suchst. Du bist die Bewusstheit, die den Tanz der Form aufrechterhält. Du bist die riesige Ausdehnung des Bewusstseins, in der die Welt erscheint und wieder verschwindet. Und ganz gleich, was in deiner Erfahrung auftaucht und wieder verschwindet – du bleibst immer die Ruhe inmitten des Sturms, der tiefe, weite Ozean, der auch von der wildesten Welle nicht zerstört werden kann. Die Wellen mögen sich erheben und sich überschlagen, aber in der Tiefe des Ozeans gibt es Stille – Stille und Wissen.

Du bist wie die weißen Blätter unter diesen Worten. Du bist hinter jedem Wort in diesem Buch – allgegenwärtig, stets im Hintergrund vorhanden, lebenswichtig, damit diese Worte erkannt werden können, aber nur selten bemerkt und noch seltener wertgeschätzt.

Ich glaube, dass dies der Punkt ist, auf den alle religiösen und spirituellen Lehren letztlich hinweisen – auf die Tatsache, dass es etwas gibt (und man kann ihm jede mögliche Bezeichnung geben, nicht, damit es ein Es wird, sondern weil es im Kern nicht benannt werden kann), hier, unmittelbar in der Tiefe der gegenwärtigen Erfahrung, das nicht kommt und geht, das nicht zerbricht oder vermodert oder zerspringt, selbst nicht inmitten der extremsten Traurigkeit, dem schlimmsten Schmerz oder der schrecklichsten Angst. Es ist ein Ort, an dem alles in der Tiefe okay ist – selbst wenn die Gefühle an der Oberfläche nicht okay zu sein scheinen. Und da es jenseits der Gegensätze liegt, jenseits der dualistischen Welt der Gedanken, liegt es auch jenseits des Zyklus von Geburt und Tod. Es ist nie geboren worden und kann nie sterben. Es ist die Vollständigkeit, die von der getrennten Welle gesucht wird, die sie aber nie finden kann. Es ist Zuhause.

Wir sind so beschäftigt damit, uns von der Unbequemlichkeit, dem Schmerz weg- und auf die Vollständigkeit in der Zukunft hinzubewegen, dass wir diese gegenwärtige Vollständigkeit verpassen. Wir sind so beschäftigt damit, zu versuchen, nach Hause zu kommen, dass wir die unausweichliche Tatsache verpassen, dass wir schon zu Hause sind. Wir sind so beschäftigt damit, ein Image von uns aufrechtzuerhalten, zu versuchen, uns selbst und der Welt zu beweisen, wer wir sind, dass wir verpassen zu erkennen, dass wir einfach der weit offene Raum sind, in dem *alle* diese Vorstellungen kommen und gehen. Wir sind so beschäftigt damit, zu suchen, dass wir schließlich diesen offenen Raum verpassen, der alles enthält, einen offenen Raum, der *in sich selbst* das Ende der Suche bedeutet.

Du bist, was du suchst – das ist es, was die großen spirituellen Lehrer uns schon immer gesagt haben. Und du wirst es nicht irgendwo in der Zukunft finden. Es kann nur JETZT gefunden werden.

Wellen-Management

Vom Blickwinkel des Ozeans aus betrachtet ist letztlich nichts ein Problem. Schmerz, Wut, Angst, Frustration – sie alle kommen und gehen im Ozean und sie sind im Kern kein Problem. Aber als Menschen, die nicht erkennen, wer sie wirklich sind, machen wir sie zu einem Problem. Wir sagen: „Diese Welle ist kein Teil des Ozeans! Sie bedroht den Ozean – sie bedroht, was ich bin. Auf irgendeine Weise blockiert sie die Vollständigkeit des Ozeans, und wenn ich sie nur loswerden könnte, dann würde die Vollständigkeit wieder hergestellt sein."

Was wir dann im Prinzip tun, ist, der Welle nicht zu erlauben, im Ozean zu sein. Wir erlauben nicht, dass eine Welle, die bereits ein vollkommener Ausdruck des Lebens ist, hier im Leben bleibt. Wir sind so gewöhnt daran, die Wellen in gute, schlechte, hässliche, schöne, sichere, gefährliche, positive oder negative Wellen einzuteilen, dass wir letztlich verpassen, die jeder einzelnen Erfahrungswelle innewohnende Vollkommenheit zu erkennen. Das gilt für jeden Gedanken, jede Empfindung, für jedes Gefühl.

Wir treten den Wellen mit Bewertungen gegenüber. Auf allertiefster Ebene beurteilen wir, dass einige Wellen annehmbar und andere nicht akzeptabel sind. Manche Wellen können wir in dem, was wir sind, zulassen, und manche Wellen haben hier keine Zugangsberechtigung. Und genau an dieser Stelle beginnt das, was wir *Widerstand* nennen. Viele spirituelle Lehrer sprechen von diesem *Widerstand gegen das Jetzt* und, in welcher Weise er die Wurzel all unseres seelischen Leidens bildet. Und nun können wir erkennen, *warum w*ir uns gegen einen Gedanken oder gegen ein Gefühl wehren: Wir wehren uns, weil wir die Vollkommenheit darin nicht erkennen können, weil wir diesen Gedanken oder dieses Gefühl auf irgendeiner Ebene als Bedrohung dessen wahrnehmen, was wir sind. Wir wehren uns, weil wir Angst haben und weil wir die Untrennbarkeit und Intimität zwischen dem, was wir sind und was in der gegenwärtigen Erfahrung auftaucht, nicht erkennen können. Und deshalb glauben wir auf einer bestimmten Ebene, dass das, was uns gerade geschieht, nicht okay ist, und wir versuchen, ihm zu entkommen.

Wir entwickeln sehr komplizierte Formen, dies zu tun, aber im Grunde genommen ist das, was wir versuchen zu tun, sehr einfach: *Wir wollen die Wellen loswerden, die uns nicht gefallen.* Wir wollen den Ozean kontrollieren, indem wir versuchen, die Wellen zu managen, damit die Wellen, die sich zeigen, nur noch die Wellen sind, die wir erscheinen lassen wollen. Alles menschliche Leid ist eine Variante dieses Themas – wir versuchen, die Wellen zu kontrollieren, wir versuchen, die Erfahrung des gegenwärtigen Augenblicks zu kontrollieren, damit sie mit unserer Vorstellung und mit unseren Konzepten übereinstimmt, wie sie sein sollten. Wenn du leiden willst, dann vergleiche den Moment mit deiner Vorstellung, wie er sein sollte!

Letztlich laufe ich vor jedem Aspekt meiner gegenwärtigen Erfahrung fort, die ich als Bedrohung der Vollkommenheit erlebe. Ich erkläre mir wirklich buchstäblich selbst den Krieg. Ich spalte mich in zwei auf – ein Ich gegen die „schlimmen Wellen" oder gegen die „gefährlichen Wellen" oder die „dunklen Wellen" oder die „bösen Wellen" in mir. Bestimmte Wellen in mir werden so zu einer Bedrohung. Und so strecke ich dann die Hände nach der Welt aus – nach der nächsten Zigarette, nach der nächsten sexuellen Begegnung, nach dem nächsten Bier, nach dem nächsten spirituellen Höhenflug – alles, damit ich nicht fühlen muss, was ich fühle, alles, damit ich bestimmten Wellen aus dem Weg gehen kann, und alles, damit ich letztlich diese Unvollkommenheit, diese Leere, dieses Gefühl von Mangel im Zentrum meines Seins loswerden kann. Ich werde *süchtig* (nach Geliebten, nach Gurus, nach Substanzen), hänge mich an festgefügte Glaubenssysteme oder arbeite mich zu Tode – alles, damit ich nur nicht das erleben muss, was ich erlebe, damit ich nicht das fühlen muss, was ich im Moment fühle, damit ich mich betäuben kann und den Schmerz des Menschseins nicht mehr fühlen muss. Als Menschen machen wir ziemlich komplizierte, gefährliche und manchmal sogar gewalttätige Dinge, um der Ungemütlichkeit der Erfahrung des Jetzt zu entrinnen. Aber was darunter passiert, ist immer ganz einfach: Wir sind im Widerstand gegen das, was ist.

Eine kleine Weile scheint uns das Geld, die Zigarette, die sexuelle Begegnung, die spirituelle Erfahrung zu erleichtern und aus dieser Zwangslage zu befreien; das äußere Objekt, der Mensch scheinen die Traurigkeit, die Einsamkeit, die Angst wegzunehmen und die Vollkommenheit zu bringen, nach der ich mich so sehr sehne. Und dann hänge ich mich an alles, was mir scheinbar diese Vollkommenheit schenkt. Viele spirituelle Lehren sprechen von dieser *Anhaftung*, und jetzt können wir erkennen, warum wir so an etwas anhaften: Wenn wir glauben, dass diese Menschen oder Objekte im Außen uns die Vollkommenheit schenken, die wir so sehr suchen, dann können wir sie doch nicht loslassen, denn das zu tun, würde bedeuten, dass wir die Ganzheit, die Vollkommenheit verlieren. Uns an ihnen festzuhalten, kann so zu einer Sache von Leben und Tod werden.

Später werde ich weiter darüber sprechen, wie wir unbewusst diesen Menschen und Objekten in unserer Welt, von denen wir glauben, dass sie uns Ganzheit schenken, so viel Macht verleihen, und wie wir, indem wir dies tun, unsere eigene Macht verlieren und auch das Vertrauen in unsere eigene Erfahrung. In diesem Sinn hat ein Suchender immer einen Guru – etwas oder jemanden, der Macht über ihn hat. Dieser Guru kann viele Formen annehmen – es kann ein spiritueller Guru sein (der die Macht der Erleuchtung zu haben scheint), ein Geliebter (der die Macht der Liebe zu besitzen scheint) oder eine Flasche Bier (die über die geheimnisvolle Macht zu verfügen scheint, dass wir uns damit besser fühlen). Das Objekt oder der Mensch scheint so dein Unwohlsein wegnehmen zu können, zumindest eine Zeitlang. In diesem Zeitraum fällt dann die Last des Selbst, die Last des Suchens von dir ab, und es gibt eine vorübergehende Erlösung von dem Unbehagen, von dem Schmerz, von dem Leid. Wenn du in der Nähe deines Geliebten oder deines spirituellen Lehrers bist oder wenn du deine Lieblings-Mannschaft spielen siehst oder wenn du in der Intimität der sexuellen Begegnung aufgehst, im Thrill des Extremsports oder in der Tiefe einer Meditation, dann scheint alles *wieder in Ordnung* zu sein. Das Suchen entspannt sich, und wenigstens eine Zeitlang gibt es eine Erlösung von der Last, eine getrennte Welle zu sein.

Aber genau hier beginnt das Problem: Wenn du dem Alkohol entsagst, wenn du dich von dem spirituellen Lehrer trennst, wenn dein Geliebter dich verlässt oder du deinen Sport nicht mehr ausüben kannst, dann erscheint das Unbehagen erneut, manchmal stärker als je zuvor. Wenn du das Objekt wegnimmst, dem du so hinterhergelaufen bist – dem Objekt deiner Sucht, der Sache, von der du angenommen hast, das sie dich ganz macht – dann erscheint das Suchen erneut. Oft bemerkst du das Suchen, das im Untergrund wabert, erst durch den Verlust dessen, von dem du angenommen hattest, dass es dich vervollständigt. Du hast einfach nicht bemerkt, dass du den „Guru" benutzt hast, um dich ganz zu fühlen. Das Suchen geschah vollkommen unbewusst.

Ja, es ist leicht zu glauben, dass du vom Suchen frei bist, wenn die Dinge gut für dich laufen, wenn du alles hast, was du willst, und wenn das Leben wundervoll ist. Dann kannst du sagen: „Ich brauche nichts, um ganz zu werden! Ich bin ganz!" Aber dann verlierst du plötzlich all dein Geld, deine Besitztümer, deine Gesundheit, deinen Partner, deinen Guru, deinen Ruhm, deinen Erfolg, dein Aussehen, deine Erinnerung an dein Erleuchtungserlebnis – das Objekt oder den Menschen oder die Erfahrung, von denen du dachtest, dass sie dich ganz machen. Und die daraus resultierende Unvollkommenheit, die daraus resultierende Einsamkeit, die tiefe Unzufriedenheit mit dem Leben – alles, was deine „macht-vollen" Objekte oder Menschen von dir wegnehmen sollten – tauchen dann wieder auf. Das Objekt, der Mensch, die vorübergehende Erfahrung hatten in Wirklichkeit gar keine Macht – jedenfalls nicht die Macht, nach der du dich gesehnt hast: die Macht, das Suchen zu beenden, ein für allemal.

Ja, oft erkennen wir nicht, dass wir suchen, ehe wir einen Verlust erleben. Ein Verlust kann etwas ganz Schreckliches sein, er kann aber auch eine echte Gelegenheit sein, zu erkennen, dass du, um vollständig zu sein, niemals das gebraucht hast, was du so sehr zu brauchen schienst.

Was glaubst du zu brauchen, um vollständig zu sein? Was fürchtest du am meisten zu verlieren? Was würde dir deine Ganzheit nehmen, wenn du es verlieren würdest?

Wahre Freiheit hängt niemals von einer Quelle im Außen ab. Wahre Freiheit ist die Freiheit von der Abhängigkeit von äußeren Quellen, die dich ganz machen sollen. Die Zigarette, die sexuellen Begegnungen, der liebevolle Blick deines Gurus können dich auf Dauer nicht befreien. Erst wenn du deine Aufmerksamkeit um 180 Grad wendest, um die Wellen anzuschauen, die nicht okay sind und vor denen du wegläufst, dann gibt es die Möglichkeit, vollständige Freiheit und Frieden in deiner eigenen Erfahrung zu entdecken.

Die wahre Bedeutung von Akzeptanz

Lasst uns jetzt ein wenig tiefer in die Vorstellung von Akzeptanz eintauchen – ein Wort, das oft falsch verstanden zu werden scheint.

Wir könnten also beispielsweise sagen, dass das, was du als Ozean bist, jede Welle annehmen könnte, einfach deshalb, weil es eine Welle ist. Der Ozean kann ja gar nicht anders, als seine Wellen anzunehmen! Der Ozean nimmt nicht einige Wellen an und weist andere zurück, sondern besitzt eine *bedingungslose Akzeptanz*, die weit über unsere bedingten Vorstellungen von Akzeptanz hinausgeht. Die Akzeptanz, mit der der Ozean seine Wellen annimmt, liegt jenseits des Konzepts der Gegensätze von Annehmen und Nichtannehmen. Diese Akzeptanz ist Ausdruck der *Untrennbarkeit* des Ozeans und seiner Wellen, und als solche gibt es gar keinen Gegensatz. Jede Welle ist *bereits von dem Ozean angenommen*, und es ist diese bereits akzeptierte Art und Weise der Wellen, die uns zum Kern dessen führt, um was es in diesem Buch geht. Es geht dabei um die tiefste Annahme des Lebens, die du als Individuum nicht erreichen kannst.

Tatsächlich ist die Frage nicht, ob du versuchen solltest, diese tiefste Akzeptanz zu erreichen, sondern die Frage ist, ob du sie anerkennen kannst, sie erkennen kannst und sie in jeder einzelnen Erfahrung bemerken kannst. Du brauchst diese tiefste Akzeptanz nicht erst zu erreichen, sie ist schon da, und was übrigbleibt, ist lediglich, einfach und ohne Anstrengungen zu bemerken, dass sie schon geschehen ist, in diesem Augenblick und in jedem Augenblick. Jede Welle der Erfahrung – jeder Gedanke, jede Empfindung, jedes Gefühl, jedes Geräusch, jeder Geruch – hat schon die Erlaubnis, da zu sein. In dem Augenblick, in dem die Welle auftaucht, ist sie schon durch das, was du bist, vollständig angenommen worden. *Das Auftauchen der Welle ist bereits ihre Akzeptanz.* Die Schleusentore sind schon geöffnet; dieser Augenblick ist bereits zugelassen worden, und zwar genauso, wie er ist. *Wir können nur das erleben, was bereits angenommen worden ist!*

Was du bist, hat den gegenwärtigen Augenblick bereits angenommen, genauso, wie er ist. Was du bist, hat bereits zu dem, was ist, ja gesagt, denn ansonsten würde das, was erscheint, gar nicht geschehen. Was du bist, kann dem, was gerade jetzt erscheint, keinen Widerstand entgegensetzen, denn es ist alles, was JETZT erscheint. Alles ist schlicht unwiderstehlich für das, was du bist.

Deshalb, wenn ich über Annehmen spreche, dann benutze ich das Wort nicht in der Weise, in der wir gewohnt sind, es zu benutzen. Ich benutze das Wort auf neue Weise, in einer Weise, die auf das tiefste Annehmen des Lebens hinweist – ein Annehmen, ein Zulassen, das bereits geschehen ist. Und wenn ich darum vorschlage, dass du das, was ist, annehmen oder zulassen sollst, dann ist dies eine Kurzform davon, dass du deine Aufmerksamkeit auf die Tatsache richten sollst, dass in diesem Augenblick alle Gedanken, alle Empfindungen, alle Gefühle, alles, was du siehst, hörst und riechst, bereits eingeladen worden ist, denn nur so kann es überhaupt erscheinen!

Gedanken und Gefühle anzunehmen bedeutet, auf einfache, sanfte und mühelose Weise zu bemerken, dass diese Gedanken und Gefühle in diesem Moment bereits angenommen sind, dass sie bereits eingelassen, zugelassen wurden. Es gibt sie nämlich bereits, sie sind bereits da. Annehmen ist so keine zeitgebundene Errungenschaft, sondern eine nie endende Wirklichkeit des Jetzt.

Eigentlich kannst du gar nichts annehmen – denn das, was du bist, ist bereits ein Ausdruck des Angenommenseins. Denn du bist in Wirklichkeit kein getrennter Mensch – du bist ein müheloses JA zu diesem Augenblick.

Diese Definition stellt viele spirituelle Lehren auf den Kopf. Jetzt ist Annahme kein Zustand, den man irgendwann in der Zukunft erreichen kann. Es ist nicht etwas, nach dem man suchen muss, auf das man wartet, hofft oder um das man bettelt. Es ist keine persönliche Errungenschaft oder nichts, was erst durch jahrelange Mühen oder Anstrengungen erreicht werden kann. Es ist kein magischer Augenblick, keine Bewusstseinstransformation oder kein energetischer Wandel, der irgendwann geschehen wird. Es ist auch keine Aufgabe, keine spirituelle Hausaufgabe. Es ist etwas, das du wiederentdecken kannst, direkt hier, *mitten in deiner derzeitigen Erfahrung dessen, was du gerade in diesem Moment erlebst,* hier und jetzt, ganz gleich, was gerade geschieht. Annahme ist kein Ziel für die Zukunft, es ist eine Wirklichkeit im Jetzt, und zwar immer und jederzeit. Und wenn es Gnade und ein Geschenk ist, dann ist es ein immerwährendes Geschenk, das alle finden können, zu jeder Zeit.

Diese Definition revolutioniert unser Verständnis von Annehmen und Zurückweisen vollständig. Beim Annehmen geht es nicht länger um mich als ein getrenntes Individuum, das versucht, anzunehmen oder Akzeptanz als ein zukünftiges Ziel zu erreichen und dabei auf ein unerreichbares Ideal der Akzeptanz hinlebt, wie es von spirituellen Lehrern und Gurus gepriesen wird. Das ist nur eine weitere Form des Suchens. Beim Annehmen geht es darum, dich selbst als den offenen Raum der Annahme anzuerkennen, als den Ozean, der all seine Wellen schon angenommen hat, bedingungslos, hier und jetzt – einschließlich all der Wellen der Nichtakzeptanz.

Ich erinnere mich daran, wie ich mich selbst vor Jahren als spirituell Suchenden sah, der nach Befreiung hungerte und so gerne in die Erleuchtung flüchten wollte. Damals dachte ich, dass Annehmen oder „Annahme praktizieren" etwas war, was man 24 Stunden am Tag, sieben Tage die Woche und 365 Tage im Jahr tun sollte und was der Schlüssel dazu war, erleuchtet zu werden. Wenn ich nur zu jeder Zeit alles annehmen könnte, dann würde ich frei sein – so dachte ich wenigstens. Das war natürlich eine wunderschöne Vorstellung, aber so sehr ich auch versuchte, alles anzunehmen, ganz bewusst bei allem zu sein, alles bedingungslos zuzulassen und mir ohne Diskriminierung oder Auswahl aller Gefühle, Dinge und Momente bewusst zu sein, gab es immer noch Dinge, die ich einfach nicht annehmen konnte: extremen körperlichen Schmerz zum Beispiel. Vergewaltigung, Folter, Völkermord – wie konnte ich all das annehmen? Als ich selbst extremen Schmerz erlebte, versuchte ich verzweifelt, ihn anzunehmen, aber irgendwann war ich nur noch erschöpft davon, und dann bestrafte ich mich für mein Versagen, weil ich das nicht erreicht hatte, was ich doch eigentlich erreichen wollte und sollte.

Ich erkenne inzwischen, dass es da eine Absicht (in anderen Worten, ein Suchen) hinter meinen Versuchen gab, alles anzunehmen. Ich glaubte heimlich, dass *der Schmerz weggehen würde*, wenn ich ihn nur annehmen könnte. Meine *Zurückweisung* des Schmerzes hatte sich als *Annahme verkleidet*! Was für ein genialer Plan: Das Suchen kann sich so verstecken – mitten in einer phantastischen spirituellen Praxis! Wenn man Annahme mit irgendeiner Art Hoffnung, Erwartung oder Vorstellung verknüpft, dann ist es keine wirkliche Annahme – es ist Zurückweisung in der Verkleidung der Annahme.

Was ich damals nicht erkannte, war die bedingungslose, allumfassende Natur der wahren tiefen Akzeptanz. Ich war so sehr damit beschäftigt zu versuchen, alles anzunehmen, dass ich am Ende diese tiefe Annahme des Lebens verpasste – in der selbst mein Versagen angenommen war! Ja, so radikal ist diese Annahme: Selbst deine Nichtannahme des Schmerzes ist in dem, was du bist, zugelassen. Alle Wellen im Ozean sind angenommen – der Ozean nimmt sie an, und wenn das, was gerade jetzt geschieht, deine Nichtannahme von Schmerz ist, dann ist das auch angenommen. Der Schmerz ist okay, und deine Abwehr des Schmerzes ist auch okay, dein Wunsch, davon frei zu sein, ist okay. Der Suchende ist auch angenommen, selbst wenn er gerade nicht in der Lage ist, anzunehmen.

Und, seien wir doch ehrlich, das ist ein wirkliches Paradox. Wenn selbst meine Nichtakzeptanz des Schmerzes vom Leben angenommen wird, und zwar ohne Wenn und Aber, dann ist es keine Nichtakzeptanz mehr. Dann verwandelt sich die Nichtakzeptanz. Das scheint logisch, philosophisch oder rational überhaupt keinen Sinn zu machen, aber es geschieht trotzdem. Nun möchte ich aber nicht, dass ihr mir einfach nur glaubt. Ich möchte, dass ihr diese Wahrheit selbst für euch entdeckt. Bei allem, was ich in diesem Buch sage, geht es um Selbstentdeckung.

In diesem Buch geht es darum, ein tieferes Gefühl von Okaysein zu erfahren, selbst wenn die Dinge, oberflächlich betrachtet, überhaupt nicht okay sind. Es geht dabei um das Erkennen einer tieferen Ganzheit, selbst wenn die Dinge, oberflächlich betrachtet, nicht ganz sind. Das, worüber ich spreche, ist die allerhöchste Form der Entspannung, die höchste Form des Friedens, die höchste Form der Ruhe. Es geht dabei nicht um dich, nicht um den getrennten Menschen, der entspannt oder friedvoll sein könnte oder der versucht, es zu sein, es geht um ein *tieferes Gefühl* von Entspannung, das sich einstellt, wenn man weiß, dass jeder Gedanke, jede Empfindung, jedes Gefühl, einschließlich aller Gefühle von Schmerz, in dem Raum, in dem du dich befindest, bereits angenommen sind. Wenn du das wirklich weißt, jetzt, in diesem Moment, wenn du weißt, dass auch dein Nichtannehmen-Können zutiefst angenommen ist, dann ist das etwas, das selbst das schlimmste verhärtete Leid im Kern zusammenbrechen lässt. Man könnte vielleicht sagen, dass alles Leiden eigentlich darin besteht, dass wir blind gegenüber diesem tiefsten Angenommensein sind.

Wenn man das von diesem neuen Standpunkt aus betrachtet, dann ist alles Leiden eine Einladung, den gegenwärtigen Augenblick zutiefst anzunehmen. Leid oder seelisches Unbehagen oder Stress sind nicht länger irgendetwas Schlimmes oder Böses, das transzendiert oder zerstört werden muss, sondern einzigartige Gelegenheiten zu erkennen, was du in dir noch ablehnst, was du immer noch suchst. In diesem Leid wirst du immer diesen Kampf finden, und du wirst immer die Blindheit gegenüber dieser tiefsten Akzeptanz entdecken. Deshalb ist auch dein Kämpfen eine Einladung, zurück zur tiefsten Akzeptanz zu kommen. Leiden schmerzt, und es ist dieser Schmerz, der ein Wegweiser ist, zurück nach Hause zu kommen.

Nostalgie ist ein wunderbares Wort, und es bedeutet, wörtlich genommen, den „Schmerz, nach Hause zu kommen“. Aber es könnte auch „die Entdeckung des Zuhauses selbst mitten im Schmerz“ bedeuten, denn „Zuhause“ ist allzeit da, selbst mitten in all den Erfahrungen, denen wir eigentlich auszuweichen versuchen, genau wie der Ozean immer da ist, in und als jede Welle.

Wir versuchen, in uns Eigenschaften wie Liebe, Frieden, Akzeptanz und Nichtanhaftung zu kultivieren. Und wir erschöpfen uns darin, zu versuchen zu lieben, zu versuchen anzunehmen, zu versuchen, uns zu entspannen, zu versuchen, ohne Beurteilung zu sein, nicht identifiziert. Wir versuchen sogar, mit dem Suchen ein für allemal Schluss zu machen. Aber wenn wir erkennen, wer wir wirklich sind, dann merken wir, dass diese Eigenschaften alle nicht das Ergebnis einer Anstrengung eines getrennten Wesens sind, sondern dass sie auf ganz natürliche Weise in dem vorhanden waren, was wir waren, bevor wir uns als ein getrenntes Wesen wahrgenommen haben. Im Wesen sind wir auf ganz natürliche Weise liebend, annehmend, zutiefst entspannt, und immer im Frieden, niemals fixiert auf irgendeine Form, und das, was wir sind, hat niemals irgendetwas suchen müssen. Es ist auf ganz natürliche Weise frei von Bewertungen und Selektivität und immer frei von Identifizierungen. Es ist der Ozean, der auch mitten in den Stürmen des Lebens immer ruhig bleibt und der uneingeschränkt und beständig alle Wellen in der Tiefe zulässt, ohne sie zu beurteilen, ohne ihnen Widerstand zu leisten, ohne sich an ihnen festzuhalten. Das Ende der lebenslangen Suche ist kein Ziel, das in der Zukunft liegt, sondern das, was wir bereits jetzt sind.

Wie sieht das Leben aus, wenn man es von diesem Ort tiefster Akzeptanz aus betrachtet, von diesem Ort allgegenwärtiger Ganzheit? Wie sieht das Leben aus, wenn du dich selbst als nicht getrenntes Wesen erkennst, nicht als einzelne und unvollständige Welle in einem riesigen Ozean, die verzweifelt ihr Zuhause sucht, sondern als den Ozean selbst, schon jetzt ganz, schon jetzt zu Hause, ganz gleich, was geschieht? Wie sieht das Leben aus, wenn du dich als den weitgeöffneten Raum voll Annahme wahrnimmst, in dem alle Gedanken, alle Empfindungen, alle Gefühle, alle Erfahrungswellen zutiefst zugelassen sind und kommen und gehen dürfen?

Und wenn du dich als den riesigen Ozean erkennst – welche Beziehung hast du dann zu den Wellen? Sind sie von dir getrennt, oder bist du jetzt auf äußerst intime Weise mit jeder einzelnen von ihnen eins?

Das Jetzt-Bewusstsein erforschen

„Das Wichtigste, was wir lernen müssen,
... ist, zu verlernen, was unwahr ist."

Antisthenes

Jetzt ist die Zeit gekommen, einige unserer tiefsten Vorstellungen der Wirklichkeit infrage zu stellen.

Nimm dir jetzt einen Augenblick Zeit. Komm in die unmittelbare Erfahrung des Jetzt, in das, was genau jetzt an diesem Ort, an diesem Zeitpunkt geschieht, wo du gerade bist. Sieh, höre, schau auf ganz unvoreingenommene Weise auf das, was du im Augenblick gerade erlebst. Fange ganz neu an, so, als ob du ein Kind wärst, das die Welt zum ersten Mal wahrnimmt – weil du sie tatsächlich *immer* zum ersten Mal wahrnimmst. In diesem Moment ist das Leben immer ganz neu. Du hast diesen Augenblick noch niemals zuvor erlebt und wirst ihn auch nie wieder erleben. Die Geräusche dieses Moments sind nie zuvor gehört worden. Die Gefühle dieses Augenblicks sind nie zuvor gefühlt worden. Diese Worte sind nie zuvor gelesen worden. Und selbst wenn du annimmst, dass du sie sehr wohl gelesen hast, dann ist dies eine Erinnerung, ein Gedanke über die Vergangenheit, der dir jetzt, in diesem neuen Augenblick, ganz frisch und neu einfällt.

Wenn du dich auf das besinnst, was genau jetzt, hier geschieht, dann findest du ganz einfach in das spontane Spiel des Lebens. Das Leben ist ein Tanz der Gedanken, Geräusche, Empfindungen, Gerüche, die alle neu und ungehindert in dem Raum auftauchen und wieder verschwinden, der du bist. Nimm einmal wahr, wie mühelos es ist, zu sehen, zu hören, zu fühlen.

Lausche – ohne dass du dabei irgendetwas vorhast: Dann erscheinen Geräusche einfach. Das Geräusch des Atmens, das Geräusch der Autos und der Hupen, das Geräusch des Fernsehers, der ganz leise summt, das Singen der Vögel – all diese Geräusche tauchen ganz einfach auf und werden gehört, ganz mühelos.

Schließe dabei die Augen, wenn du möchtest, und nimm die reine Mühelosigkeit des Hörens wahr. Du brauchst dich nicht einmal daran zu erinnern, dass du hören musst, du musst deinen Ohren nicht mitteilen, dass sie „hören sollen". Hören geschieht einfach, auf ganz natürliche Weise, ohne jede Anstrengung. Man könnte sagen, dass Hören geschieht, ohne dass du dich einmischst.

Und dann kommt ein Gedanke auf: „Ich höre gerade." Was bedeutet das? Es bedeutet: „Ich bin ein getrenntes Wesen, das diese Geräusche hört. Ich bin ein Subjekt, und die Geräusche sind alle Objekte. Es gibt jemanden, der wahrnimmt, und etwas, das wahrgenommen wird, und das sind zwei verschiedene Dinge. Das Geräusch ist irgendwo außerhalb, und ich bin innerhalb."

Gedanken interpretieren ständig die Wirklichkeit. Und wir können sie kaum anhalten und diese Annahmen und Interpretationen überprüfen, um zu erkennen, ob sie einer simplen Überprüfung standhalten.

„Ich höre doch die Geräusche", sagen wir. Aber ist das wirklich wahr?

Wir stellen nun unsere fundamentalsten Annahmen über unsere Wahrnehmung der Welt infrage, Annahmen, die wir vielleicht immer schon gehabt haben, seit wir ganz klein waren. Aber, wie schon Jesus sagte, wir müssen wieder werden wie die Kinder, wenn wir das Königreich des Himmels betreten wollen (was gleichbedeutend ist mit dem Königreich des Jetzt). Also lasst es uns erforschen.

„Ich höre doch die Geräusche", sagen wir. Dann sind da zwei Dinge – das Geräusch und du, der das Geräusch hört. Aber stimmt das denn? Findet denn diese Trennung zwischen dem Geräusch und demjenigen, der es hört, jemals wirklich statt? Gibt es in Wirklichkeit – in der unmittelbaren, ungefilterten Erfahrung – irgendeinen Beweis dafür, dass es hier einen getrennten Jemand gibt, der Geräusche hört? Gibt es in Wirklichkeit ein ICH, das diese Geräusche hört, oder ist das nicht eigentlich nur das Hören, das einfach geschieht, ohne jede Anstrengung?

Überprüfe das doch einmal für dich. Kannst du jetzt, in deinem unmittelbaren Erleben, zwei Dinge ausmachen – den einen, der das Geräusch hört und das Geräusch selbst? Oder gibt es in Wirklichkeit nur eins – das mühelose Hören?

Kannst du diese Trennungslinie zwischen dem Hören des Geräuschs und dem Geräusch selbst in deiner unmittelbaren Erfahrung wirklich finden, zeitlich oder räumlich? Kannst du denjenigen entdecken, der hier drüben irgendwo das Geräusch dort drüben hört und der getrennt ist von dem Geräusch dort drüben? Oder ist dieses „hier drüben" und „dort drüben" in Wirklichkeit gar kein Bestandteil deiner realen Erfahrung?

Fast mein ganzes Leben lang habe ich mit dem Glauben gelebt, dass es ein getrenntes Selbst direkt hier im Kern meiner Erfahrung gäbe, eine Wesenheit, die das Hören, das Sehen, das Denken „machte". Und jetzt, wenn ich sie genauer untersuchte, brach diese nie hinterfragte Theorie in sich zusammen. Es gibt niemanden hier, der das Leben „tut", es gibt nur das Leben selbst, das auftaucht, wie die Erfahrungswellen sich erheben und wieder in sich zusammenfallen, und im Zentrum von allem ist niemand.

Noch einmal, ich möchte nicht, dass ihr das einfach nur glaubt, sondern dass ihr es für euch selbst überprüft. Könnt ihr denjenigen finden, der hört, denjenigen, der sieht, denjenigen, der denkt? Oder ist die Wirklichkeit viel, viel einfacher – dass Geräusche ertönen, dass Sehen geschieht, dass Gedanken aufkommen – und ist es nicht in Wirklichkeit nur ein weiterer Gedanke, der dann sagt: „Ich bin s doch, der all das tut!"

Prüfe das nach. Was ist wahrer: „Geräusche kommen einfach auf" oder „Ich höre Geräusche"? Welche Behauptung kann einer unmittelbaren Nachprüfung standhalten? Denk über diese Frage nach. Meditiere darüber.

Dennoch, der Gedanke „Ich bin es doch, der das Geräusch hört" oder „Ich bin es doch, der diesen Gedanken denkt" ist nicht verboten, im Gegenteil, er ist zugelassen und kann in dir aufkommen; aber auch er ist nur eine weitere Welle, die tief in dir, tief in dem Ozean, der du bist, angenommen und eingelassen ist. Und auch wenn diese Gedanken letztlich nicht wahr sind, ist es doch nützlich für die menschliche Kommunikation, in dieser Weise zu sprechen. In der Welt, in der wir leben, würde es nicht besonders nützlich sein, zu einem Ohrenarzt zu sagen: „Es sind da einfach Geräusche, die kommen auf, aber ich kann niemanden finden, der sie hört". Im Gegenteil, solch ein Satz würde vermutlich dazu führen, dass der Sprecher auf der Stelle zu einem ganz anderen Arzt überwiesen werden würde!

Das bedeutet, der Gedanke „Ich höre“ ist natürlich zulässig, wenn er aufkommt. Aber das Mysterium der Existenz besteht darin, dass das Hören trotzdem geschieht, auch wenn ich nicht denke „Ich höre“ – nicht wahr? Der Gedanke „Ich höre“ hört doch selbst überhaupt nichts, oder doch? Ohne den Gedanken „Ich sehe“ geschieht das Sehen doch auch, oder etwa nicht? Ohne den Gedanken „Ich denke“ kommen dennoch unsere Gedanken auf, nicht wahr? Die Wirklichkeit geht immer dem Denken voraus. Das Denken folgt immer nach und versucht verzweifelt, die Wirklichkeit zu erfassen, die unbegrenzt, einheitlich, ganz, vollständig ist, und er versucht, aus ihr eine Geschichte über die Wirklichkeit zu machen, die immer begrenzt, polarisierend, dualistisch und unvollständig ist. Das Denken nimmt das mühelose Hören und macht daraus „Ich höre“. Es nimmt das mühelose Sehen und sagt: „Ich sehe“. Es nimmt das mühelose Leben und sagt: „Das ist mein Leben!“ Es ist beinahe, als ob das Denken versuchen würde, ein Besitzrecht am Leben geltend zu machen. Das Denken sagt: „Ich habe das getan! Ich habe dafür gesorgt, dass das geschieht!“ Das Denken will sich selbst alles zugutehalten. Es will die totale Kontrolle. Es will Gott sein!

Kleine Kinder haben noch ein Gefühl für das Mysterium, das sich im Kern jeder Erfahrung findet. Eine Frau erzählte mir, wie ihre kleine Tochter eines Tages auf sie zugelaufen kam und einige Gemälde hochhielt, an denen sie fieberhaft stundenlang gearbeitet hatte. Sie rief voll Verblüffung: „Mami, Mami, guck mal, was meine Hände gemacht haben!“ Sie rief nicht: „Guck mal, was ich gemacht habe! Bin ich nicht eine große Künstlerin?“ Sie rief: „Guck mal, was meine Hände gemacht haben, ganz von allein! Ist das nicht erstaunlich?“ Das Kind war noch nicht in die von Gedanken erzeugten Rollen verstrickt; sie war noch nicht damit identifiziert, Künstlerin zu sein. Es gab in ihr noch das einfache Staunen darüber, wie das Leben ganz von allein in ihr stattfand. Ihre Kreativität kam aus dem Nichts, und in Wirklichkeit war es nicht ihre eigene. Sie gehörte dem Universum, nicht einem getrennten „Künstler“. Alle ehrlichen Künstler werden das bestätigen.

Die Wahrheit ist, dass wir nicht diejenigen sind, die das Leben „machen“. Das Leben entwickelt sich auf seine ganz eigene Weise, und erst dann beansprucht das Denken die Urheberschaft für Dinge, die es nie getan hat. Das Denken sagt: „Ich hab das getan! Ich habe es geschehen lassen! Ich kontrolliere das Leben!“. Und wir glauben bis zu unserem Todestag an diese Geschichte.

Deshalb sagen wir: „Ich sehe einen Baum“, und diese Behauptung geht an der eigentlichen Frage vorbei, die lauten müsste: „Wer ist es denn, der den Baum sieht?“ Und sind da wirklich zwei: Ich und das Leben? Der Baum und derjenige, der ihn sieht? Oder gibt es da nur die eine nahtlose, unaussprechliche, einheitliche Wirklichkeit, die Leben selbst ist – eine Wirklichkeit, von der ich mich in keiner Weise selbst trennen kann? Indem ich zu der gegenwärtigen Erfahrung zurückkomme, kann ich weiter nichts erkennen als ein müheloses Sehen, das gerade jetzt geschieht, ohne Trennung zwischen dem, der sieht, und allem, das gesehen wird. Das Leben hat keine Grenzen. Und Sehen kennt kein Innen und Außen. Es gibt nur einfach Sehen, ein einfaches Auftauchen von Formen, Farben und Bestandteilen in der weiten, geöffneten Achtsamkeit, die ich bin. Ich kann einfach keine Trennungslinie zwischen dem finden, was ich bin, und irgendetwas, was geschieht. Ich kann den Ort nicht finden, an dem ich ende und an dem das Leben beginnt. Vielleicht existiert diese Linie gar nicht und hat auch nie existiert.

Erst später fängt das Denken an zu sagen: „Ich. Ich sehe. Ich sehe… einen Baum.“ Und erst dann erscheinen zwei: das Ich und der Baum. Erst dann fühle ich mich auf eine unerklärliche Weise getrennt von dem Baum, und es kommt mir so vor, als wäre der Baum irgendwo außerhalb von mir selbst. Auf irgendeiner Ebene spüre ich nun meine Begrenztheit, ich spüre mein Heimweh; ich fühle mich getrennt vom Baum und sehne mich erneut nach Vereinigung. Ich fühle mich getrennt vom Himmel, und ich sehne mich nach Vereinigung. Ich fühle mich getrennt von meinem Körper und sehne mich nach Vereinigung. Ich fühle mich getrennt von dir, und ich sehne mich nach Vereinigung. Aber vor diesem Denken, vor diesem Traum eines Innen und Außen – gibt es da wirklich etwas, was uns trennt? Gibt es nicht nur eine *äußerst intime* Einheit? Ist Wieder-Vereinigung wirklich nötig, wo es schon Eins-Sein gibt?

Wer ist vor dem Denken vom Leben getrennt? *Wer* ist unvollkommen? *Wer* sehnt sich nach Einssein?

Jesus sagte einmal: „Du musst das Leben verlieren, um es zu gewinnen.“ Dieser Satz hat mich immer wieder verwirrt – er schien mir wie der unverständlichste Widerspruch – jedenfalls so lange, bis ich erkannte, dass er vielleicht auf die vollständige Innigkeit zwischen dem, was ich in meiner Essenz bin, und dem Leben selbst hinwies. Ja, dort, wo ich erwarten würde, eine getrennte, feste Wesenheit zu finden, die „Ich“ genannt wird, gibt es in Wirklichkeit nur diesen erstaunlichen Tanz der Wellen und nichts, wodurch ich mich von ihnen trennen könnte. Wenn es kein „Ich“ gibt, dann kann ich die Gegenwärtigkeit in der Welt entdecken. Die Welt und ich sind verliebt – im wahrsten Sinn des Wortes „Liebe“. Ich verliere die Identifizierung mit „meinem Leben“ und entdecke meine Untrennbarkeit vom Leben selbst. Ich entdecke, dass ich nicht irgendeine körperlose Bewusstheit oder ein Bewusstsein ohne Körper bin und auch keine Seele oder kein Geist, der vom Leben getrennt ist und irgendwo über oder jenseits oder hinter dem Leben herfließt oder vor oder nach dem Leben existiert. Ich *bin* das Leben selbst.

Die Erfahrung der Gegenwart ist so voll von Sichtbarem, voll von Geräuschen und Gerüchen und Empfindungen, dass da kein Platz mehr ist für ein getrenntes „Ich“. Das Leben drängt mich da raus!

Der spirituelle Lehrer Nisargadatta Maharaj sagte es auf wundervolle Weise: „Die Weisheit sagt, ich bin Nichts. Die Liebe sagt, ich bin Alles. Und zwischen diesen beiden fließt mein Leben.“ Als dieser weite Ozean des Seins bist du nichts Besonderes. Du bist kein Ich und kein Du. Du bist der weite offene Raum, in dem alles geschieht, und das Anerkennen dieser Wirklichkeit bringt dir Klarheit und Weisheit. Aber Klarheit und Weisheit sind nicht vollständig ohne ihr Spiegelbild: Liebe. Und Liebe kommt durch das Anerkennen, dass du als offener Raum, als Ozean, bedingungslos und aus der Tiefe heraus alle Wellen annimmst, die sich zeigen – all das Sichtbare, all die Geräusche, all die Gerüche und Empfindungen, die im Jetzt erscheinen. In deinen Augen ist alles gleichermaßen geliebt. Das Anerkennen der Weisheit ist wahrlich unvollständig ohne das Anerkennen der Liebe.

Ich glaube, dass viele spirituell Suchende in dem „Nichts“- Aspekt der Erkenntnis steckenbleiben und dann mit einem rein intellektuellen Verständnis des Erwachens alleingelassen werden, das die totale Freiheit und Ruhe nicht erzeugen kann. Das wahre Ende des Leidens kommt aus dem Anerkennen dieser vollkommenen Intimität mit dem Leben selbst – mit anderen Worten, aus der Tiefenakzeptanz von „allem“, was im Erleben auftaucht. In dieser tiefen Akzeptanz sind Geist und Herz eins. Nichts ist irgendetwas, weil sie beide nie voneinander getrennt waren. Geistige Klarheit und Gewissheit machen den Weg frei für eine tiefe Annahme dieses Augenblicks. Und an dieser Stelle hört das Kämpfen auf.

Ja, hier, unmittelbar im Herzen der Erfahrung, finden wir eine Intimität, eine vollständige Untrennbarkeit aller Wellen der Erfahrung – der Gedanken, der Geräusche, der Gerüche, der Gefühle und der Empfindungen. Diese Wellen sind keine getrennten Einheiten, die in uns kommen und gehen – keine Dinge, die irgendwo außerhalb von uns entstehen und sich dann in und durch uns hindurch bewegen. Sie *sind* wir.

Diese innige Verbindung ist das, wonach wir alle suchen, auf Millionen unterschiedliche Weisen. Sie ist die vollkommene Untrennbarkeit des Absoluten und des Relativen, des Yin und des Yang, des Männlichen und des Weiblichen, des Nichts und des Alles, der Klarheit und der Liebe, des Mensch- und des Gottseins, und sie ist hier, direkt und unmittelbar, in etwas so Einfachem wie dem, einen Baum zu sehen, einen Vogel singen zu hören oder einen intensiven Schmerz zu spüren. Und dennoch suchen wir danach irgendwo „da draußen", in der Welt von Zeit und Raum, in anderen Menschen, in weitentfernten Orten, in anderen Bereichen, im Jenseits. Aber wenn wir wirklich gut zuhören, dann ruft das Leben uns immer zu sich zurück, hierhin, wo wir bereits sind, in unser wahres Zuhause, ein Zuhause jenseits von Worten, in das wahre Jenseits.

„Es ist alles in deinem Kopf"

Es gibt in spirituellen Lehren eine übliche Vorstellung, die von manchen Naturwissenschaftlern und Philosophen ebenfalls verfochten wird, nämlich dass die Welt ausschließlich in unserem Geist oder in unserem Gehirn existiert – dass die Welt also nur unsere Imagination ist oder, noch schlimmer, dass sie ein Wahrnehmungsfehler ist. Aber ist das wirklich ein Teil unseres unmittelbaren Erlebens von Leben? Erfährst du die Welt als etwas, was sich *im Inneren* von etwas anderem befindet, in etwas, das man den „Geist" nennt? Und wo ist denn genau dieser „Geist", in dem sich die Welt angeblich befinden soll? Wessen „Geist" ist es denn? Meiner? Und was ist denn dieses „Mein" in der unmittelbaren Erfahrung?

Wenn ich ganz unbefangen dorthin schaue, genau jetzt, dann entdecke ich erneut, dass Gedanken auftauchen, Gerüche auftauchen, Geräusche auftauchen, Gefühle auftauchen – und zwar alle in dem offenen Raum, der ich bin – aber dass es keinen Beweis dafür gibt, dass sie *in* etwas auftauchen, das man den

„Geist" nennen könnte. Ich kann keinen Beweis dafür finden, dass etwas, das man „Geist" nennen könnte, all das herstellen könnte, das gedacht, gesehen, gerochen, gehört oder gefühlt wird. Ich kann keinen Beweis dafür finden, dass diese Erfahrungswellen aus einem Geist kommen oder von irgendetwas oder aus irgendeinem anderen Ort. Ich kann keinen Geist entdecken – keinen außerhalb des Gedankens, der gerade jetzt auftaucht. Der Gedanke sagt: „Es gibt einen getrennten Geist", aber das ist nur ein Gedanke, der gerade eben erscheint. Als ich ein Kind war, lernte ich, dass ich einen Geist „habe". Aber ist das denn wahr?

Alles, was ich jemals entdecken kann, wenn ich es genauer untersuche, ist die gegenwärtige Erfahrung. Ich finde keine Vergangenheit oder Zukunft, ich finde das Jetzt, und wenn ich eine Vergangenheit oder Zukunft finden kann, dann finde ich sie als Erinnerungen oder Vorstellungen, die jetzt in mit auftauchen. Es ist alles jetzt.

Und was ich jetzt entdecken kann, ist, dass die Erfahrung nicht irgendwo in mir oder außerhalb von mir ist. Ich kann einfach kein Innen oder Außen hier finden. Es gibt nur die vollständige innige Verbundenheit mit allem, was auftaucht. Das Erleben ist nicht in irgendetwas enthalten, und ich kann auch keinen Beweis dafür finden, dass es außerhalb von irgendetwas ist.

Und deshalb ist mein Erleben des Raumes, in dem ich gerade sitze, nicht „in meinem Geist"; ich kann keinen Beweis dafür finden. Meine Erfahrung des Raums ist jetzt, unmittelbar hier, *als* Raum. Sie ist nicht von diesem Raum getrennt. Sondern sie ist der Raum, so, wie er wahrgenommen wird. Erleben hat keinen Standort, es ist nicht im Kopf oder im Gehirn lokalisierbar. Es ist überall, genauso, wie der Ozean in all seinen Wellen vorhanden ist. Es ist die Tasse Tee, die ich trinke. Es sind der Himmel und die Sterne. Es sind die Blätter, die unter meinen Füßen knirschen, wenn ich zum Postamt gehe. Die Welt ist nicht „da draußen", und sie ist auch nicht „in meinem Geist". Sie ist äußerst innig mit dem verbunden, was ich bin. Sie folgt mir überall hin. Ich kann sie nicht abschütteln. Ich kann die Welt nicht betreten oder sie verlassen, denn die Welt ist immer genau da. Ich gehe auch nicht durch die Welt, denn sie bewegt sich mit mir. Und ich bin nicht von ihr getrennt. (Oh, habt ihr auch so viel Spaß an Worten?)

Auf ähnliche Weise ist mein Erleben der Sonne nicht in meinem Gehirn oder in meinem Kopf oder in meinem Denken. Ich erlebe sie nicht als etwas, das

„in mir“ ist. Mein Erleben der Sonne ist nicht in irgendetwas anderem vorhanden. Die Sonne ist einfach hier, in der gegenwärtigen Erfahrung. Ich kann doch nicht sagen, dass die Sonne in mir ist, aber ich kann auch nicht sagen, dass sie irgendwo außerhalb von mir ist.

Nun sagt uns das konventionelle Wissen, dass die Sonne ein gigantischer Ball brennenden Gases ist, der sich Millionen von Kilometern von unseren physikalischen Körpern entfernt befindet. Und das ist, relativ betrachtet, die Wahrheit – lasst uns das nicht bestreiten. Aber was ebenso wahr ist – und das ist das wahre Wunder – ist, dass die Sonne immer schon unmittelbar hier ist, in der Innigkeit des gegenwärtigen Erlebens. Sie erscheint in der Innigkeit dessen, was ich bin. Sie ist die Wärme auf meinem Gesicht. Sie ist die Hitze auf meiner Haut. Sie ist das blendende Licht in meinen Augen. Sie ist ein lieber, alter, bekannter und naher Freund, der bei mir war, solange ich denken kann. Sie ist nicht weit von dem entfernt, wer ich wirklich bin. Sie ist *hier.*

Auch wenn man es aus einer bestimmten Perspektive aus betrachtet, dann kann eine Welle weit entfernt von einer anderen Welle im Meer erscheinen, aber aus der Perspektive des Meeres ist die Vorstellung von Entfernung oder ihr Mangel vollkommen bedeutungslos, denn jede Welle *ist* das Meer. Das Meer hat keinen bestimmten Standort – was bedeutet, dass es gleichzeitig an allen Standorten ist. Mit anderen Worten, es ist immer hier.

Alle Wellen des Meeres, die ich bin, sind ganz wesentlich ich selbst, selbst wenn es so aussieht, als wären sie Millionen Kilometer entfernt.

Die Geschichte der Welt

Wenn du in deiner Welt etwas wahrnimmst und erfährst – ein Auto, einen Baum, Schmerzen, Frustration, ein Käsebrot, die Sonne, einen Löffel – dann geht das nur, wenn du auf irgendeiner Ebene dir selbst mitteilst, was du da gerade erlebst. Um etwas zu erleben, musst du eine gedankliche Geschichte in dir entwickeln, die dir sagt, was das ist, was du da gerade erlebst. Sonst könnte es sein, dass du keine Ahnung hast, was du gerade erlebst. Ohne diese Geschichte hast du keine Möglichkeit zu wissen, was du da beispielsweise gerade anschaust. Das Denken klebt allem, was erscheint, ein Etikett auf. Denn wie weißt du, dass du gerade in die Sonne schaust, wenn nicht das Denken dir sagt, dass es die Sonne ist? Woher weißt du, dass du ein Käsebrot isst, wenn du nicht die Geschichte parat hast: „Dies ist ein Käsebrot, das ich gerade esse"? Wie weißt du, dass ein Vogel ein Vogel ist, ohne all diese Vorstellungen, Konzepte, Glaubensmuster und Erinnerungen, die dir sagen, dass es ein Vogel ist? Woher kennst du die Bezeichnungen all der Gerichte im Restaurant des Leben, wenn du nicht vorher die Speisekarte des Denkens studiert hast?

Nun, einige Menschen haben es mit dieser Botschaft zu weit getrieben. Sie haben behauptet, dass es ohne das Denken überhaupt nichts gibt. Das ist ein falscher Glaubenssatz, denn „nichts" ist auch nur ein Gedanke – das Gegenteil von „etwas". Die Wirklichkeit sprengt all diese Vorstellungen. Ohne die gedachte Geschichte, die dir sagt, was du gerade erfährst, ist es nicht so, dass es da etwas gibt, dass du „nichts" nennen könntest – sondern es ist vielmehr so, dass du dann keine Möglichkeit hättest, überhaupt zu wissen, was du gerade erlebst. Es gibt dann das vollkommene Nichtwissen. Du begegnest der Welt zum allerersten Mal. Du bist im Garten Eden, und nichts hat bisher irgendeine Bezeichnung bekommen. Das überschreitet also all unserer Vorstellungen von „etwas" und „nichts".

Um also „irgendetwas" zu erfahren – mit anderen Worten, um zu wissen, was man da erfährt – muss man sich auf irgendeiner Ebene mitteilen, was man erfährt. Um beispielsweise einen Stuhl zu erfahren, musst du dir auf irgendeiner Ebene sagen, dass dies ein Stuhl ist. Du musst ein inneres „Stuhl-Programm" besitzen, das angeschaltet ist, sonst hast du keine Chance zu wissen, was das Ding ist, das du gerade erfährst. Der Gedanke „Stuhl" kommt auf, und plötzlich weiß ich – ah, ich erfahre gerade einen Stuhl. Ich habe damit etwas über Stühle gelernt. Vielleicht habe ich schon in der Vergangenheit auf vielen Stühlen gesessen. Vielleicht habe ich auch schon die Geschichte der Stühle gelesen. Ich weiß jedenfalls, was ein Stuhl ist, und deshalb weiß ich, dass ich jetzt einen Stuhl erfahre. Kann ich ohne diesen Gedanken überhaupt *wissen*, was ich gerade erlebe? Kann es ohne Denken überhaupt eine erkennbare Welt geben?

Achtet einmal darauf, wie Babys ihre Umgebung erforschen. Sie haben noch nicht gelernt, wie die Dinge heißen. Sie haben noch nicht gelernt, was die Dinge wert sind. Billig oder teuer, nützlich oder nutzlos, heilig oder weltlich – das alles bedeutet ihnen gleich viel. Du schenkst ihnen ein wertloses Stück Plastik, und sie sind fasziniert. Du gibst ihnen einen kostbaren Diamantring, und sie sind fasziniert. Und wenn sie nicht mehr fasziniert davon sind, dann gehen sie zum nächsten Objekt über. Sie besitzen noch keine festgefahrene Geschichte über die Welt. Sie begegnen allem zum ersten Mal und erforschen es. Sie schnuppern an allem, sie berühren alles, sie probieren alles mit ihrem Mund, und sie staunen über alles. Sie leben buchstäblich in Ehrfurcht und Staunen.

Bevor wir der Welt Bezeichnungen geben, gibt es nur Mysterien.

Und dann, an einem bestimmten Punkt im Leben eines Kindes, fangen wir an, ihm zu sagen: „Das ist ein Stuhl". Und dann wissen sie, was das Objekt ist. Es ist ein Objekt, das „Stuhl" genannt wird. Und dann ist es getrennt von dem, was sie sind. Sie brauchen es dann nicht länger zu erforschen, es mit den Fingern zu entdecken, es nah zu sich zu nehmen, um es anzuschauen. Sie brauchen auch nicht länger fasziniert davon zu sein, in einer innigen Verbundenheit mit ihm zu sein. Es ist jetzt zu einem Stück Information geworden, einer nützlichen Information, ein „Faktum", kein Mysterium mehr, das man erforschen könnte. Und ihr gesamtes restliches Leben lang werden sie einen Stuhl betrachten und sich sagen, dass sie wissen, was das ist. Aber wissen sie wirklich, was das ist? Jenseits der Worte? Gibt es da nicht nur Mysterien? Gibt es da nicht auch *noch* das Staunen – und das Nichtwissen?

Um deine Mutter, deinen Vater, deine Schwester oder deinen Bruder zu erfahren, musst du dir auf einer bestimmten Ebene sagen (oder dich daran erinnern), wer sie sind. Ohne diese *deine Geschichte* über das, was sie sind, hast du keine Chance, zu wissen, wer und was sie sind, nicht wahr? Ohne diese deine Geschichte begegnest du ihnen buchstäblich zum allerersten Mal. Ohne diese deine Geschichte gibt es nur vollständige innige Verbundenheit. Und jenseits der Geschichte gibt es Liebe. Liebe bedeutet, „nicht zwei" zu sein.

Dennoch vergessen wir, dass wir da unsere eigenen Geschichten über die Welt erleben – unsere eigenen Gedanken, unsere eigenen Etiketten, unsere eigenen Interpretationen, unsere eigenen Erinnerungen, unsere eigenen Vorurteile, unsere eigenen Ängste, unsere eigenen Konditionierungen, unsere eigenen Träume. Und dann fallen wir auf den Glauben herein, dass es tatsächlich eine von uns getrennte Welt da draußen gibt mit voneinander getrennten Objekten und Menschen und dass wir diese Welt auf objektive Weise erfahren und uns ebenso auf sie beziehen. Wir vergessen, dass wir eine Projektion unseres eigenen Traums erfahren, und wir leben so, als ob wir – Sklaven oder Opfer – getrennt von der Welt „da draußen“ wären. Wir vergessen die vollständige und innige Verbundenheit direkt hier, im Herzen des Lebens, und fallen stattdessen in eine Welt der Trennung und der Zersplitterung – eine Welt, in der ich „hier drüben“ bin und alles andere „dort drüben“, und wir haben für immer einen Abstand zwischen uns. Dieses Vergessen ist der Ursprung all unserer Einsamkeit, unserer Isolation und unserer Depression.

Und dann fangen wir an, über Dinge wie „meinen Geist“ zu sprechen, so, als wäre das etwas ganz Reales, als hätte es eine Substanz, eine Wesenheit in unserer Welt. Wir vergessen, wer wir wirklich sind – der offene Raum, der alle Form enthält – und wir identifizieren uns als voneinander getrennte Intellekte und Körper, als voneinander getrennte Menschen in unseren voneinander getrennten Welten. Und die Folge davon sind Zersplitterung und Isolation. Und dann, in unserem abgespaltenen Zustand, wenden wir uns der Religion zu, wir wenden uns der Spiritualität zu, um uns von dieser Abspaltung zu befreien. Und wir tun das alles, weil wir uns nicht die Zeit nehmen, wirklich tief in unser Erleben hineinzuschauen und die wirkliche Wahrheit der Intimität mit allem zu erkennen.

Stellt euch mal die Freiheit vor, die entfesselt werden könnte, wenn wir unseren Kindern beibringen würden, ihre gegenwärtige Erfahrung wirklich und im wahrsten Sinne zu betrachten und die darin enthaltene Intimität zu erkennen. Das würde unsere Gesellschaft in ihren Fundamenten erschüttern. Vielleicht tun wir es deshalb nicht.

Meine eigene Geschichte

Du hast nun nicht nur ein Inneres und ein Äußeres, sondern du erlebst dich auch nie wirklich als Person (versuche das einmal einem Psychiater zu sagen!). Alles, was du entdecken kannst, sind Gedanken, die aufkommen, Geräusche, die erscheinen, Gefühle, die fühlbar werden, und zwar in dem, was du bist. Und erst dann sagt das Denken: „Das sind *meine* Gedanken, *meine* Gefühle, *meine* Emotionen. Leben stößt *mir* zu.“ Und da fängt die Geschichte einer Person an: Durch eine Identifikationen mit Formen, die ins Bewusstsein kommen, durch eine Identifikation mit Gedanken und Gefühlen, durch eine Identifikation mit den Wellen, die im Ozean, der du bist, entstehen und wieder verschwinden.

Nimm dir einmal ein Foto von dir als Kind zur Hand. Wer ist das da auf dem Foto? Du wirst natürlich sagen: „Das bin ich." Aber diese Antwort geht an der eigentlichen Frage vorbei. Denn was ist das „Ich", von dem du behauptest, dass du es bist? Und ist das „Ich" auf dem Foto dasselbe „Ich", das jetzt, heute hier ist?

Die Gedanken, die Gefühle, die Glaubensmuster und Vorstellungen, die gerade jetzt in deinem Erleben erscheinen und verschwinden, sind ganz sicher nicht dieselben, die vor all diesen Jahren aufgetaucht und wieder verschwunden sind. Die Geschichte über dein Ich hat sich seither sehr verändert, vielleicht sogar so sehr, dass du sie nicht einmal wiedererkennst. Damals wolltest du vielleicht ein Feuerwehrmann werden oder eine Balletttänzerin. Damals hattest du Angst vor einem Schreckgespenst im Kleiderschrank, und du hast geglaubt, dass unter der Erde im Garten eures Nachbarn winzig kleine rosafarbene Dinosaurier leben würden.

Heutzutage haben sich deine Prioritäten verändert. Du hast keine Angst mehr vor dem Schreckgespenst im Kleiderschrank. Du machst dir heute Sorgen darum, ob du genug Geld verdienen wirst, sodass du deinen Kindern eine gute Ausbildung ermöglichen kannst. Du machst dir Sorgen über deine Altersversorgung, über den Aktienmarkt, über den Krieg, über die jüngste Bedrohung durch Terrorismus oder darüber, dass du es in diesem Leben vielleicht nicht mehr bis zur Erleuchtung schafften wirst. Kannst du wirklich sagen, dass du dasselbe „Ich" bist, das du damals warst? Deine körperliche Erscheinung hat sich vollkommen verändert, und es gibt tatsächlich keine einzige Zelle in deinem Körper mehr, die aus der Zeit deines damaligen „Ich" stammt. Dein Gesicht, deine Stimme, dein Haar – alles hat sich verändert.

Aber irgendwie fühlst du dich immer noch wie „Ich", in einer Art und Weise, die du nicht erklären kannst. Es gibt da ein gewisses Gefühl von Hiersein, das sich nicht verändert hat. Das Gefühl des „Ich bin" ist gleichgeblieben. Der Ozean ist immer noch derselbe, nur die Wellen haben sich verändert. Millionen Gedanken sind aufgetaucht und wieder verschwunden. Alle Arten von Gefühlen sind dagewesen – und haben sich wieder aufgelöst. Aber dieses Gefühl von Sein ist dageblieben. Und dennoch können wir kaum wirklich darüber sprechen, was dieses Sein eigentlich ist. Es fühlt sich so intim an – etwas, was wirklich und total du selbst bist, und dennoch gleichzeitig unerkennbar, wie etwas, was größer ist als du.

Nimm dir nun einen Moment und bringe deine Aufmerksamkeit sanft dahin, wo du fühlen kannst, wie es sich wirklich anfühlt, du zu sein. Mit „du" meine ich nicht die Gedanken und Urteile über dich selbst, die kommen und gehen, und auch nicht die Empfindungen und Emotionen, die im Laufe des Tages so auftauchen und wieder verschwinden. Ich meine auch nicht die Vorstellungen und Bilder deiner Vergangenheit, genauso wenig wie die Sorgen, die du dir vielleicht über eine ungewisse Zukunft machst. Ich möchte dich auf etwas hinweisen, das vor all dem liegt. Ich möchte dich auf das Gefühl hinweisen, ganz einfach du zu sein, schlicht du, hier und jetzt, auf ein Gefühl, das immer da war, schon seit du ein Kind warst. Es ist ein sehr subtiles und dennoch ganz lebendiges Gefühl von Präsenz, das dich nie verlassen hat, ganz gleich, was du erreicht hattest, ganz gleich, was du verloren hattest, ganz gleich, wie viele spirituelle Geistesblitze oder Erlebnisse du gehabt hast. Ich spreche hier nicht über „dich" als einen besonderen Zustand oder als eine besondere Erfahrung. Ich spreche nicht über das Höhere Selbst, auch nicht über ein erwachtes Selbst, und auch nicht über eine besondere Ausgabe des Selbst, sondern über das ganz einfache und sehr gewöhnliche Gefühl, du zu sein, in diesem Augenblick. Du brauchst nicht einmal zu verstehen, über was ich hier spreche, damit du dieses grundlegende Gefühl der Ichheit erfährst. Ob du glaubst, du verstehst mich, oder ob du es nicht tust, oder selbst wenn du dich gerade jetzt frustriert und verwirrt fühlst, nimm einfach wahr, dass hinter all diesem Kampf immer noch das ganz einfache Gefühl zu spüren ist, du zu sein. Ich weise dich hier wirklich auf etwas ganz, ganz Einfaches hin – es ist viel zu einfach, als dass es der Intellekt verstehen könnte. Du weißt bereits, wer du wirklich bist. Du bist bereits vollständig du, ganz gleich, was geschieht. Diese einfache Erkenntnis ist der Kern all dessen, worüber ich in diesem Buch spreche.

Es ist in diesen Tagen immer ziemlich seltsam für mich, jemanden zu treffen, der mich kannte, als ich viel jünger war. Ich habe das Gefühl, dass ich mich in den letzten Jahren so sehr verändert habe – so sehr, dass ich mich in dem, was ich augenscheinlich war, kaum noch wiedererkenne. Und dennoch scheint dieses alte Ich für andere Menschen immer noch zu existieren. Ich treffe alte Schulkameraden oder Verwandte, die ich nicht mehr gesehen habe, seit ich ein Teenager war, und es ist wirklich erstaunlich zu entdecken, wie sie immer noch mit der alten Geschichte von Jeff Foster leben, die auf dem basiert, was sie vor vielen Jahren mit mir erlebt haben. Und jeder lebt mit seiner ganz eigenen Version von mir. Selbst wenn du dich bis zur Unkenntlichkeit verändert hättest – selbst wenn du tot wärst – würden Menschen immer noch ihre eigene Geschichte vor sich hertragen, wer du bist, die ausschließlich aus ihrer Erinnerung gespeist ist. Wir leben in den Geschichten und Bildern, die wir voneinander haben. Aber können wir einander dadurch wirklich begegnen?

Ich komme in einen Raum und du projizierst sofort deine Geschichte von mir auf diesen Körper. Aber selbst wenn du die Geschichte meines Lebens kennen würdest, in allen Einzelheiten, die ganze Geschichte – würdest du dann wirklich wissen, wer ich bin? Wenn du alles *über* mich wüsstest, würdest du mich dann wirklich *kennen*? Wenn du mich bittest, dir etwas über mich zu erzählen, und wenn ich dir damit antworte, dass ich dir erzähle, womit ich mein Geld verdiene oder was für Beziehungen ich habe oder wo ich erfolgreich bin oder Misserfolge erlebt habe, oder von meinen Vorlieben und Abneigungen, erzähle ich dir dann tatsächlich die Wahrheit über das, was ich bin? Oder erzähle ich dir nur eine *Geschichte* darüber, wer ich bin, die Geschichte einer Figur in einem Film? Sagen dir Berichte über das , was ich in der Vergangenheit getan habe und was ich mir für die Zukunft erhoffe, wirklich irgendetwas über denjenigen, der jetzt gerade hier ist, genau in diesem Moment? Können die Vergangenheit und die Zukunft wirklich diesen gegenwärtigen Moment erfassen?

Wenn du dich einmal überhaupt nicht auf die Vergangenheit oder die Zukunft beziehst – wer bist du dann, genau jetzt?

Wenn wir über uns sprechen, dann sprechen wir gewöhnlich über die Geschichte unseres Ich: „Ich bin ein guter Mensch. Ich bin ein schlechter Mensch. Ich bin erfolgreich. Ich bin ein Versager. Ich bin schwarz, weiß, klein, groß, gutaussehend, wunderschön, reich, arm. Ich bin ein Jude. Ich bin ein Christ. Ich bin Buddhistin. Ich bin Anwalt, Ladenbesitzer, Arzt, Politiker, Künstler. Ich bin schüchtern. Ich bin extrovertiert. Ich bin spirituell. Ich bin musikalisch. Ich bin sportlich. Ich bin erleuchtet. Ich bin nicht erleuchtet." Und so weiter.

Aber als offener Raum können alle Geschichten der Welt nicht erfassen, was ich bin. Als offener Raum bin ich das, was ich genau jetzt gerade bin, in diesem Augenblick, und nichts anderes. Ich bin nicht das, was ich war, und auch nicht das, was ich sein werde. Als offener Raum bin ich nicht die Geschichte des zeitgebundenen Menschen. Ich bin auch nicht das Bild eines Menschen in seiner Welt. Ich bin kein unvollständig Suchender, der nach etwas in der Zukunft Ausschau hält, mit dem er sich vervollständigen könnte. Ich bin das, was gerade im Moment erscheint.

Wir sprechen davon, unsere „wahre Identität" zu finden. Aber unsere wahre Identität ist in der *Geschichte* unseres Lebens nicht zu finden. Ich bin nicht die *Geschichte* meiner Erfolge und Misserfolge. Ich bin nicht die Geschichte meines gesellschaftlichen Status. Ich bin nicht die Geschichte meines Reichtums oder meiner Armut. Ich bin nicht die Geschichte meiner erfolgreichen oder gescheiterten Beziehungen. Ich bin nicht die Geschichte meiner Krankheit oder meiner Beeinträchtigungen. Ich bin nicht die Geschichte meiner Kindheit oder meiner Vergangenheit oder meiner Zukunft. Ich bin nicht die Geschichte meiner Rasse, meiner Hautfarbe, meiner Religion. Ich bin nicht die Geschichte meines Glaubens. Ich bin nicht die Geschichte meiner Suche nach Erleuchtung oder meines Erfolgs oder Misserfolgs, sie zu erreichen.

Ich bin einfach das, was in diesem Moment geschieht. Darin liegt meine wahre Identität – im Hier und Jetzt, nicht in einer zeitgebundenen Geschichte von mir. *Ich bin eins* mit diesem Moment. Das ist die wahre Bedeutung des Wortes *Identität*: „identisch/eins sein mit". Und mit was ich *identisch/eins* bin, das ist das Leben, wie es jetzt erscheint, genau wie der Ozean, der immer eins ist mit seinen Wellen.

In Shakespeares *König Lear* gibt es eine berühmte Szene, in der der einstmals große König bei einem schrecklichen Gewitter nackt über eine Heide wandert: Der Wind heult und der Regen peitscht seinen gebrechlichen Körper. Die ehrfurchtgebietende Kraft der Natur schockt ihn so, dass er erkennt, wie unbedeutend er im Angesicht des Lebens eigentlich ist. Er wird so gezwungen, das größere Bild zu erkennen: Er ist nicht wirklich ein König. Er ist gebrechlich, verletzlich und ein sterbliches menschliches Wesen, letztlich machtlos und nicht in der Lage, das Universum zu kontrollieren. Er hat die Rolle des Königs nur *gespielt* – und er hatte *vergessen*, dass er sie nur spielte. Er hatte mit einem falschen Selbstbild gelebt. „König Lear" war nur eine vorübergehende Form, die das Bewusstsein in ihm angenommen hatte; es war nicht das, was er wirklich in seinem Wesen, in seiner Essenz war. Seiner Königswürde entkleidet – seiner Kleidung, seiner Burgen, seiner Macht – all seiner Selbstbilder entkleidet, gepeitscht von diesem Sturm – was blieb von ihm, wer war er, in *diesem* Augenblick? Wer war König Lear ohne sein Bild von „König Lear"?

Es ist nicht erstaunlich, dass diese Szene so bedeutsam ist – sie kann uns etwas Grundlegendes und Wesentliches über den Menschen lehren. Unter all unseren Rollen – als Könige, Königinnen, Mütter, Väter, Schwestern, Brüder, Ehefrauen, Ehemänner, Obdachlose, Ärztinnen, Anwälte, Therapeuten, Ladenbesitzerinnen, Tänzerinnen, Künstlerinnen, spirituell Suchende, spirituell Lehrende – wer sind wir wirklich? Als individuelle Wellen im Ozean des Lebens sind wir vielleicht alle unterschiedlich, was die Größe betrifft, die Form, die Farbe, die Glaubensrichtung, den gesellschaftlichen Hintergrund, die Lebenserfahrungen, das Wissen und unsere Fähigkeiten, aber sind wir nicht alle im Kern *Wasser*? Wir sehen vielleicht alle anders aus, wir sind vielleicht alle eine jeweils einzigartige Ausdrucksform des Ozeans, aber in unserer Essenz sind wir alle dasselbe. Ist ein König wirklich mächtiger, im wahren Sinn des Wortes, als sein Hofnarr?

Sind wir nicht unter all unseren Rollen, unter all den Vorstellungen von uns selbst einfach dieser intime, weit offene Raum des Bewusstseins – selbst wenn wir Könige sind oder Königinnen, Heilige oder Sünder? Sind wir nicht einfach eins mit diesem Augenblick?

Und wenn wir spüren, dass wir dieser offene Bewusstseinsraum sind, dann ist es doch ziemlich schwer, überhaupt über mich zu sprechen, nicht wahr? Es ist ziemlich schwer, eine Geschichte über eine fest gebaute Identität zu erzählen, denn ich habe bemerkt, dass alles sich hier, in diesem offenen Raum des Bewusstseins, ständig verändert. Gedanken tauchen auf und verschwinden wieder. Gefühle erscheinen und lösen sich wieder auf. Alle möglichen Empfindungen und Geräusche und Gerüche und Geschmacksempfindungen kommen und gehen. Hier ist alles lebendig, und alles ist in Bewegung. Ich würde die „Pause"-Taste in dieser allzeit veränderbaren Landschaft drücken müssen, um anzufangen, eine festgefügte Geschichte von mir zu erzählen. Ich müsste irgendwie den Lebensfluss einfrieren lassen, diesen Moment festschreiben, auf ihn deuten und sagen: „Dieses Gefühl, dieser Gedanke – das bin ich!" Aber die Schönheit des Lebens besteht darin, dass es weder eingefroren noch festgeschrieben werden kann. Es ist in ständiger Bewegung. Es ist in einem ständigen Tanz begriffen. Der Lebensfluss kann von niemandem angehalten werden.

Kein Wunder also, dass das Wort „*Moment*" und das Wort „*Move*" (dt.: Bewegung, die Übersetzerin) aus derselben Wurzel stammen (nämlich aus dem lateinischen Wort *movere*, was „sich bewegen" bedeutet). Dieser Moment kann nicht von der Bewegung des Lebens getrennt werden. Stille ist verliebt in die Bewegung. Der Ozean ist verliebt in seine Wellen.

Hoffentlich sind wir inzwischen an einem Punkt angekommen, wo wir endlich verstehen können, was die spirituellen Lehren meinen, wenn sie sagen, dass „Es kein Ich gibt" oder dass „Es kein Selbst gibt". Schau einfach in die Erfahrung des Jetzt, und was du dort entdecken wirst, ist, dass es in dem offenen Raum, der du bist, keine getrennte, unabhängige Identität gibt, die man Selbst nennen könnte. Es gibt nur den Tanz des Lebens, den Tanz der Wellen – Gedanken, Empfindungen, Gefühle, die alle erscheinen und wieder verschwinden und sich durch dich hindurchbewegen. Und letztlich ist auch der Gedanke „Es gibt kein Selbst" nichts anderes als ein weiterer Gedanke, ein weiterer Standpunkt, der aufkommt und wieder verschwindet. Er ist eine weitere Welle, die kommt und geht wie jede andere Welle. Selbst der Gedanke „Es gibt kein Ich" kann nicht definieren, was ich bin!

Der Gedanke „Es gibt kein Selbst" kann in Wirklichkeit sehr irreführend sein, wenn du nicht klar erkennen kannst, auf was diese Worte hinweisen. Wenn du nicht aufpasst, dann fängst du einfach an zu *glauben*, dass es kein Selbst gibt. „Es gibt kein Selbst" wird dann deine neue Religion, dein neues Image! Ein Selbst fängt an zu glauben, dass es kein Selbst gibt. Eine Welle, die sich immer noch als eine getrennte Welle erlebt, die immer noch leidet und sich immer noch nach Ausruhen sehnt, sagt sich: „Es gibt keine Welle". Der Sucher ist erfindungsreich, nicht wahr?

Ich erinnere mich, wie ich vor einigen Jahren, als ich mich noch als einen wirklich ernsthaften, spirituell Suchenden sah, eines Tages von meinem Bruder gebeten wurde abzuwaschen und ich in allem Ernst antwortete, es gebe hier „niemanden, der abwaschen könnte." Ich sagte ihm, dass er, wenn er glaube, dass die Teller abgewaschen werden sollten, immer noch in der Dualität und der Täuschung gefangen sei. Zu der Zeit war ich selbst ziemlich in spirituellen Ideen gefangen. Die Nondualität war meine neue Religion geworden, obwohl ich selbst glaubte, ich hätte mich von allen Religionen befreit. Ich dachte, ich hätte entdeckt, wie das Leben in Wirklichkeit war. Ich war niemand, ich hatte mein Selbst verloren, und ich lebte in einer Welt voll von nervigen Ichheiten, die einfach nicht erkennen wollten, wer ich wirklich war, und, sogar noch schlimmer, die wollten, dass ich für sie abwasche! Aber jetzt, wenn ich zurückschaue, kann ich meine Arroganz erkennen – und auch meine Unschuld, die natürlich auch da war! Ich glaube, heimlich wollte ich ganz einfach nur dem Abwaschenmüssen entkommen, und ich benutzte spirituelle Ideen, um meinen echten menschlichen Verpflichtungen auszuweichen.

Ein weiterer Punkt, der offenbar unter den spirituell Suchenden Verwirrung auslöst, ist die Vorstellung, dass das Selbst eine Illusion ist. Ich mag eine Illusion sein, aber wenn ich mir zufällig den Kopf stoße, wenn ich aus dem Auto aussteige, dann tut das trotzdem verdammt weh! Oder, wie Neil Young sang: „Obwohl meine Probleme alle bedeutungslos sind, lässt sie das dennoch nicht verschwinden."

Es konnte vielleicht helfen, sich das Wort *Illusion* einmal genauer anzuschauen. Es kommt aus dem lateinischen Wort *illudere*, was „jemanden verspotten" oder wörtlich „mit jemandem spielen" bedeutet (von *in*, was „bei, mit" bedeutet und *ludere*, was „spielen" heißt). Das Wort *Illusion* bedeutet also eigentlich einfach „spielen" oder „eine irreführende Erscheinung". „Nichtexistenz" ist keine Bedeutung von Illusion. Dies zu wissen, kann uns helfen, die Verwirrung weitgehend aufzuklären. Das Selbst, das Ich sind Illusionen, *nicht weil es sie überhaupt nicht gibt, sondern weil sie nicht so existieren, wie wir es uns vorstellen.* Wir *stellen uns vor*, dass es ein festes und getrenntes Ich gibt – eine getrennte Wesenheit hier im Zentrum meines Lebens, eine Wesenheit, die das Leben lenkt – aber bei näherem Hinsehen löst sich diese Annahme auf. Die Illusion wird als solche erkannt: Was ich wirklich bin, ist eins mit dem Leben selbst. Es ist nicht so, dass es keine Wellen gibt – aber es ist so, dass die Wellen nicht vom Ozean zu trennen sind.

Die Trennung des Ich (des Ego) vom Leben selbst ist die Illusion, aber das Ich als ein einzigartiger, unverwechselbarer, niemals wiederholbarer Ausdruck des Ozeans scheint *dennoch zu existieren.* „Wir sind eins, aber wir sind nicht dasselbe", singt Bono in dem wundervollen Lied von U2 mit dem Titel „One". Es gibt keine Ganzheit ohne die Erscheinungsform der Unterschiedlichkeit. Ganzheit bringt sich vielmehr als die erstaunliche Vielfalt und Unterschiedlichkeit des Lebens zum Ausdruck.

Und deshalb ist es nicht so, dass es kein Ich gibt – sondern so, dass ich, wenn ich genau jetzt auf unbefangene, neue Weise hinschaue, nicht wirklich etwas erkennen kann, das vom Leben getrennt ist und das man ein Ich nennen könnte. Ich kann hier nichts entdecken, das fest und in Zeit und Raum beständig wäre. Ich kann nichts entdecken, das von diesem Augenblick getrennt wäre. Ich kann nur veränderliche Formen erkennen – Wellen des Erlebens, die aufkommen und sich wieder auflösen. Ich kann nur Gedanken entdecken, Erinnerungen, Vorstellungen, Geräusche, Empfindungen, Gerüche, Gefühle – und sie kommen und gehen alle in dem Raum, der ich bin. Die Geschichte über mich ist auch etwas, das in dem Raum, der ich bin, kommt und geht. In dem, was ich bin, komme und gehe „ich".

Die Illusion besteht darin, anzunehmen, dass es etwas Festes, Bestimmtes, Getrenntes hier gäbe. Letztlich kann ich sagen: „Es gibt kein festes Selbst". Oder ich könnte sagen, dass „alles Selbst ist" – alle Wellen sind eins mit dem, was ich bin. *Die Worte, die du benutzt, hören auf, eine Bedeutung zu haben, wenn du wirklich erkennst, was geschieht.* Alle Worte der Welt lösen sich einfach auf in den Raum, in die Stille.

Der Unterschied zwischen Fühlen und Sein

Als der offene Raum, in dem sich alle Wellen bilden, kannst du nicht wirklich durch *irgendeine* dieser sich bildenden Wellen definiert werden. Wut, Angst, Traurigkeit, Langeweile, Freude – all diese Wellen bauen sich auf in dem, was du bist, und verschwinden dann auch wieder. Du bist mit ihnen vertraut, innig verbunden, *aber sie können nicht beschreiben, was dich ausmacht.* Die glückseligsten Gefühle, die traurigsten Gefühle, die allerschmerzlichsten Gefühle, die intensivsten Gefühle, jede Art von Gedanken, ganz gleich wie seltsam, unangenehm oder „unnormal" sie sein mögen – alle können in dem, was dich ausmacht, erscheinen und wieder gehen. Und was dich ausmacht, bleibt davon unberührt, auf dieselbe Weise wie eine Kinoleinwand unberührt bleibt, ganz gleich, was auf sie projiziert wird.

Was dich ausmacht, ist schlicht die *Fähigkeit*, alles Mögliche zu *fühlen*, alles Mögliche zu *denken* – aber all diese Gedanken und Gefühle, die in dir auftauchen, definieren nicht, was du bist. Du bist wie ein Sieb, das all diese menschlichen Erfahrungen durchlässt. Du bist die Kinoleinwand, auf der kein Film sich auf Dauer festhalten kann.

Wut kommt auf und geht wieder in dem, was du bist, aber du bist kein *wütender* Mensch. Dann ist da Angst in dir, aber du bist kein *ängstlicher* Mensch. Es gibt Traurigkeit in dir, aber einen traurigen Menschen kann man nirgendwo entdecken. Du bist kein begrenzter Mensch – du bist das grenzenlose und schrankenlose Potenzial des gesamten Lebens.

Um zu verstehen, was es bedeutet , dieses Potenzial jeder Welle zu sein, ist es wichtig, den Unterschied zu verstehen zwischen dem *Fühlen* von etwas und dem, etwas *zu sein*. Du kannst dich in einem Augenblick hässlich *fühlen* (oder schwach oder hoffnungslos oder verwirrt oder ängstlich oder gelangweilt oder aufgeregt – ganz egal), aber in Wirklichkeit kann das, was du bist, nicht wirklich so sein. Du kannst dich hässlich *fühlen*, aber, als offener Raum, kannst du nicht hässlich *sein*. Es gibt keinen hässlichen Menschen. Das Gefühl, hässlich zu sein, kann nicht festlegen, was du wirklich bist. Der offene Raum, der du bist, geht über alle Gegensätze hinaus. Gefühle *sowohl* der Hässlichkeit als auch der Schönheit erscheinen in dem, was du bist, und das, was du bist, bleibt von jeder dieser Polaritäten unberührt. Was du wirklich bist, wird durch Gefühle, hässlich zu sein, nicht weniger vollkommen, und es wird auch nicht durch Gefühle von Schönheit vollkommener. Denn was du bist, ist weder hässlich noch schön, sondern das, was sowohl das Hässliche als auch das Schöne zulässt, auch wenn es von keiner der beiden Polaritäten bestimmt werden kann – so wie der Ozean, der alle seine Wellen *zulässt,* aber nicht von einer besonderen Welle *definiert* werden kann, die in ihm aufsteigt.

Also: Du *bist* nicht hässlich, aber du kannst dich hässlich *fühlen*. Es gibt keinen hässlichen Menschen, sondern nur momentane Gefühle von Hässlichkeit, die gerade in dir aufsteigen. Du kannst auch kein Versager *sein*, aber du kannst dich wie einer *fühlen*. Es gibt da keinen Menschen, der versagt, sondern nur Gefühle des Versagens, die in dir aufsteigen und auch wieder verschwinden. Du kannst auch nicht hilflos *sein*, aber du kannst dich hilflos *fühlen*. Es gibt da keinen hilflosen Menschen, sondern nur Gefühle der Hilflosigkeit, die in dir aufkommen und wieder gehen. Du bist also nichts von dem, als das du dich gerade fühlst (denn was du wirklich bist, enthält jedes einzelne Gefühl, das in dir erscheint und wieder geht), aber du kannst alles fühlen. Alle Gefühle – also jedes Gefühl, zu dem ein Mensch fähig ist, jedes Gefühl, das ein menschliches Wesen jemals gehabt hat – ist in dem, was du bist, erlaubt und zugelassen, es erscheint und verschwindet wieder. Das gesamte menschliche Bewusstsein ist so gesehen in dir verfügbar. Alles, was du fühlst, kann ich auch fühlen. Alles, was du denken kannst, kann ich auch denken. Es gibt keine Welle, die dem Ozean der Bewusstheit fremd ist. Es gibt keinen Gedanken, kein Gefühl, das dem, was du bist, wirklich fremd ist. Denn du bist der Raum, der die gesamte Menschheit enthält. Du lässt zu, dass der gesamte Fluss des menschlichen Bewusstseins durch dich fließt. Du bist das Nichts, das das Alles enthält, das durch es hindurchfließt. Indem das getrennte Wesen verschwindet, entdeckst du die gesamte Menschheit.

Der größte Teil unseres Leidens besteht aus der Annahme, dass wir das werden, was wir über einen zu langen Zeitraum oder auf zu intensive Weise fühlen. Wir meinen, dass ein Gefühl, das wir wirklich zulassen, an uns festklebt und schließlich anfängt, uns zu bestimmen. Ein großer Teil unseres Leidens hat also mit etwas zu tun, was man Aberglauben nennen könnte! Denn nur weil du dich wie ein Versager fühlst, bedeutet das nicht, dass du ein Versager bist! Nur weil du dich hässlich fühlst, heißt das nicht, dass du hässlich bist. Und nur, weil du dich wie eine Welle fühlst, heißt das nicht, dass diese Welle dich ausmachen würde.

Bei unserem Versuch, uns zu definieren und uns von anderen zu unterscheiden, und indem wir zu diesem Zweck eine dauerhafte Geschichte über das aufrechterhalten, was wir zu sein glauben, kommen wir schließlich an einen Punkt, an dem wir diejenigen Gefühle, die zu unserem Image, zu unserer Geschichte, die wir aufrechtzuerhalten versuchen in Widerspruch stehen, nicht mehr zulassen. Wir sagen: „Dieses Gefühl gehört zu mir" oder „Dieses Gefühl hat nichts mit mir zu tun". Wenn ich mich als einen schönen, attraktiven Menschen sehe, dann lasse ich nicht zu, dass die Welle von Hässlichkeit in mir aufkommt. Ich kann dann nicht zulassen, dass ich mich hässlich fühle. Diese Welle passt dann nicht zu dem, als das ich mich selbst sehen will und wie ich von dir gesehen werden möchte. Wenn ich anfange, mich hässlich zu fühlen, glaube ich, dass da irgendetwas falsch läuft – dass ich vielleicht heute nicht „ganz ich selbst" bin. Wenn ich mich andererseits mit der Vorstellung identifiziere, ein erfolgreicher Mensch zu sein, erlaube ich vielleicht der Welle des Versagens nicht, in mir aufzusteigen. Sie passt nicht zu meiner Vorstellung von mir. Ich kann doch nicht zulassen, dass ich mich wie ein Versager fühle. Wenn ich mich selbst als starken Menschen wahrnehme und möchte, dass auch andere mich als stark wahrnehmen, dann kann ich mir nicht erlauben, mich schwach zu fühlen. Ich darf keiner Welle erlauben, in mir spürbar zu werden, die meine Vorstellung von mir bedrohen könnte.

Wenn wir wirklich die Wellen kontrollieren könnten, die in uns aufsteigen, dann würden wir in der Lage sein, all die Wellen abzublocken, die unser inneres Drehbuch nicht unterstützen. Aber letztlich können wir eben den Ozean des Lebens nicht kontrollieren. Obwohl wir uns nach Kräften anstrengen, tauchen immer wieder Gedanken und Gefühle, die wir nicht zulassen wollen, trotzdem in uns auf. Wir versuchen, die hässlichen, ängstlichen, schmerzvollen, ungemütlichen Wellen in uns abzublocken, die Schwächewelle, die Welle der „negativen Energie", die „dunkle" Welle – und dann merken wir irgendwann, dass dies nicht möglich ist. Sie tauchen trotzdem auf. Wir können eben die Hälfte des Ozeans nicht einfach ausschließen. Der Ozean des Lebens ist ungezügelt und frei und kann nicht gezähmt oder unterdrückt werden.

Warum können wir die Wellen nicht kontrollieren? Warum tauchen immer wieder unerwünschte Wellen auf? Weil die Gegensätze in der Welt der Dualität *immer* zusammen erscheinen *müssen*. Es ist sehr wichtig, auch diese Wahrheit zu verstehen. Unser Erleben befindet sich immer im vollkommenen Gleichgewicht. Wenn es *Schönheit* gibt, dann muss es auch *Hässlichkeit* geben. Wenn es *Erfolg* gibt, ist da auch *Versagen*. Wenn es *Erleuchtung* gibt, ist da auch das *Unerleuchtete*. Wenn es das Gefühl von *Geliebtsein* gibt, muss da auch das Gefühl von *Ungeliebtsein* existieren. So sind die Dinge eben, und das ist kein Problem, solange wir nicht hingehen und uns darin ablehnen und anfangen, gegen diese Prinzipien zu kämpfen und uns damit gegen das Gleichgewicht des Lebens zu wenden.

Die Schönheit des Lebens besteht darin, dass es sich ständig verändert. Dass es sich bewegt. Wir können nicht *immer* genau auf dieselbe Weise fühlen. In der Erfahrung des Jetzt gibt es kein „Immer", und es gibt auch kein „Nie". Es gibt nur den momentanen Tanz der Wellen. Wenn wir sagen „Ich möchte so gern attraktiv sein. Ich möchte so gern schön sein", dann muss uns klar sein, dass wir eigentlich meinen, dass wir uns *immer* attraktiv und nie hässlich fühlen wollen.

Denk daran, dass das, was du bist, nicht irgendetwas Spezielles *ist*, sondern, das, was du bist, ist die Fähigkeit, alles und irgendetwas JETZT zu *fühlen*. Wir wollen nur gerne etwas Festgelegtes sein, etwas, das sich in Zeit und Raum fest und solide anfühlt, und dennoch, wenn wir genauer hinsehen, entdecken wir, dass sich unsere Gefühle in dem zeitlosen Augenblick des Jetzt ständig bewegen und sich stets verändern.

Die Wirklichkeit besteht darin, dass wir uns in jedem beliebigen Augenblick schön fühlen können – oder wir können uns hässlich fühlen. Manchmal fühlen wir uns erfolgreich, manchmal fühlen wir uns als Versager. Manchmal fühlen wir uns schwach, manchmal fühlen wir uns stark. Manchmal spüren wir eine Gewissheit, dann wieder sind wir ganz unsicher. Manchmal spüren wir Freude in uns, manchmal Traurigkeit. Manchmal sind wir für etwas, manchmal sind wir plötzlich dagegen. So sind die Dinge nun einmal, und es ist ganz natürlich, diese scheinbar widersprüchlichen Gefühle eins nach dem anderen oder sogar gleichzeitig zu fühlen. Wir mögen nur keine Widersprüche, aber wenn wir verstehen, dass wir in unserer Essenz widersprüchliche Wesen sind *und dass dies auch in der Tiefe vollkommen in Ordnung* ist, dann können wir erkennen, wie natürlich es ist, dasselbe *nicht d*ie ganze Zeit und auf dieselbe Weise zu fühlen.

In dem Ozean, der du bist, sind Veränderung, Fließen und Unbeständigkeit ganz natürlich. Der unveränderliche Ozean liebt es, sich durch Wellen auszudrücken, die sich ständig bewegen. Aber in unserer Suche nach einem beständigen Selbst, nach einem Drehbuch, das unveränderbar, beständig und unbeweglich die Geschichte dessen erzählt, was wir sein wollen, nennen wir Unbeständigkeit etwas Negatives und versuchen, sie unter allen Umständen zu vermeiden. Wir möchten uns doch morgen genauso fühlen wie heute. Wir möchten dieselben Gedanken denken, wir wollen dieselben Meinungen haben, wir wollen dieselben Dinge erstreben und dieselben Wahrheiten glauben – Tag für Tag, Jahr für Jahr. Wir wollen nicht herumflippen. Wir wollen nicht als unzuverlässig, unstet, unglaubwürdig oder unfähig gelten, uns für eine Sache zu entscheiden. Veränderung, Bewegung, Fließen liegen in der Natur der Dinge, aber wir wollen, dass sie stattdessen unveränderlich sind. Wir wollen ein festgelegtes Bild dessen aufrechterhalten, wer oder was wir sind, wir wollen eine gleichbleibende Geschichte über uns erzählen und dies Tag für Tag wieder tun. Wir wollen „etwas" sein, und gleichzeitig hält uns unser Wesen davon ab, jemals irgendetwas" Unveränderbares zu sein. Und weil wir nicht verstehen, wer wir wirklich sind, bekämpfen wir die Ganzheit unserer Erfahrung und versuchen, den natürlichen Fluss des Lebens einzufrieren – und daraus resultieren viel Leid und Frustration.

Wir bekämpfen die Gegensätze in uns, wir weisen jeden Gegenpol zurück, der mit dem Bild von uns nicht übereinstimmt, und wir erkennen auf diese Weise etwas sehr Wichtiges nicht: In *Wirklichkeit nämlich sind all dies keine Gegensätze*. Gegensätze sind eine Erfindung des Geistes. Denn nur der Geist spaltet die Wirklichkeit auf, er spaltet die Erfahrung in zwei und verbindet sich dann mit dem einen Pol und versucht den anderen zu vermeiden.

Und das ist etwas sehr Entscheidendes: *In Wirklichkeit haben Gefühle gar keine Gegensätze. Energie im Körper hat keinen Gegenpol. Das Leben selbst hat keinen Gegenpol.*

Hat das Lied eines Vogels einen Gegenpol? In dem Moment, in dem du einem Vogel zuhörst, der sein Lied singt – gibt es da überhaupt so etwas wie einen Gegenpol? Deine Gedanken sagen vielleicht: „Der Gegenpol zu einem Vogel, der singt, wäre kein Vogel, der singt, oder ein Vogel, der nicht singt", aber das ist nur ein Gedanke, ein weiterer Gedanke, ein Bild, eine Vorstellung, die gerade jetzt aufkommt. Hat das ganz reale Lied des Vogels – hör ihm ganz genau zu – wirklich einen Gegenpol?

Hat dieser Augenblick einen Gegenpol? Hat die Gegenwärtigkeit des Lebens hier und jetzt einen Gegenpol? Gibt es irgendetwas, das sich dagegen wendet?

Hat eine Empfindung einen Gegenpol? Kneife dich einmal – jetzt. Bringe deine ganze Aufmerksamkeit zu der starken Empfindung, die dadurch hervorgerufen wird. Kannst du einen Gegenpol zu diesen Empfindungen entdecken? Natürlich, du könntest sagen: „Der Gegenpol zu diesem Schmerz ist die Abwesenheit dieses Schmerzes", aber, noch einmal, dies ist nur ein Gedanke, der auftaucht – genau in diesem Moment. Hat die augenblickliche Empfindung in Wirklichkeit einen Gegenpol, den du in deinem momentanen Erleben wirklich entdecken kannst?

Ist ein hässliches Gefühl das Gegenteil eines schönen Gefühls? Oder sind diese beiden nicht zwei sehr unterschiedliche Erfahrungen, mit sehr unterschiedlichen Empfindungen und ganz verschiedenen Gefühlen? Ist ein Gefühl des Glücks das Gegenteil von einem Gefühl der Traurigkeit? Unsere Gedanken würden uns sagen, dass es Gegensätze sind, aber abgesehen vom Denken: Können wir wirklich einen Gegensatz erkennen?

In Wirklichkeit gibt es so etwas wie einen Gegenpol zu einem Gefühl oder einer Emotion gar nicht. Jedes Gefühl und jede Emotion ist für sich genommen eine vollständige Erfahrung.

Und die Erfahrung selbst hat keinen Gegenpol.

Sich hässlich zu fühlen, ist nicht der Gegenpol von irgendetwas – es ist das Gefühl, hässlich zu sein. Wenn man einmal aufhört, das Gefühl, hässlich zu sein, als negativ zu sehen, und das Gefühl, schön zu sein, als etwas Positives zu betrachten, und wenn man es bleiben lässt, diese beiden Gefühle als etwas Gegensätzliches zu sehen, dann können wir erkennen, dass das Gefühl, hässlich zu sein, nichts anderes ist als eine Erfahrung, die gerade jetzt geschieht – einfach eine Welle der Erfahrung, nur etwas, das gerade einmal so vorbeikommt. Keine Welle ist ihrem Wesen nach besser oder schlechter als irgendeine andere Welle, und keine Welle ist der Gegenpol zu einer anderen Welle. Jede Welle besteht gleichermaßen aus Wasser. Sich hässlich zu fühlen ist nicht der Gegensatz zu irgendetwas – es ist einfach das Gefühl, sich hässlich zu fühlen. Es ist ganz einfach die Lebensenergie, die sich in einer ganz besonderen Weise bewegt.

Und lasst uns das noch ein wenig tiefer untersuchen. Schönheit ist nämlich nicht nur nicht das Gegenteil von Hässlichkeit, sondern Hässlichkeit selbst ist auch noch schlicht ein auf sich selbst bezogenes Konzept und kann als solches niemals die Erfahrung des gegenwärtigen Augenblicks erfassen. In anderen Worten: Ohne die Geschichte, dass das, was ich da erlebe, Hässlichkeit ist – was geschieht hier eigentlich wirklich?

Ohne die Geschichte, dass das, was ich gerade erlebe, ein Versagen ist – was geschieht hier eigentlich wirklich?

Ohne die Geschichte, dass das, was ich gerade erlebe, Schmerz ist oder Trauer oder Langeweile oder Wut oder Ungemütlichkeit oder Depression oder Verwirrung oder Suchen – was geschieht hier wirklich?

Ohne irgendeine Geschichte zu erzählen über das, was hier jetzt gerade geschieht, ohne dass ich auf diese Erfahrung das Schild mit der Aufschrift „Versagen“ klebe und sie mit dem vergleiche, was ich Erfolg nenne; ohne etwas mit dem Schild „Hässlichkeit“ zu bekleben und es mit Schönheit zu vergleichen, ohne etwas „Wut“ zu nennen oder „Angst“ oder „Schmerz“ und es mit seinem aus unserem Konzept stammenden Gegenpol zu vergleichen – wie weiß ich, was das ist, was ich da gerade fühle?

Wie ich schon vorhin sagte: Ohne eine Geschichte hast du keine Chance zu wissen, was du da gerade erlebst. Ohne eine Geschichte, ohne einen Namen für die Wellen, besteht das Leben einfach aus unverarbeiteter Energie, die sich bewegt. Sie ist der Ozean – namenlos und rätselhaft. Wir versuchen deshalb, auf diese Energie ein Etikett zu kleben. Wir beurteilen sie, wir versuchen ihr zu entkommen, wir machen sie zu etwas Negativem oder zum Gegenpol von etwas Positivem und dann suchen wir ausschließlich das Positive.

Und dennoch: Unter all dem wissen wir eigentlich nicht, wovor wir im Grunde eigentlich weglaufen. Wir nennen eine Welle einfach „Angst“, „Wut“, „Traurigkeit“, „Langeweile“, Trauer“, „Freude“ oder „Schmerz“, denn das sind die Bezeichnungen und Konzepte, die wir erlernt haben, und dann versuchen wir, diesen Wellen zu entkommen oder uns an ihnen festzuhalten. Aber wenn wir die Etiketten abnehmen – vor was versuchst du dann wirklich wegzulaufen? An was versuchst du dich festzuhalten? Weißt du das wirklich? Was geschieht, wenn wir alle Etiketten, alle erlernten Beschreibungen fallenlassen und uns der unverarbeiteten grundlegenden Energie des Lebens stellen, so, wie es sich in diesem Augenblick zeigt, und ohne zu versuchen, vor ihm wegzulaufen, ihm auszuweichen oder uns an ihm festzuhalten? Was geschieht, wenn wir all diese Beschreibungen darüber, was dieser Augenblick ist und was nicht, einfach fallenlassen und stattdessen die gegenwärtigen Empfindungen bis ganz in die Tiefe wahrnehmen?

Genau an dieser Stelle beginnt das wirkliche Abenteuer des Lebens.

Wenn du über die Geschichte dessen, was du fühlst, hinausgehst, dann kommst du dahin, zu erkennen, *dass du niemals wirklich wusstest, wovor du weggelaufen bist.* Und du begegnest der unverarbeiteten Lebensenergie. Du stehst dem Leben nackt gegenüber – und das ist die wahre Heilung. Der Moment, in dem alle Vorstellungen darüber, wie dieser Augenblick sein sollte, sich auflösen.

Der Kampf dagegen beginnt, wenn wir anfangen, Etiketten auf die Wellen zu kleben. In dem Moment, in dem wie die Erfahrungswelle etikettieren, bauen wir sie auf als Gegenpol zu einer anderen Welle, obwohl Wellen doch in Wirklichkeit gar keinen Gegenpol haben. Und in jedem Etikett steckt implizit ein Urteil. Indem wir die Gegensätze schön und hässlich erzeugen und dann ausschließlich die Schönheit suchen, bekämpfen wir all das, was wir als hässlich bezeichnen. Indem wir versuchen, schön zu sein, indem wir versuchen, uns schön zu fühlen, indem wir versuchen, uns nicht hässlich zu fühlen, fangen wir schließlich an, die Erfahrung der Gegenwart zu bekämpfen und stattdessen nur das Gegenteil davon zu erreichen – obwohl sie in Wirklichkeit gar kein Gegenteil besitzt! Kein Wunder also, dass wir leiden. Wir denken: „Dieses Gefühl der Hässlichkeit ist eine Bedrohung meiner Ganzheit, wenn ich es loswerden kann, wenn ich vom Hässlichen zum Schönen kommen kann, dann bin ich ganz." Und so beginnt das Spiel.

Welche Bilder von dir versuchst du aufrechtzuerhalten? Wie willst du gesehen werden? Glücklich, schön, erfolgreich, friedlich, verzückt, erleuchtet? Als Experte? Oder Lehrer? Als der, der weiß? Als der, der alles bis zum Ende durcharbeitet? Und wie willst du wirklich nicht gesehen werden? Traurig, gestresst, unpopulär, hässlich, unintelligent, ein Versager? Welche Bilder von dir sind nicht in Ordnung? Was möchtest du fühlen? Was möchtest du nicht fühlen? Welche Wellen sind in deiner Welt nicht okay?

Ich habe einmal mit einer Frau gearbeitet, die mir viel über ihre lebenslange Suche nach Schönheit erzählte. Sie wollte verzweifelt für alle Männer begehrenswert sein. Sie wollte die schönste Frau im Raum sein. Tag und Nacht dachte sie nur daran, wie sie aussah und gab unglaubliche Mengen Geld für Kleidung, Kosmetik und Schönheitschirurgie aus – nur um schöner zu werden. Nachdem ich eine Weile mit ihr gesprochen hatte, wurde klar, woher diese Besessenheit, schön sein zu wollen, herkam. Insgeheim nämlich fühlte sie sich grauenvoll hässlich.

Ihr ganzes Leben lang hatte sie sich hässlich gefühlt und versucht, diese Gefühle in ihr mit Mode und Makeup und der äußeren Erscheinung einer Schönheit zu verdecken. Und während nichts Falsches daran ist, gerne attraktiv auszusehen – denn das Bemühen, attraktiv auszusehen, kann ein amüsanter Teil des Lebens sein, der wirklich Spaß macht – funktionierte all das bei dieser Frau nicht. Es konnte das fundamentale Gefühl des Unvollkommenseins, das all dem zugrunde lag, nicht aufheben. Ihre Versuche, schön zu sein, konnten ihr das Gefühl von Hässlichkeit nicht nehmen. In Wirklichkeit fühlte sie sich jedes Mal hässlicher als zuvor, und sie versuchte immer verzweifelter, diesem Gefühl von Hässlichkeit zu entrinnen.

Immer wenn sie am Tiefpunkt ihrer Gefühle von Hässlichkeit angekommen war, zog sie sich besonders schön an, fuhr in einen Nachtclub, suchte sich einen Mann und hatte oberflächlichen, unerfüllten Sex mit ihm. Einen kurzen Moment fühlte sie sich dann attraktiv, schön, sinnlich und begehrenswert. Einen kurzen Moment lang fühlte sie sich ganz. Es schien, dass Sex die Macht hatte, ihr das Gefühl von Hässlichkeit zu nehmen. So war Sex zu ihrem Guru geworden.

Aber am Morgen danach kamen die Gefühle von Hässlichsein jedoch zurück – schlimmer als je zuvor, und mehr noch, jetzt mischten sie sich auch noch mit Gefühlen von Schuld, weil sie auf irgendeiner Ebene spürte, dass sie nicht echt gewesen war, denn sie zeigte nicht, wer sie in diesem Moment wirklich war. Sie gab vor, schön zu sein, während sie sich in Wirklichkeit hässlich fühlte, und sie konnte diese Gefühle natürlich nicht aufdecken. Deshalb blieb alles so oberflächlich, ein Schauspiel, und dieses Schauspiel schenkte ihr nicht das, wonach sie sich wirklich sehnte: nach Liebe, Ganzheit, Befreiung von der Last ihres Suchens, Heimat, für das geliebt zu werden, was sie wirklich war, und nicht dafür, was sie vorgab zu sein. Jemand, der Liebe sucht, wird alles tun, um sich geliebt zu fühlen, auch wenn es nur für kurze Zeit ist.

Könnt ihr erkennen, wie sehr ihre Suche nach Liebe und Schönheit, die sie in die Zukunft verlagert hatte, gleichbedeutend war mit ihrem Versuch, der Hässlichkeit in der momentanen Erfahrung zu entkommen? Auf irgendeiner Ebene waren die Gefühle, hässlich zu sein, eine Bedrohung für sie, für ihre Vorstellung davon, wer sie war und wer sie sein wollte. Hässlichkeit war gleichbedeutend mit „nicht okay“. Sie eröffnete mir, dass sie als Kind missbraucht worden war, und das Gefühl von Hässlichkeit hatte andere Gefühle im Gepäck: Gefühle von Wertlosigkeit, Schuld und Versagen. Ihr Gefühl, hässlich zu sein, war verbunden mit dem Gefühl, ungeliebt und nicht liebenswert zu sein, deshalb konnte sie sich nicht erlauben, sich längere Zeit hässlich zu fühlen. Auszugehen und unerfüllten Sex zu haben war eine großartige Art und Weise, sich von diesen unbequemen Gefühlen abzulenken. Aber letztlich fühlte sie sich immer hässlicher als je zuvor und dazu noch unverbunden, abgeschnitten, falsch und noch ungeliebter.

Ihr war schlicht niemals eingefallen, dass es in der Tiefe total okay war, sich manchmal hässlich zu fühlen. Denn sich hässlich *fühlen* ist doch ein Zeichen von hässlich *sein* und ist deshalb nicht wirklich okay, oder? Sie hatte das *Gefühl* von Hässlichkeit innerlich verbunden mit Hässlich*sein*. Sie glaubte, dass nur ein wahrhaft hässlicher Mensch sich hässlich fühlen konnte. Das war ihr Aberglaube.

Als sie erkannte, dass die Welle namens Hässlichkeit vom Ozean bereits angenommen ist – in anderen Worten, indem sie erkannte, dass der offene Raum, der sie war, selbst auf dem Höhepunkt ihrer überwältigenden Gefühle von Hässlichkeit unbeeinträchtigt und ruhig blieb, konnte sie sich erlauben, sich hässlich zu fühlen und das auch zuzulassen und auf einer tieferen Ebene zu wissen, dass dieses Gefühl okay war. Hässlichkeit war nicht das, was sie wirklich ausmachte. Und obwohl sie sich hässlich fühlen konnte, konnte sie als der offene Bewusstseinsraum, der sie war, nicht wirklich hässlich sein. Niemand ist hässlich. Wir fühlen uns nur manchmal hässlich. Und wenn wir dieses Gefühl in uns bekämpfen, dann projizieren wir diese Zurückweisung auf die Welt und nennen andere Menschen hässlich.

Die Frau sah schließlich ein, dass es kein Fehler von ihr war, sich manchmal hässlich zu fühlen, sondern ein natürlicher Teil der menschlichen Erfahrung, der zum normalen Gleichgewicht dazugehörte. Viele Menschen fühlen sich hässlich, geben es aber nie zu. Schöne Menschen sprechen darüber nicht – oder besser: Menschen, die wollen, dass man sie schön findet!

Ganz in der Tiefe wollen weder diese Frau noch wir selbst wirklich schön sein, sondern wir wollen vor allem *ganz* sein. Ganz zu sein aber bedeutet, *offen für jede Art von Erfahrung* zu sein. Es bedeutet, sich selbst als den Raum zu erkennen, in dem sowohl Schönheit als auch Hässlichkeit auftauchen und wieder verschwinden können. Auf seltsame Weise – und das kann auf den ersten Blick geradezu verrückt erscheinen – sehnen wir uns sogar danach, hässlich zu sein, denn auf irgendeiner Ebene wissen wir, dass auch Hässlichkeit der Ozean ist, und irgendwo wissen wir auch, dass wir uns nur dann wirklich schön fühlen können, wenn wir wagen, uns auch wirklich ganz hässlich zu fühlen.

Wir sehnen uns nicht wirklich danach, das zu erreichen, wonach wir uns sehnen. Wir sehnen uns vielmehr danach, dass wir merken, dass wir bereits das sind, wonach wir uns sehnen, selbst im Kern von Gefühlen wie Hässlichkeit, Versa-

gen, Schwäche, Unsicherheit oder völliger Verzweiflung. In Wirklichkeit sehnen wir uns nach all den Dingen, vor denen wir weglaufen – Hässlichkeit, Versagen, Angst, Schwäche, Unsicherheit, Verzweiflung – weil wir auf irgendeiner Ebene wissen, dass diese Dinge das beinhalten, was uns zur Ganzheit bringt. Wir sehnen uns danach, alles zuzulassen.

Als sie erkannte, dass ihre Hässlichkeit bereits angenommen war, merkte diese Frau, dass sie es endlich lassen konnte, zwanghaft schön sein zu wollen, und stattdessen ganz einfach ehrlich mit der Tatsache umgehen konnte, dass sie sich manchmal hässlich fühlte. Und indem sie erkannte, dass ihre Hässlichkeit ebenso angenommen war (mit anderen Worten, dass sie in der Erfahrung des Jetzt bereits vollkommen enthalten und angenommen war), konnte sie endlich ihre Hässlichkeit zulassen! Was für eine Erleichterung, die Wahrheit des Augenblicks zu spüren und zuzulassen und endlich aufzuhören, vorzugeben, etwas zu sein, was sie in ihrem tiefsten Inneren gar nicht in sich spürte! Was für eine Erleichterung, dieses falsche Bild von sich nicht mehr länger aufrechterhalten zu müssen! Was für eine Erleichterung, dass sie endlich wirklich sie selbst sein durfte – im wahrsten Sinn dieses Wortes – nämlich der weite offene Ozean des Bewusstseins, in dem jede Welle, gleich welcher Art, bereits vollkommen zugelassen und angenommen ist.

Und das Seltsame, was dann geschah, war Folgendes: Indem sie ihre Gefühle von Hässlichkeit endlich eingestand und zuließ, hatte sie nicht mehr das Bedürfnis, sie dadurch zu überspielen, dass sie sich Männer suchte und vorgab, sich in ihrer Gesellschaft schön zu fühlen. Sie hatte nicht mehr das Bedürfnis, ihre Gefühle von Hässlichkeit auf dieselbe Weise zu verstecken, wie sie dies bisher getan hatte, denn sie spürte nicht mehr das Bedürfnis, eine Identität aufrechtzuerhalten, in der sie nur schön sein durfte.

Warum halten wir eigentlich so an unseren Geschichten über uns fest? Warum brauchen wir überhaupt solche Geschichten? Warum kann die Erfahrung dieses Augenblicks nicht einfach zugelassen werden, genau wie sie ist, ohne vorzugeben, dass sie etwas ist, was sie nicht ist? Warum müssen wir mit diesem Bild von uns herumlaufen? Warum können wir stattdessen nicht einfach ehrlich sein und unsere Erfahrung des Augenblicks zugeben? Warum können wir nicht einfach zugeben, was wir empfinden, und dann die Erfahrung machen, dass alles, was wir empfinden, bereits von dem, was wir sind, vollkommen angenommen ist?

Die Frau brauchte es nun nicht mehr, schön sein zu müssen. Sie wollte nur noch eins: ehrlich sein. Sie wollte nur noch authentisch sein. Sie wollte nur noch wirklich fühlen, was sie fühlte – nicht mehr und nicht weniger. Später erzählte sie mir, dass Männer sich jetzt mit ihr auf einen wesentlich tieferen Kontakt einlassen konnten, denn sie gab ihnen die Erlaubnis, zuzugeben, dass auch *sie* sich manchmal hässlich fühlten! Es fühlte sich auch für sie wie eine Erleichterung an, eine Frau zu treffen, die sie auf dieser tieferen Seinsebene verstand, eine Frau, in deren Gegenwart sie nicht vorgeben mussten, etwas zu sein, was sie nicht waren. Wie wundervoll ist es, jemandem zu begegnen, der ehrlich mit seinen Gefühlen wie dem Hässlichsein umgeht. Wie intim kann es werden, jemandem in seiner Hässlichkeit zu begegnen und sich jenseits von Bildern von sich selbst zu treffen! Wie attraktiv ist jemand für Männer, der zugeben kann, sich manchmal unattraktiv zu fühlen und sich damit trotzdem okay fühlt, jemand, der nicht um jeden Preis versucht, attraktiv zu sein. Was für eine Erleichterung – für jeden –, nicht mehr irgendetwas vorspielen zu müssen!

„Ich bin hässlich“ war bisher etwas, was die Frau niemals hätte sagen oder zugeben können, denn dieses Aussprechen wäre für ihr Selbstbild einer schönen Frau der Tod gewesen. Sie hatte eine Riesenangst davor gehabt, dass andere sie als hässlich bezeichnen würden. Aber heute kann sie sagen: „Ja, ich bin hässlich!“, und diese Worte haben für sie eine andere Bedeutung. „Ich bin hässlich“ bedeutet nicht mehr, dass hier jemand Hässliches ist, ein isolierter Mensch mit der Eigenschaft, hässlich und nicht schön zu sein. Es gibt keine hässliche Persönlichkeit, denn in Wahrheit gibt es nicht einmal eine Persönlichkeit. „Ich bin hässlich!“ bedeutet nicht mehr und nicht weniger, als dass ein Gefühl, sich hässlich zu fühlen, da sein kann, manchmal, in dem offenen Raum, der ich bin. Dieses Gefühl ist angenommen, wenn es sich zeigt, vollkommen angenommen.

Die Worte „Ich bin hässlich!“ können so zu einer Feier der Lebendigkeit werden, statt ein negatives Werturteil über einen von anderen getrennten Menschen zu sein. Das Leben zeigt sich in allen Formen – in Schönheit, Hässlichkeit und allem dazwischen – und in dem offenen Raum, der ich bin, ist alles zugelassen, kann alles kommen und gehen. Ich enthalte alles. Ich umarme alles. Ich halte alles. Ich finde alles in mir: Ich bin schön. Ich bin hässlich. Ich bin geliebt. Ich bin ungeliebt. Ich bin erfolgreich. Ich bin ein Versager. Ich bin lauter Freude. Ich bin traurig. Ich bin stark. Ich bin schwach. Ich weiß. Ich weiß nicht. Ich bin erleuchtet. Ich bin nicht erleuchtet. Ich bin mir sicher. Ich bin unsicher. Wenn du diese Gegensätze nicht länger bekämpfst, gibt es genug Platz in dir für alles. Das gesamte menschliche Bewusstsein kann durch dich fließen. Alles, das wir einst „Negativität" genannt haben, wird jetzt als Teil der Feier des Lebens erkannt. Alle Wellen sind vom Ozean angenommen. Unsere Vorstellungen darüber, was negativ ist und was nicht, lösen sich so in der vollkommenen Annahme auf.

Möchtest du gerne schön sein? Dann musst du deine Hässlichkeit in der Tiefe annehmen, um herauszufinden, ob sie in dem, was du bist, zulässig ist. Das ist der Deal. Möchtest du gerne stark sein? Dann musst du ganz in der Tiefe deine Schwäche annehmen, um zu erkennen, dass nur dann, wenn du alle Gefühle von Schwäche in dir zulässt, die wirkliche Stärke sich zeigen kann – eine Stärke, die Schwäche nicht bekämpfen muss. Das ist der Deal. Möchtest du gerne erfolgreich sein? Dann musst du damit anfangen, den Versager in dir zu lieben und zu erkennen, dass das vollkommenste Gefühl des Versagens in dem, was du bist, angenommen ist. Das ist der Deal. Möchtest du gerne geliebt sein? Dann musst du dahin kommen, auch das tiefste Gefühl des Ungeliebtseins in dir anzunehmen, wenn es sich zeigt, hier und jetzt. Dann kannst du die Liebe entdecken, die kein Gegenteil in sich trägt – eine Liebe, gegen die man sich nicht auflehnen kann. Das ist der Deal.

Ich fragte einst einen Geschäftsmann, der davon besessen war, erfolgreich zu sein: „Was ist, wenn Sie es einmal nicht schaffen?"

„Dann ist mein Geld weg," sagte er.

„Und dann, was passiert dann?", fragte ich.

„Dann verliere ich mein Haus, mein Auto, meine Familie."

„Und dann?"

„Dann ende ich als Obdachloser auf der Straße, ungeschützt, wehrlos dem Leben ausgeliefert. Ich wäre ein Außenseiter, würde nicht mehr zur Gesellschaft gehören. Ich wäre *ungeliebt und nicht mehr gewollt*."

Das war also der Kernpunkt seiner Angst. Es ging dabei gar nicht wirklich um Verluste oder Erfolg – es ging um den Verlust der Liebe, um den Verlust der

Anerkennung, den Verlust der Ganzheit. Er hatte gelernt, Erfolg mit Ganzheit gleichzusetzen und Versagen mit dem Gefühl, nicht ganz zu sein. Wenig überraschend: Es stellte sich heraus, dass er als Kind gefühlt hatte – und zwar auf sehr subtile Weise, denn er hatte durchaus liebevolle Eltern gehabt –, dass seine Eltern ihn mehr liebten, wenn er erfolgreich war, denn wenn er versagte, fühlte er sich auf beinahe unmerkliche Weise von ihnen zurückgewiesen. Bis heute folgte er darum demselben Muster: „Wenn ich versage, werde ich nicht mehr geliebt, ich werde nur geliebt, wenn ich erfolgreich bin." Sein Streben nach Erfolg war nicht ein Streben nach mehr Geld, es ging dabei um Liebe.

Wenn du dich deinen tiefsten, dunkelsten Ängsten stellst – der Angst, hässlich zu sein, der Angst zu versagen, der Angst zu verarmen, der Angst vor Krankheit – dann geht es ganz in der Tiefe um die grundlegende Angst, nicht geliebt zu werden. Ich werde hässlich sein und dann deshalb nicht mehr geliebt werden. Ich werde Schmerzen haben und dann deswegen ungeliebt und alleine sein. Ich werde unvollkommen sein, Heimweh haben und dem Tode nahe, wenn ich versage. Bei unserer Angst geht es nicht wirklich um die Angst, zu versagen oder hässlich zu sein oder Schmerzen zu haben, sondern darum, was diese Dinge in unserer Welt symbolisieren. Und für viele Menschen ist Versagen mit Missbilligung verbunden, mit Zurückweisung, Verlassenwerden und letztlich mit einem Verlust von Liebe. Selbst der nüchternste Geschäftsmann sehnt sich heimlich nach Liebe und läuft vor dem Gefühl davon, dass er es nicht wert ist, geliebt zu werden, wenn er versagt. Indem er sich selbst nicht als vollkommen sieht, genau wie er hier und jetzt ist, sucht er nach Ganzheit und Vollkommenheit, die er mit Erfolg gleichsetzt, und fürchtet aus demselben Grund einen Misserfolg.

Wenn du entdeckst, wer du wirklich bist – der weite, offene Raum, der alles enthält – dann kannst du entdecken, dass Versagen, Krankheit, Hässlichkeit, Hilflosigkeit, Ungewissheit und Schwäche da sind, um angenommen zu werden, nicht um vermieden zu werden. Alle Wellen – einschließlich derjenigen, die wir am meisten fürchten, einschließlich derjenigen, die das, was wir sind, am meisten zu bedrohen scheinen – sind vom Ozean des Lebens bereits angenommen worden. Was du wirklich bist, ist nicht das Bild von dir und kann auch nicht von irgendeiner Welle bedroht werden. Nur ein Bild kann bedroht werden.

Wenn du dich als der weite Raum, in dem alles geschieht, definierst und weißt, dass du die Fähigkeiten dazu in diesem Moment besitzt, dann kannst du merken, dass alle Gefühle – die guten oder die schlechten, die positiven und die negativen – in dem, was du bist, bereits vollkommen und in der Tiefe zugelassen sind. Sie sind dein ganzes Leben lang schon immer wieder aufgetaucht, was Beweis genug dafür ist. Die Liebe, die du immer gesucht hast, besteht in der vollständigen Akzeptanz aller Erfahrungswellen in dir.

Es gibt keine negativen Gedanken

Wir bemühen uns so sehr darum, unsere Gedanken zu kontrollieren, nicht wahr? Wir versuchen, positive, liebevolle, freundliche, mitfühlende, spirituelle Gedanken zu denken, und wir versuchen, alle schlechten, bösen, zerstörerischen und unfreundlichen, gewalttätigen und sündigen Gedanken in uns zu verbannen. Einige Gedanken nennen wir sogar undenkbar. Ich darf nicht an Töten denken. Ich darf keine schlimmen Gedanken über die haben, die ich doch liebe. Ich darf nicht bewerten. Ich darf nicht an Sex denken, ich darf nicht darüber nachdenken, was in der Zukunft geschehen wird. Ich darf überhaupt nicht so viel denken. Ich darf nicht auf meine Gedanken hören. Ich muss erleuchtet sein und vollständig frei von irgendwelchen Gedanken.

Indem du versuchst, deine Gedanken zu kontrollieren – in dem Versuch also, die Wellen des Ozeans zu kontrollieren – erzeugst du letztlich riesige Mengen Leid, denn der Versuch basiert auf einer Illusion darüber, was du bist. Wenn du jemals mehr als fünf Sekunden lang meditiert hast, hast du wahrscheinlich bemerkt, dass du deine Gedanken nicht kontrollieren kannst. Du kannst nicht einmal wissen, was du als Nächstes denken wirst, geschweige denn, was du morgen denken wirst. Gedanken kommen einfach so in dir auf, im weiten offenen Raum des Lebens. Sie fließen ins Bewusstsein und fließen wieder hinaus, wie Wolken am Himmel. Selbst mitten in den wildesten Gedanken gibt es jedoch etwas, das sehr still ist – etwas, das man Frieden nennen könnte. Das ist das, was du bist. Es beobachtet alle Gedanken dabei, wie sie kommen und gehen. Es *lässt zu*, dass alle Gedanken kommen und gehen.

Du kannst nicht wissen, was du als Nächstes denken wirst. Du hast nicht einmal die Macht, *nicht* an etwas zu denken. Wenn du versuchst, an etwas nicht zu denken, was passiert dann? Genau dieser Gedanke, genau dieses Bild tauchen auf – es muss so sein. Du kannst nicht an etwas *nicht* denken. Die schlichte

Tatsache, dass du weißt, woran du nicht denken solltest, bedeutet, dass genau dieser Gedanke bereits auftaucht, selbst wenn du das dir selbst gegenüber oder jemand anderem gegenüber nicht zugeben würdest!

Das ist eine der vielen Illusionen, die wir aufrechterhalten: dass wir die Denker unserer Gedanken sind. Die Wahrheit ist, dass Gedanken einfach in der großen Stille, die du bist, aufsteigen, und es ist nichts weiter als ein weiterer Gedanke zu denken: „Ich habe diesen Gedanken gedacht!" Gedanken sind natürlich überpersönlich, aber wir glauben, dass wir sie besitzen. So haben wir also hier zwei Dinge: einen Gedanken und mich, der diesen Gedanken denkt, den Denker dieses Gedankens. Aber dass dies so ist, ist eine Annahme und nichts weiter. In Wirklichkeit erlebst du niemals diese Spaltung zwischen dem Denker und dem Gedanken, du findest schlicht und einfach Gedanken, die in dem, was du bist, kommen und gehen. Dann gibt es keinen Denker mehr, der einen Gedanken denkt, dann gibt es nur noch einen Gedanken, der in diesem Moment auftaucht. „Ich bin der Denker!" ist auch nur ein Gedanke!

Und darin besteht die Essenz wahrer Meditation: sich ganz einfach in den weiten offenen Raum hinein zu entspannen, in dem Gedanken kommen und gehen, und dann zu bemerken, dass Gedanken nichts Persönliches in sich haben.

Stell dir einmal Folgendes vor: Ein kleines Kind geht zu seinen Eltern und sagt: „Mami, Papi, ich hatte einen Gedanken! Mein Bruder soll sterben, weil er mich nicht an seinem Computer spielen lassen will!"! Die Eltern antworten dann: „Nein! Das ist ein schlechter Gedanke! Du solltest so etwas nicht denken! Es ist schlecht, so etwas zu denken! Böses Kind! Es gibt kein Abendessen für dich! Geh in dein Zimmer!" Was sie damit zum Ausdruck bringen, ist, dass das Kind diesen Gedanken hatte – dass es also verantwortlich dafür ist, diesen Gedanken gehabt zu haben. Dann gibt es da einen *bösen* Denker von Gedanken, und dieser böse Denker ist nicht in Ordnung und muss bestraft werden. Ihre Annahme ist dabei folgende: Wenn ein „böser" Gedanke auftaucht (ein Gedanke also, den sie als böse verurteilen), dann muss ein böser Denker ihn hervorgebracht haben.

Aus der Perspektive des Kindes jedoch hat es sich nicht ausgesucht, diesen Gedanken zu haben. Er erschien ganz einfach in ihm, wie aus dem Nichts. Er war ein Ausdruck für die Wut auf seinen Bruder, eine Wut, die in der Erfahrung des Jetzt noch nicht in der Tiefe angenommen worden war. Und wenn Wut im Hier und Jetzt noch nicht in der Tiefe angenommen worden ist, dann begeben wir uns in die Geschichte von uns und sagen: „Ich bin ein wütender *Mensch*" und vergessen, wer wir wirklich sind. Und dann wird der wütende *Mensch*, der Erlösung von seiner Not und von seiner nicht angenommenen Wut sucht, wütend auf jemanden. „Ich würde am liebsten meinen Bruder hauen" bedeutet eigentlich nichts anderes als: „Ich bin sehr wütend auf meinen Bruder – so wütend, dass ich in diesem Moment, und nur in diesem Moment, das Gefühl habe, ich würde ihn am liebsten hauen. Und ich versuche euch das zu sagen. Ich möchte von euch eigentlich nur hören, dass das okay ist, dass ich so bin."

Aber nun ist dem Kind gesagt worden, dass es ein böser Denker ist, der böse Gedanken hervorgebracht hat. Und das ist beinahe so, als würde dir gesagt werden, dass du vom Teufel besessen bist (oder wenigstens, dass irgendetwas ganz grundlegend falsch in dir ist). Es gibt dann einen bösen Denker, der böse Gedanken denkt. Es gibt dann einen sündigen Denker, der sündige Gedanken denkt. Dein Gehirn ist irgendwie falsch und es bringt schlechte Gedanken hervor.

Und dann denkt das Kind von sich: „Ich darf solche schlechten Gedanken nicht haben (auch wenn ich auf irgendeiner Ebene weiß, dass ich mir nicht ausgesucht habe, diese Gedanken zu haben). Ich sollte nicht böse sein, denn Mami und Papi lieben mich dann nicht, wenn ich böse bin."

Und dann wird der böse Gedanke – und wahrscheinlich auch die Wut – auf irgendeine Weise unterdrückt. „Gedanken über Menschen, die sterben, Gedanken über das Verletzen von Menschen, unfreundliche Gedanken über andere sind nicht okay. Mami und Papi haben mir das gesagt, und ich will nicht riskieren, dass ich ihre Liebe und ihre Wertschätzung verliere, nur weil ich solche Gedanken habe."

Und dann beginnt der Kampf gegen diese Gedanken.

Nicht immer geschieht es so, wie ich es in diesem dramatischen Beispiel beschrieben habe, aber wir werden alle geprägt, zu glauben, dass bestimmte Gedanken böse sind, während wir aufwachsen – dunkel, ungesund, schlecht, sündig und negativ, und, noch bedeutsamer, dass wir die Denker dieser unakzeptablen Gedanken sind. Manche Gedanken sollte ich einfach nicht haben.

Manche Gedanken sind grundsätzlich nicht in Ordnung. Und so versuchen wir unser Bestes, diese Gedanken zu verbannen, sie so zu beeinflussen, dass sie verschwinden.

Vielleicht bekämpfen wir unsere Gedanken, weil wir einem Aberglauben unterliegen. Genauso, wie wir glauben, dass wir, wenn wir etwas zu lange oder zu intensiv oder überhaupt denken, zu dem werden, was wir denken, genauso glauben wir auch: „Wenn ich das denke, dann wird es wahr werden. Wenn ich das denke, dann wird es geschehen. Wenn ich das denke, dann werde ich es anziehen. Wenn ich es denke, dann werde ich zu dem werden, was ich denke. Wenn ich das denke, dann werden meine Eltern das herausfinden (oder mein Lehrer wird es herausfinden, oder mein Chef wird es herausfinden, oder mein Guru wird es herausfinden, oder mein Partner wird es herausfinden, oder Gott wird es herausfinden), und dann werde ich bestraft. Wenn ich das denke, dann werden die Menschen wissen, dass ich das denke, und dann werden sie mich verurteilen. Dann werden sie mich als das erkennen, was ich wirklich bin, und dann werde ich von der ganzen Welt zurückgewiesen werden. Dann werde ich als das unreine, unvollkommene Wesen gesehen werden, das ich bin."

Und wenn sie herausfinden, was ich denke, dann werden sie mich nicht mehr lieben.

Ich bin einmal einer Frau begegnet, die ein breites Lächeln auf dem Gesicht trug. Sie erzählte mir, was für ein positiver Mensch sie war. Sie war der positivste Mensch auf der ganzen Welt. Sie war so positiv, und sie verbreitete Positivität, wo auch immer sie hinkam. Sie erleuchtete das Universum mit ihrer Positivität. Sie war ein Signalfeuer der Liebe, der Freude und der Glückseligkeit. In ihren eigenen Worten war sie ein „Lichtwesen".

Es gab nur eins, das sie bekümmerte: eine seltsame negative „Wesenheit", eine Art unglücklicher Geist, der ihr überallhin folgte. Wo immer sie auch war, mit wem auch immer sie sprach, was auch immer sie tat: Er war immer da, direkt neben ihr und verbreitete seine negative Energie und füllte ihren Kopf mit negativen Gedanken. Sie konnte sich nicht erklären, warum er da war und warum er nicht wegging. Sie war doch so ein positiver Mensch, warum musste sie dann eine solch erbärmliche Erscheinung wie einen Stalker in ihrer Nähe haben? Sie hatte wirklich alles versucht, ihn zum Verschwinden zu bringen, aber er wollte nicht verschwinden. Warum konnte sie es nicht schaffen, dass dieser Geist endlich verschwand?

Diese Wesenheit war sie selbst, wie ihr wahrscheinlich schon vermutet habt. Alle Teile von sich selbst, die ihr zu negativ erschienen, all die Wellen, die nicht in ihr „Ich bin der positivste Mensch auf der Welt"-Selbstbild passten, wurden auf diesen unglücklichen Geist projiziert, den sie dann als außerhalb von sich selbst erlebte. „Diese Negativität bin ich nicht – sie ist in ihm!"

Könnt ihr erkennen, wie brillant der Sucher arbeitet? Was in unser Selbstbild nicht hineinpasst, das verbannen wir auf irgendeine Weise. Die Frau war sich nicht bewusst, dass sie genau das tat, und als ich mit ihr arbeitete, half ich ihr zu verstehen, dass es gar keinen Geist außerhalb von ihr gab – dass sie selbst in Wahrheit dieser Geist war. Und sie erkannte dann, dass die Negativität auch okay war, dass es eine Wahrheit darin gab und dass sie keine Bedrohung für das darstellte, was sie war. Sie musste einfach diesen Geist zu Tode lieben – ihn in das integrieren, was sie war. Sie entdeckte dann, dass das, was sie wirklich war, die gesamte Positivität und Negativität zuließ und annahm. Das, was sie wirklich war, ging über alle Polaritäten hinaus. Und von diesem inneren Ort aus gab es keine Notwendigkeit mehr, das „ich bin ein positiver Mensch"-Image aufrechtzuerhalten, und letztlich überhaupt kein Image mehr.

Auf irgendeine Weise sind wir alle wie diese nette Frau: Wir verbannen die Erfahrungswellen, die nicht in das Bild passen, das wir von uns haben und von dem wir wollen, dass auch die anderen uns so sehen. Wenn wir ein positives Selbstbild aufrechterhalten wollen, dann ist es unvermeidbar, dass wir das in uns bekämpfen, was wir als negativ wahrnehmen.

Dennoch: Was du wirklich bist, unterscheidet nicht zwischen positiven und negativen Gedanken, es sieht nicht einmal das Positive oder das Negative. Alle Gedanken sind dort zugelassen und angenommen, sie dürfen in dem, was du bist, kommen und gehen. Du kannst jeden Film auf eine Leinwand projizieren – einen romantischen Liebesfilm, ein Kriegsepos, einen Horrorfilm, einen „positiven" Film voller Glückseligkeit oder einen „negativen" Film, der nur schlechte Gefühle hervorruft – aber die Leinwand selbst bleibt davon unberührt. Die Leinwand kann von keinem der Filme, die auf sie projiziert werden, verletzt werden. Du bist wie diese Leinwand – du kannst von keinem Gedanken verletzt werden, von keinem vergiftet, korrumpiert oder zerbrochen werden – ganz gleich, wie „negativ" er ist. Jeder Gedanke ist auf der Leinwand des Bewusstseins erlaubt. Du bist nicht der Denker, die Gedanken erscheinen nur einfach.

Wenn ein Gedanke wie „Ich bin doch eine Vergeudung von Raum" oder „Ich bin ein totaler Versager" oder sogar ein gewalttätiger wie „Ich hasse meine Freundin" oder „Ich wünschte, er wäre tot" in dir auftaucht, dann kann in dir eine Art Panik entstehen: „Ich sollte doch so etwas nicht denken! Mein Gott, woher ist bloß dieser Gedanke gekommen? Vielleicht stimmt etwas mit mir nicht! Ich bin doch ein guter Mensch! Ich liebe meine Freundin. Ich würde ihm das doch nie wünschen, Oh, Gott, vielleicht bedeutet dieser Gedanke, dass ich ihn wirklich töten werde. Oh, nein. Ich bin doch kein Killer – oder doch? Mein Gott, ich muss diesen Gedanken loswerden. Das bin ich doch nicht, dieser Gedanke ist nicht ich. Er ist böse!" Wir glauben dem Gedanken „Ich sollte diesen Gedanken nicht gehabt haben", und dann leiden wir.

Wir haben Angst, dass das Denken den Inhalt des Denkens wahr werden lassen könnte, aber wie ich schon gesagt habe, ist das ein Aberglaube. Die Wahrheit ist, dass es umso unwahrscheinlicher wird, dass ich jemals etwas tun werde, was ich gedacht habe, je mehr ich einfach zulasse, dass alle Gedanken in mir aufsteigen dürfen. Und je mehr ich versuche, den Gedanken zu ignorieren, ihn zu unterdrücken oder ihn zu zerstören, umso mehr muss ich ihn bekämpfen, umso mehr muss ich mich bekämpfen, und dann fühlt es sich immer mehr so an, als ob ich wirklich letztlich das tun könnte, wovor ich am meisten Angst hatte. Je mehr ich mich innerlich bekämpfe, desto wahrscheinlicher wird sich dieser Kampf auch in der Welt manifestieren.

Wir können diese Dynamik wirken sehen, wenn wir den Vater betrachten, der gegenüber seinem Kind einen Wutanfall hatte. In seiner Hilflosigkeit, in seiner Verzweiflung und in seiner Unfähigkeit, seine Kinder zu kontrollieren, hatte der Vater alle möglichen Arten von Gedanken – Gedanken, die ein guter Vater „niemals haben sollte". Er hatte Gedanken, dass er seine Kinder verletzen könnte, sogar solche, dass er sie töten könnte, und auch solche, dass er sich selbst umbringen könnte (und es erforderte wirklich Mut und brutale Ehrlichkeit von diesem Vater, all dies mir gegenüber zuzugeben). Er hatte Gedanken, die man besser für sich behalten sollte, Gedanken, von denen man glaubt, dass niemand sonst sie hat, Gedanken, die bewirken, dass du glaubst, es sei etwas grundlegend falsch mit dir.

Diese „gewalttätigen“ Gedanken kamen aber auf, und der Vater war schockiert über sich, dass er solche Gedanken in sich trug. Was für ein böser, gemeiner, schlechter Denker war er doch! Die Gedanken waren das Gegenteil von allem, an das er glaubte – all das, für das er sich als Vater einsetzte, als Mann, als Mensch. Und dennoch tauchten sie in ihm auf, und er hatte sie nicht unter Kontrolle.

Und an dieser Stelle beginnt wirklich unsere Panik. „Oh, mein Gott, ich sollte das wirklich nicht denken! Was stimmt nicht mit mir? Ich bin der schlechteste Vater der Welt! Ich habe als Vater versagt. Ich bin ein schrecklicher Mensch. Ich bin so weit von einem spirituellen Erwachen entfernt! Ich bin schlecht! Wie kann ich diese Gedanken nur anhalten? Wie kann ich sie loswerden? Wie kann ich sie zerstören? Vielleicht bin ich geisteskrank? Hilfe! Hilfe!“

Und an diesem Punkt totaler Panik und Hilflosigkeit begann dieser Vater dann seine Kinder anzubrüllen. Noch einmal: Anbrüllen ist ein Versuch, sich zu erleichtern und Erlösung von diesen „gefährlichen“ Gedanken zu finden. Die Ironie liegt darin, dass die wirkliche Gefahr darin besteht, die Kinder anzubrüllen, um den Gedanken zu entkommen – nicht in den Gedanken selbst. Die Gedanken sind vollkommen unschuldig: Es ist unsere Bewertung und unser Widerstand, der die Schwierigkeiten beginnen lässt.

Der Gedanke: „Ich könnte meine Kinder umbringen!“ passt nämlich nicht zum Bild eines guten Vaters. Diese Art Gedanken sollte ein Vater niemals haben – und jemand anderer auch nicht. Aber die Wahrheit war eben, dass diese Gedanken in jenem Moment in seinem Kopf auftauchten. Das war die Wirklichkeit. Und wer versucht, die Wirklichkeit zu verleugnen, egal, wie beunruhigend sie ist? Nur der Sucher. Der Sucher blüht auf, wenn man etwas verleugnet. Aus dieser Verleugnung herauszukommen und schlicht zuzugeben, was die Wahrheit des Augenblicks ist, kann furchterregend für den Sucher sein, denn es zerstört das Bild, das der Sucher aufrechterhalten will.

Ganz in der Tiefe wusste der Mann, dass er den Kindern niemals ein Haar krümmen würde, dennoch kamen in ihm diese „schlimmen“ Gedanken auf – ein Ausdruck seiner Frustration und Hilflosigkeit, seiner Verzweiflung, die Situation zu kontrollieren. Der Sucher suchte nach einem Ausweg aus dem Unwohlsein, und deshalb ging der Geist in ein Extrem. „Wenn ich meine Kinder umbrächte, dann wäre endlich Frieden.“ Der Sucher war verzweifelt und suchte nach einem Ausweg, und demzufolge kamen verzweifelte Gedanken nach oben. Diese Gedanken waren schnell als „böse Gedanken" gebrandmarkt, als „schlechte Gedanken" oder „ungesunde Gedanken". Und da er glaubte, dass er diese Gedanken gedacht hatte, war dieser Vater nicht mehr nur jemand, der nicht in der Lage war, seine Kinder zu kontrollieren, sondern er war zusätzlich nun noch ein böser Vater, ein schlechter Mensch, ein fürchterliches Individuum, jemand, der besser nie Kinder haben sollte, jemand, der eigentlich keine Lebensberechtigung hatte. Leiden türmte sich auf Leid.

Wenn er nur einfach zugelassen hätte, dass dieser Gedanke nun einmal da war, dann ist es unwahrscheinlich, dass er so in Panik geraten wäre, dass er so wütend auf sich geworden wäre, dass er solche Angst bekommen hätte und dass er letztlich, hilflos, wie er war, seine Kinder so angeschrien hätte. Wir haben alle Angst, solche allzu „negativen" Gedanken in uns zuzulassen, weil wir Angst davor haben, was sie über uns erzählen könnten, und wir glauben irgendwie, dass sie – wenn wir zulassen, dass sie in dem Raum dessen entstehen, was wir sind – uns überwältigen und beherrschen könnten. In Wahrheit ist es natürlich genau andersherum – wenn wir in dem Versuch, ihnen zu entkommen, unsere Gedanken zu unterdrücken versuchen und uns bestrafen, weil wir sie denken, dann tendieren sie dazu, größer und größer und immer wichtiger zu werden. Das Suchen, die Verzweiflung, ihnen zu entrinnen, wird so stark, dass selbst der scheinbar friedlichste Mensch dahin kommen kann, gewalttätig zu werden. Denkt mal an die vielen Fernsehreportagen über Menschen, die eigentlich ganz normal waren und die dann einen Amoklauf beginnen. Und wenn die Reporter dann Freunde und Bekannte dieser Menschen interviewen, dann sagen diese gewöhnlich: „Aber er schien doch ein so ruhiger, freundlicher Mensch zu sein..."

Seltsam genug: Wenn man gewalttätige Gedanken vollkommen in sich zulässt, dann hört die Gewalt auf. Die Leinwand hat keine Präferenzen. Ob es ein positiver Film ist, ein negativer Film, ein Liebesfilm, ein Gewaltfilm – auf der Leinwand sind sie alle gleich willkommen – sie kommen und sie gehen. *Ein gewalttätiger Film macht die Leinwand nicht gewalttätiger.* Die Leinwand gerät nicht in Panik, denn sie weiß, dass alle Gedanken auf ihr erlaubt sind und sich auf ihr abspielen können.

All diese Gedanken, die wir ablehnen, würden nie zu einem Problem werden, wenn wir nicht so verzweifelt versuchen würden, ein Bild von uns aufrechtzuerhalten. „Ich bin kein gewalttätiger Mensch“, „Ich bin ein positiver Mensch“, „Ich bin ein glücklicher Mensch“, „Ich bin ein Lichtwesen, zu 100 Prozent voll Liebe“. Wunderbar! Aber diese Selbstbilder bedeuten, dass du dann jeden Gedanken bekämpfen musst, der nicht in dieses Selbstbild passt.

Wenn du versuchst, ein Selbstbild von dir aufrechtzuerhalten, dass du ein positiver Mensch bist, dann wirst du wahrscheinlich in dir keine negativen Gedanken zulassen können. Ein erfolgreicher Mensch mag vielleicht nicht zulassen, dass er auch Gedanken an ein Versagen haben darf. Ein erleuchteter, spiritueller Mensch wird vielleicht nicht zulassen, dass er unerleuchtete, unspirituelle Gedanken in sich trägt – wütende Gedanken beispielsweise, sexuelle Gedanken, ängstliche Gedanken. Menschen, die versuchen, rein zu sein, werden keine Gedanken in sich zulassen können, die sie als unrein zu brandmarken gelernt haben. Oder, noch schlimmer, wenn sie sich als erleuchtete Weisen betrachten, die alle Gedanken bereits vollständig transzendiert haben, dann werden sie sich nicht erlauben, überhaupt Gedanken zu denken. Im selben Moment, in dem du *irgendein Bild* von dir aufrechterhältst, wirst du in Konflikt mit deinen Gedanken geraten. Die gewaltfreiesten Menschen werden alle Gedanken in sich bekämpfen, die ihr gewaltfreies Bild von sich bedrohen. Wir alle bekämpfen das, was unser Bild von uns bedroht, und Selbstbilder tendieren stets dazu, durch Gedanken bedroht zu werden.

Wir sprechen so viel über „positive“ und „negative“ Gedanken, aber nun können wir erkennen, dass es so etwas wie positive oder negative Gedanken gar nicht gibt. Der Gedanke „Ich bin hässlich“ ist kein negativer Gedanke. Er ist nur ein Gedanke, den wir mit dem Etikett negativ versehen, weil wir nicht mögen, was er über uns sagt. Der Gedanke „Ich bin hässlich“ bereitet uns Unbehagen, weil wir die Hässlichkeit nicht in unsere Selbsterfahrung aufnehmen wollen. Der Gedanke „Ich bin ein Versager“ ärgert uns, weil wir unser Versagen nicht in der Tiefe annehmen wollen, denn dieses Annehmen würde unser Selbstbild bedrohen, dass wir ein erfolgreicher Mensch sind. Wir versuchen, alle „negativen“ Gedanken zu verbannen und nur noch die „positiven“ Gedanken in uns zu behalten.

Positives Denken ist in den letzten Jahren sehr modern geworden. Aber diese Taktik funktioniert letztlich nicht, denn die Gegensätze kommen *immer* gemeinsam in uns hoch. Meistens *überdecken* wir lediglich das Negative mit dem

Positiven, wenn wir glauben, wir denken positiv. Das Negative ist immer noch da, grummelnd im Untergrund, bereit, uns den ganzen Spaß zu verderben, wenn wir am wenigsten damit rechnen. Wir fühlen uns hässlich, und dieses hässliche Gefühl mögen wir nicht, und dann versuchen wir, unsere Hässlichkeit dadurch zu ersticken, dass wir „positiv" zu denken und zu fühlen versuchen. Aber unsere Schönheit ist dann hohl und oberflächlich, sowohl für uns selbst als auch für andere, und bringt uns nicht das, wonach wir uns wirklich sehnen.

Man könnte sogar sagen, dass wir das Negative erzeugen, indem wir das Positive suchen. Denn sie können nicht ohne einander existieren. Positives Denken erzeugt in Wahrheit negatives Denken.

Manche Menschen berichten, dass sie sich von negativen Gedanken angegriffen oder geplagt fühlen. Erinnert euch jedoch daran, dass das, was wir sind, nicht angegriffen werden kann – nur unser Selbstbild kann angegriffen werden. Wenn du also zu irgendeiner Zeit einen Gedanken als negativ erlebst oder dich persönlich angegriffen fühlst, dann ist dies ein Zeichen dafür, dass du dein Selbstbild verteidigen musst. Wenn kein Selbstbild verteidigt werden muss, dann können alle Gedanken zugelassen werden, ob sie nun aufsteigen oder wieder verschwinden. Dann kannst du auch erkennen, dass alle Gedanken wahr sind – in anderen Worten, alle Gedanken tragen ein Fünkchen Wahrheit in sich. Wenn du ehrlich mit dir bist, dann kannst du nämlich *alles* in dir finden – und Denken kann dann nicht mehr dein Feind sein. Ganz im Gegenteil: Jeder Gedanke, den du „negativ" nennst, ist in Wirklichkeit dein lieber Freund, der dir zeigen möchte, wo du ein falsches Selbstbild mit dir herumträgst, das du immer noch verteidigen musst.

Es ist beinahe so, als ob das Leben in seinem unendlichen Mitgefühl versucht, alle falschen Bilder zu zerstören, die du von dir haben könntest. Wenn du dich an deiner Schönheit festhältst, dann wird das Hässliche unvermeidlich daherkommen und versuchen, sie zu zerstören. Wenn du dich an deinem Bild vom erfolgreichen Menschen festhältst, dann wird das Versagen auftauchen und dich eines Besseren belehren, so lange, bis du die Wirklichkeit erkennst. Das heißt, was wir als einen negativen Gedanken erleben, ist möglicherweise nichts anderes als das Leben, das versucht, ein Gleichgewicht herzustellen. Wenn wir wirklich auf das Leiden hören, dann zeigt es uns *immer*, was wir immer noch in uns bekämpfen. Und es zeigt uns *immer*, was wir suchen.

Der Gedanke „Ich bin hässlich“ ist also nichts weniger als eine Einladung, tief in uns das Gefühl von Hässlichkeit zuzulassen. Der Gedanke „Ich bin ein Versager“ lädt uns ein, tief in uns in diesem Augenblick das Gefühl von Versagen zuzulassen. Wir vergessen so leicht, wer wir sind: das unendlich weite Potenzial des Lebens selbst, und bekämpfen stattdessen einen Gedanken, indem wir ihn als „negativ“ bezeichnen, statt die in ihm wohnende Wahrheit zu erkennen. Wenn wir offen sind, dann können wir immer ein Fünkchen Wahrheit in dem Gedanken entdecken, selbst in den negativsten Gedanken über uns. Wir erkennen dann, dass wir nicht das sind, was wir zu sein glauben. Wir sind grenzenlos und frei, groß genug, um das ganze Leben zu enthalten.

Oft versuchst du ein Selbstbild von dir aufrechtzuerhalten und merkst es nicht einmal. Eine Frau sagte einmal zu mir, wie sehr sie „frei von jeder Identität“ sei. Sie hatte die Nondualität – Advaita – schon jahrelang studiert, hatte von Dutzenden sehr berühmter Lehrer gelernt, alle Arten von Erlebnissen des Erwachens gehabt und war schließlich an dem Punkt angekommen, ihre gesamte Identität aufzugeben. Sie war nicht länger jemand. Sie war jetzt niemand. Sie war frei von allen Selbstbildern. Sie war einfach nur noch ein offener Bewusstseinsraum. Sie war über alle Rollen hinausgegangen – Mutter, Ehefrau, Tochter, spirituelle Sucherin.

Dennoch störte sie immer noch etwas.

„Es sind meine Kinder!“, sagte sie. „Ich verstehe sie einfach nicht. Sie sehen mich als Mutter an. Können sie nicht erkennen, dass ich in Wirklichkeit nicht ihre Mutter bin? Können sie nicht sehen, dass ich letztlich nichts und niemand bin?“ Sie berichtete mir, wie die Unfähigkeit ihrer Kinder, ihre Sicht der Wirklichkeit anzunehmen, viel Leid und Verwirrung in ihr Leben brachte, was sie noch weiter in Verwirrung stürzte, denn sie dachte, dass man nach dem „Erwachen“ nicht mehr verwirrt sein sollte. „Wenn sie nur sehen könnten, wer ich wirklich bin!“, sagte sie. „Können sie denn nicht erkennen, dass ich nicht wirklich ihre Mutter bin? Können sie nicht erkennen, dass ich frei von jeder Identität bin? Können sie nicht erkennen, dass es in mir keine Geschichte mehr über mich selbst gibt?“

Ich sagte: „Aber Sie *haben* eine Geschichte. Ihre Geschichte besteht darin, dass Sie keine Geschichte haben. Sie sind vollkommen identifiziert damit, dass Sie *nicht* ihre Mutter sein wollen. Und jedes Mal, wenn Ihre Kinder Sie „Mutter" nennen, dann bedroht das Ihre Identität, Ihr Bild von „Ich bin aber nicht eure Mutter". Deshalb tut es Ihnen weh, wenn sie Sie „Mutter" nennen. Ihr Bild von Ihnen steht im Widerspruch zu Ihrem eigenen".

Sie erkannte, woher ihr ganzes Leiden wirklich kam: Sie suchte etwas, was die Kinder ihr nicht geben konnten. Sie bekämpfte sie mental, in ihrem Bemühen, ihr Selbstbild als „Nicht-Mutter" aufrechtzuerhalten. Sie hatte aufgehört, auf ihre Kinder zu hören. Sie dachte, sie habe keine Identität mehr, würde nicht mehr suchen, und dennoch ging das Suchen unvermindert weiter.

Ja, wirklich, sogar eine spirituelle Identität wie dieses „Ich habe keine Identität" oder „Ich bin Niemand" kann zu einer weiteren Identität werden, zu einer weiteren Falle, zu einem weiteren Bild, das man aufrechterhalten muss, zu einer weiteren Geschichte, die man verteidigen muss. Wenn du ein Selbstbild von dir als Niemand aufrechterhältst, dann wirst du insgeheim jeden bekämpfen, der dieses Selbstbild nicht übernimmt. Und du wirst anfangen, Dinge zu sagen wie: „Ich bin niemand, aber du bist immer noch jemand", und dann wird es einen inneren Konflikt geben. Die Verteidigung eines Bildes führt unweigerlich zu einem Konflikt und deshalb zum Leiden – egal, für wie „erwacht" du dich hältst. Und auch bei dieser Frau wies das Leiden daraufhin, wo die wirkliche Schwierigkeit lag. Alle Selbstbilder lösen sich im Angesicht des Lebens auf.

Welche Gedanken und Bewertungen, seien es deine eigenen oder die von anderen, verletzen dich? Welche Gedanken nimmst du als negativ wahr? Kann diese Wahrnehmung dir etwas darüber erzählen, an welchen Selbstbildern du vielleicht festhältst, welche du jetzt, in diesem Augenblick verteidigst? Was bekämpfst du, wogegen musst du dich schützen? Was erlaubst du nicht in deinem Gedankengebäude? Und ist es dir möglich zu erkennen, dass das, was du in dir nicht zulässt, in Wirklichkeit schon längst zugelassen worden ist?

Alles Leid, jeder Konflikt trägt in sich eine Einladung, aufzuhören, dich mit einem Bild von dir zu identifizieren und stattdessen die tiefste Akzeptanz in der Erfahrung der Gegenwart zu entdecken.

Und damit haben wir die Grundlagen des Suchens beschrieben:

- Uns selbst als getrennte Wellen im Ozean zu erleben und nicht die Vollkommenheit in unserer derzeitigen Erfahrung zu erkennen – stattdessen suchen wir die Vollkommenheit in der Zukunft.

- Geld, Sex, Erleuchtung, Ruhm, Schönheit – welche dieser Begriffe symbolisieren für dich das Ende deiner Suche? Damit geben wir den Dingen Macht, denn sie scheinen die Macht zu besitzen, Vollkommenheit, Ganzheit herzustellen. Und deshalb mystifizieren wir sie, sehnen uns nach ihnen, folgen ihnen nach, verehren sie und wollen so werden wie sie. Wir werden süchtig nach einer Ganzheit in der Zukunft. Und wir verpassen damit das, wonach wir wirklich suchen, bis wir entdecken, wer wir in diesem Augenblick wirklich sind.

- Wir versuchen, bestimmte Erfahrungen zu vermeiden – Hässlichkeit, Schwäche, Versagen, Hilflosigkeit – jede Art von Erfahrungen, die wir für eine Bedrohung unserer Ganzheit halten. Als Wellen im Ozean sind sie jedoch alle *bereits jetzt in der Tiefe angenommen und zugelassen*, und alles, was wir tun müssen, besteht darin, dieses Angenommensein in diesem Augenblick zu erkennen. Alle Gedanken und Gefühle sind zugelassen, sie dürfen in dem, was du bist, kommen und gehen.

- Tiefenakzeptanz ist nicht etwas, das man *erreichen* kann – es ist das, was du in deiner Essenz wirklich bist. Du bist der weite, offene Raum, in dem alle Erfahrungswellen kommen und gehen dürfen. Der offene Raum ist untrennbar mit allem verbunden, was in ihm geschieht. Er ist der Ozean, untrennbar verbunden mit allen seinen Wellen. Das ist die Intimität und die Liebe, nach der wir uns immer gesehnt haben – eine Intimität direkt im Herzen unserer Erfahrung des Jetzt.

- Als offener Raum kannst du nicht von irgendeinem der Gegensätze definiert werden – gut, böse, gesund, krank, erleuchtet, nicht erleuchtet. Wir laufen vor dem Negativen weg und versuchen, das Positive zu erreichen, und dieser Versuch, dem Leben zu entkommen, ist das, was wir *Leiden* nennen. Leiden ist stets die Einladung, zu entdecken, was wir in diesem Moment noch nicht wirklich in der Tiefe annehmen können, und zu erkennen, dass das, was wir sind oder nicht sind, schon jetzt angenommen ist.

- Als offener Raum bist du nicht der Sucher, sondern du bist das, was erkennt, wie der Sucher sich selbst austrickst. Du bist keine unvollständige Wesenheit, die versucht, sich selbst möglichst schnell zu vervollständigen. Und das Ende des Suchens besteht nicht in etwas, was der Sucher in der Zukunft finden wird. Du *bist* das Ende des Suchens, jetzt, in diesem Moment. Du *bist* das, was du suchst, jetzt, in diesem Augenblick.

Die Metapher des Suchens und seiner Mechanismen hat eine erstaunliche Erklärungskraft. Sie kann uns dabei helfen, das Leiden zu verstehen, das ansonsten für uns unverständlich bleiben könnte. Die Grundlagen dieses Mechanismus zu verstehen, kann uns dazu bringen, nun genauer zu untersuchen, wie diese Dynamik sich in unserem Alltagsleben manifestiert.

Das ganze restliche Buch werden wir das Suchen untersuchen und uns dabei auf einige der Vorstellungen und Einsichten stützen, über die wir gesprochen haben. Wir werden uns dabei mit den intimsten Beziehungen beschäftigen – wie wir nämlich Liebe und Angenommensein von anderen Menschen suchen, und wie dies zu Konflikten, fehlender Authentizität, Unehrlichkeit und gestörter Kommunikation führt. Wir werden erkennen, wie der Mechanismus des Suchens die Entstehung von Süchten und ungesunden, aber stets wiederholten Verhaltensweisen begünstigt und wie wir in unserem Suchen am Ende unsere Macht weggeben und uns den Regeln anderer unterwerfen – Gurus, Sektenführern, Menschen, die wir als mächtig wahrnehmen, die in Wirklichkeit aber gar keine Macht besitzen. Wir werden erkennen, wie Leiden entsteht, wenn wir versuchen, körperlichem Schmerz auszuweichen, und wie das Zurückweisen des gegenwärtigen Augenblicks zu allem führt, was wir gewalttätig und böse in der Welt nennen.

Wir werden auch erkennen, wie wir die Tiefenakzeptanz sogar an Orten entdecken können, von denen wir gedacht hätten, dass sie niemals dort zu finden sein könnte. Wir werden herausfinden, dass es selbst in den dunkelsten Orten noch Licht gibt, das Licht nämlich, das wir sind, die Erleuchtung selbst.

Indem wir den Sucher in all seinen subtilen und nicht so subtilen Manifestationen erkennen, indem wir das Licht auf den Sucher in allen Aspekten der menschlichen Erfahrung richten, werden wir schließlich erkennen, wie wir unnötiges Leiden für uns und andere geschaffen haben, und gleichzeitig werden wir einen Ausweg aus diesem Leid finden. Der Ausweg aus dem Leiden ist derselbe, der uns hineingebracht hat. Schau einmal, ob du dich in irgendeiner der Situationen wiedererkennen kannst, die auf den folgenden Seiten vorgestellt werden. Wenn du ein Mensch bist, wie ich einer bin, dann bin ich sicher, dass du in der Lage sein wirst, dich auf das zu beziehen, was ich dir erzählen werde.

Du kannst dich nicht in der Vergangenheit oder in der Zukunft finden.
Der einzige Ort, an dem du dich finden kannst, ist im Jetzt.
Ein Suchender zu sein impliziert, dass du eine Zukunft brauchst.
Wenn du daran glaubst, dann wird es wahr für dich sein,
und du wirst Zeit brauchen, ehe du erkennst,
dass du keine Zeit brauchst, um der zu sein, der du bist.

Eckart Tolle

TEIL 2
Tiefenakzeptanz im Alltag

Schmerz und Krankheit

Ich hatte einmal eine Unterhaltung mit einem Arzt, der vor allem mit Menschen arbeitete, die eine Krebsdiagnose bekommen hatten. Er verbrachte eine Menge Zeit mit Menschen, die oft unter extremen körperlichen Schmerzen litten. Und er fragte mich, wie er anfangen könne, sein Interesse an der körperlichen Heilung dieser Patienten mit seinem Verlangen zu vereinbaren, ihnen dabei zu helfen, dass sie erkannten, wer sie wirklich waren, jenseits von ihrer Geschichte über sich als Krebspatienten, die Heilung brauchten. Er sagte, dass er sich oft hin- und hergerissen fühle zwischen dem Wunsch, ihnen aus ihrem körperlichen Schmerz herauszuhelfen, und dem Wunsch, sie zu unterstützen, über ihren Schmerz hinauszugelangen. Er sagte mir: „Wissen Sie, Jeff, ich kenne so ziemlich alle spirituellen Ansätze – dass es so etwas wie Schmerz überhaupt nicht gibt, dass Schmerz eine Illusion ist, dass wir nicht unser Körper sind, dass es überhaupt niemanden gibt, der hier ist und so weiter – aber wie hilft das wirklich Menschen, die sich mit extremem Schmerz herumschlagen müssen?"

Dieser Arzt hatte da eine sehr wichtige Frage gestellt. All diese spirituellen Ansätze („Es gibt kein Ich", „Ich bin nicht mein Körper", „Schmerz ist eine Illusion", „Es gibt keinen Tod") sind wunderschön und können, wenn sie in der richtigen Art und Weise gehört und angewandt werden, wirklich helfen, uns auf die allgegenwärtige Freiheit in jeder Erfahrung hinzuweisen, *einschließlich* derjenigen, die für uns am schmerzlichsten sind.

Dennoch können diese Konzepte gleichzeitig leicht missverstanden – und falsch eingesetzt werden. Sie können nämlich benutzt werden, um unsere gegenwärtige Erfahrung zu verleugnen, und deshalb mehr Leid als zuvor in uns verursachen. Das Konzept „Es gibt keinen Schmerz" kann so eine Möglichkeit für Suchende sein, das Fühlen des Schmerzes zu vermeiden, den sie im Augenblick fühlen! Das Konzept „Das ist nicht mein Körper!“ kann eingesetzt werden, um zu vermeiden, sich mit den unbequemen Gedanken und Gefühlen auseinanderzusetzen, die ich über meinen Körper habe. Das Konzept: „Es gibt kein Selbst“ oder: „Alles ist unpersönlich!“ kann benutzt werden, um das Fühlen höchst intimer und sehr persönlicher menschlicher Gefühle und Emotionen zu vermeiden, die schlicht darum bitten, in dem unpersönlichen Raum, der du bist, in der Tiefe ganz angenommen zu werden. Das Phänomen, spirituelle Konzepte einzusetzen, um nicht annehmbare menschliche Emotionen und Gefühle zurückzuweisen, ist oft die „spirituelle Umleitung“ genannt worden.

Auf ähnliche Weise kann es dazu führen, dass man die gegenwärtige Erfahrung eines Menschen, der sich in schrecklichen Schmerzen windet, für nichtig erklärt, wenn man ihm sagt: „Es gibt keinen Schmerz, es gibt nur Einssein“ – selbst wenn deine Absicht dabei eine wirklich gute ist. Es kann nämlich dazu führen, dass sie „falsch“ sind und du „richtig“. Ihnen so etwas zu sagen, kann sogar eine Form von Arroganz deinerseits sein. Die Schattenseite spiritueller Lehren besteht darin, dass der Geist sie leicht dazu benutzen kann, die Wirklichkeit zu verleugnen – und dann noch zu bestreiten, dass man genau dies tut! Wahre Spiritualität hat nichts zu tun mit dieser Art von Verleugnung. Wahre Spiritualität ist im Gegenteil das Ende jeder Verleugnung. Und wir hören vollkommen auf zu verleugnen, wenn wir einfach die Wahrheit dieses Augenblicks zulassen, ganz gleich, wie schmerzlich dieses Zulassen sich anfühlen mag, ganz gleich, wie sehr es vielleicht auch deine Träume zerstört.

Ich sagte zu dem Arzt, wenn ich mit jemandem sprechen würde, der gerade fürchterliche Schmerzen leidet, dann wäre es wahrscheinlich das Letzte, was der andere gern hören würde oder zu hören in der Lage wäre: „Es ist nicht dein Schmerz“. Die Wahrheit ist, dass sein Schmerz in diesem Moment für diesen Menschen ganz real ist, und wenn wir anfangen sollen, die Ganzheit innerhalb der gegenwärtigen Erfahrung zu entdecken, dann müssen wir als erstes diese gegenwärtige Erfahrung *ehren und anerkennen*, ganz gleich, für wie illusionär wir sie auch halten, und dann, von diesem Punkt aus, dahin kommen, herauszufinden, was wirklich wahr ist. Ich begegne dir in deinem Traum, und dann erkunden wir den Traum gemeinsam, und kommen schließlich dahin, über ihn hinauszugelangen.

Wenn jemand leidet, dann beendet es nicht das Leid, wenn man ihm sagt, dass er in Wirklichkeit gar nicht leidet oder dass Leiden eine Illusion ist. Wenn du leidest, dann ändert es gar nichts an deinem Leid, wenn du versuchst dir einzureden, dass du ein erwachter Körper bist und deshalb in Wirklichkeit nicht leidest. Bedenke, dass eine Welle *letztlich* sicher der Ozean ist, aber *in ihrer Erscheinungsform* ist sie immer noch eine Welle. Und dadurch, dass wir die Erscheinungsform der Welle ignorieren oder für ungültig erklären, weisen wir letztlich den Ozean selbst zurück.

Freiheit besteht immer in dem, was wahr ist, jetzt und unmittelbar - nicht in dem, was ich als wahr erachte, nicht in dem, was mir erzählt worden ist, was wahr sein sollte, nicht in dem, was ich davon halte oder was mein spiritueller Lehrer mir über die Wahrheit erzählt hat, sondern in dem, was *wirklich und wahrhaftig* in diesem Augenblick wahr ist, in *dieser* Erfahrung des Jetzt, in *diesen* Gedanken, in *diesen* Empfindungen, in d*iesen* Gefühlen. Wahre Freiheit besteht darin, einzugestehen, was wahr ist. Und in diesem Moment ist es nun einmal wahr, dass der Schmerz verdammt *weh tut* - ob dieser Schmerz nun meiner ist oder nicht, ob er nun real ist oder nur ein Traum, ob es da jemanden gibt, der Schmerzen hat, oder ob da in Wirklichkeit niemand ist, ob es nun Einssein oder Zweisein oder Dreisein oder irgendetwas anderes gibt - dies und all die anderen mentalen Tricksereien der Welt, die alle den Schmerz *nicht in diesem Augenblick* beenden können. Du kannst dich nicht aus deinem Schmerz herausintellektualisieren, herausphilosophieren oder herausdenken. Einfach den Glaubenssatz „Du bist nicht dein Körper" oder „Es gibt niemanden hier" auf deine schmerzliche Erfahrung draufzusetzen, macht die Situation auch nicht besser. Solche Glaubenssätze sind nur weitere Rollen, weitere Religionen, denen man sich unterwirft. Du bist nicht okay, aber du sollst vorgeben, dass du okay bist, damit du für spirituell gehalten wirst oder für erleuchtet. Du leidest, aber du musst so tun, als ob du nicht leidest, damit du weiterhin dein Selbstbild eines Menschen aufrechterhalten kannst, der das Leiden transzendiert hat. Wie ermüdend!

Nein, die Freiheit, von der ich spreche, hat nichts damit zu tun, dem Leben, so, wie es ist, zu entkommen oder vorzugeben, etwas zu sein, was du nicht bist. Es geht um vollständige, radikale Ehrlichkeit - die Wirklichkeit so zu sehen, wie sie ist, sie *zuzugeben* im wahrsten und doppelten Sinn des Wortes. *Zugeben* ist ein wundervolles Wort - es bedeutet sowohl, die Wahrheit zu sagen, wie auch, sie zuzulassen. Die Erfahrung des Augenblicks *zuzugeben* – also, die Wahrheit über das zu sagen, was im Moment gegenwärtig ist – bedeutet, anzuerkennen, dass das, was im Augenblick präsent ist, bereits ins Leben eingelassen und zugelassen worden ist. Die Wellen, die im Augenblick im Ozean erscheinen, sind bereits in den Ozean aufgenommen worden, und zuzugeben, dass sie existieren, ist der absolute Kern dieser Lehren hier. Beim Erwachen geht es nur darum, zuzugeben, wer du wirklich bist!

Wahre Heilung bedeutet nicht, dem Leiden zu entrinnen und Ganzheit an irgendeinem Punkt in der fernen Zukunft zu erlangen – sie bedeutet, die Ganzheit hier, direkt hier zu erkennen, mitten im Herzen des Leidens. Es ist darum nicht überraschend, dass die Worte *heil* und *heilen* auf dieselbe Wurzel zurückgehen. Zu heilen bedeutet, jetzt und hier die Ganzheit wiederzufinden. Ja, wahre Heilung hat nichts damit zu tun, dem Schmerz zu entrinnen und eine Ganzheit in der Zukunft zu erreichen, wahre Heilung ist in Wirklichkeit hier, mitten im Schmerz, wie paradox und widersinnig das beim ersten Hören auch klingen mag.

Du wirst nicht „eines Tages“ geheilt (das ist nur erneut die Stimme des Suchers); du bist schon geheilt. Was du bist, ist schon jetzt ganz, selbst wenn du es nicht merkst, genauso wie die Welle im Ozean nicht von ebendiesem Ozean zu unterscheiden ist. Selbst in deinem Schmerz bist du schon geheilt.

Wie die spirituellen Glaubenssätze, über die wir vorhin gesprochen haben, sind dies wundervolle Worte. Aber wie *erkennen* wir diese Heilung, wenn wir mitten in einer äußerst schmerzvollen Erfahrung sind? Denn nur zu *glauben*, dass wir schon geheilt sind, ist nicht genug.

Der Unterschied zwischen Schmerz und Leid

Bevor wir tiefer in unsere Diskussion über Heilung einsteigen, glaube ich, dass es wichtig wäre, zwischen Schmerz und Leid unterscheiden zu lernen. Denn was wollen wir eigentlich wirklich heilen: den Schmerz oder das Leid?

Ich habe einmal mit einer Frau gesprochen, die eine Menge Schmerzen hatte und der gesagt worden war, dass sie nur noch wenige Wochen zu leben habe.

Sie war Zeit ihres Lebens eine spirituelle Sucherin gewesen. Sie hatte bei vielen verschiedenen spirituellen Lehrern gelernt und hatte sogar mehrere Jahre lang in einem Ashram in Indien gelebt, um Erleuchtung zu erlangen. Sie sah sich als spirituell ziemlich entwickelt an, aber nun, im Angesicht ihrer Krankheit, brach diese Fassade in sich zusammen. Sie sagte mir, dass sie sich als völlige Versagerin fühle. Nach all diesen Jahren spiritueller Suche war sie immer noch nicht in der Lage, tief Ja zu dem zu sagen, was ihr geschah. Mitten in ihrem Schmerz brach ihr gesamtes Selbstbild in sich zusammen.

Sie hatte fürchterliche Angst, ob sie den nächsten Tag noch erleben würde oder nicht, sie war frustriert über den Zustand ihres Körpers (von dem sie sich fallengelassen fühlte), sie fühlte Reue über all die Dinge, die sie in ihrem Leben nicht geschafft hatte, und eine tiefe Trauer über all die Dinge, die sie verpassen würde, wenn sie starb. Was war mit all ihren Vorstellungen über Gleichmut geschehen – nun, da sie sich dieser Herausforderung des Lebens stellen musste? Was war nur mit ihrer Überzeugung geschehen, dass sie in jedem Augenblick ihres Lebens vollkommen präsent und positiv war? Was war mit ihrer Vorstellung geschehen, dass ein erwachter Mensch auch im Angesicht völliger Zerstörung in vollkommenem Frieden bleibt? Was war mit ihrer Überzeugung geschehen, dass sie „niemand“ war? Sie fühlte sich als völlige Versagerin und Betrügerin angesichts der Realität des Lebens, wie es sich jetzt für sie darstellte. Sie fühlte sich vom Leben gedemütigt. Sie hatte geglaubt, dass sie das Leben bewältigt hätte, aber jetzt hatte sich alles, was sie wusste, in Zweifel verwandelt.

Ihre erleuchtete Fassade zerplatzte. Wie wundervoll! Alle Fassaden, die nur von unserem Geist erschaffen wurden, zerplatzten letztlich. Und dies war die Einladung des Lebens, über ihr Selbstbild hinauszugehen und zu entdecken, wer sie wirklich in diesem Augenblick war. Nicht morgen, nicht gestern, sondern jetzt.

Solange die Dinge für sie gut gelaufen waren – als sie noch fit und gesund und voll Energie gewesen war – da war es leicht für sie, sich erleuchtet zu fühlen und Dinge zu sagen wie „Dies ist nicht mein Körper“ oder „Es gibt kein Selbst“. Aber nun, wo sie den ganzen Tag im Bett lag, schwach und voll Schmerzen und abhängig von Medikamenten, um am Leben zu bleiben, fühlte sie sich, als ob all ihr spiritueller Fortschritt den Ausguss hinuntergespült worden sei. Sie sagte mir, dass sie sich fühle, als ob sie zu der Art und Weise zurückgekehrt wäre, wie sie vor dem Beginn ihrer spirituellen Suche gewesen sei. Sie fühlte sich wieder wie ein Baby, vollkommen unfähig, mit dem Leben umzugehen, vollkommen identifiziert mit ihrem physischen Körper, und sie war unglaublich wütend auf sich, weil sie „so versagt hatte". Warum war sie nicht in der Lage, „präsenter" zu sein, „erwachter" im Hinblick auf die Situation, besser und annehmender? Sie hatte den Eindruck, dass sie jetzt eindeutig „unerleuchtet" war und sich selbst dreißig Jahre lang an der Nase herumgeführt hatte. Und so lag sie im Bett, Tag für Tag und bestrafte sich geistig dafür, nicht spirituell entwickelter zu sein, als sie es war.

Diese süße Frau war sehr gebunden an ihre Konzepte und Glaubensmuster, die sie im Hinblick auf Erwachen und Erleuchtung gebildet hatte. Sie hatte eine Art fixer Idee, wie Erleuchtung aussehen sollte. Sie trug innerlich das Konzept mit sich herum, dass erleuchtete Menschen sich immer gut fühlen würden, die ganze Zeit glücklich wären, stets friedlich oder zumindest immer okay, und diese aufgenommenen Glaubensmuster erzeugten in ihr eine unglaubliche Menge Leid und bewirkten, dass sie sich als totale Versagerin und Hochstaplerin fühlte. Erinnere dich: Etwas „die ganze Zeit" zu fühlen, ist in dem Ozean, der du bist, schlicht nicht möglich.

Mit den Schmerzen und der körperlichen Schwäche konnte sie schon umgehen, aber es war dieses Gefühl von Versagen, der Tod ihrer Identität, der für sie unerträglich war und sie mehr als alles andere ärgerte. Da kamen all die Glaubensmuster von „ich sollte" oder „ich sollte nicht" ans Tageslicht, die sie im Verlauf der Jahre aufgenommen hatte, all die Vorstellungen davon, wie dieser Moment für sie aussehen sollte – und das alles tat ihr mehr weh als der Schmerz selbst. Verzweifelt versuchte sie mit der Situation ins Reine zu kommen, aber in Wirklichkeit war sie damit überhaupt nicht im Reinen und verurteilte sich dafür auf schrecklichste Weise. Sie bemühte sich verzweifelt, sich zusammenzunehmen, und dennoch war der Schmerz so groß, dass er sie auseinanderzureißen drohte. Jeder Tag war ein einziger Kampf, an ihrer Identität festzuhalten.

Es waren die *Geschichten*, die sie über ihren Schmerz erzählte – wie schlimm er war, wie sehr er sich noch verschlimmern würde, wie er sie am Ende umbringen würde – die dazu führten, dass sich die ganze Situation unerträglich anfühlte, zum Verzweifeln. Die wirkliche Last bestand darin, dass sie sich mit dem Bild einer Frau identifizierte, die Schmerzen hatte – und nicht mit dem Schmerz selbst. Ihre Geschichte von sich selbst war eine Geschichte, in der sie das *Opfer* ihrer Schmerzen war, jemand, der von den Schmerzen *eingesperrt* worden war, jemand, der *in der Falle* der Schmerzen saß und nicht in der Lage war, einen Fluchtweg zu finden – *darin* bestand ihr Leid; *das* war es, was Heilung brauchte! Ihr Leiden bestand in den frustrierenden Versuchen, geistig dem Augenblick zu entrinnen, in ihrem verzweifelten Versuch, die Kontrolle zu behalten, und ihrem Versagen, dies zu schaffen. Ihr Leid bestand darin, dass sie ihre tiefe Verletzlichkeit im Angesicht des Lebens nicht in der Tiefe annehmen konnte.

Körperlicher Schmerz hat die Eigenschaft, uns auf sehr dramatische Weise auf die Wirklichkeit hinzuweisen. Körperlicher Schmerz kann uns wirklich helfen, durch alle Vorstellungen von uns selbst hindurchzubrechen, wenn wir bereit sind, uns wirklich darauf einzulassen.

Wir sagen: „Ich habe jetzt Schmerzen". Aber was meinen wir wirklich damit? Lasst uns einmal versuchen, die Geschichte der Schmerzen beiseitezulassen, und stattdessen zu dem zurückkommen, was wirklich in diesem Augenblick geschieht. (Und letztlich bezieht sich alles, was ich hier sage, nicht nur auf körperliche Schmerzen, sondern auf jede Art von Schmerz – Ängste, Wut, Traurigkeit, Schuld, Eifersucht, Langeweile, Trauer. Schmerz ist all das, was jetzt, in diesem Augenblick, wehtut.)

Komm also zurück zur *Erfahrung* des Augenblicks, des Jetzt , dem, was gerade jetzt geschieht. Was finden wir da? Alle möglichen Gedanken, alle Gefühle, alle Geräusche tauchen auf und verschwinden in dem, was du bist, wieder.

Geh dann zu deinem Schmerz. Und einen Moment lang, als eine Art *Experiment*, lass die Geschichte deines Schmerzes einmal los – all die Schlussfolgerungen, all deine Annahmen, alles, was du über Schmerz weißt, all deine Beschreibungen, wie er sich anfühlt, all deine Erinnerungen daran, wie er war. Stattdessen erkunde deine *gegenwärtige Erfahrung*, so, als ob du das zum allerersten Mal tun würdest. Was ist wirklich da, jenseits all deiner Vorstellungen davon, was da ist. Worin besteht die Wahrheit des jetzigen Augenblicks?

Vielleicht fängst du an zu merken, dass das, was du Schmerz genannt hast, in Wirklichkeit überhaupt kein Schmerz ist. Was ich damit meine? Ich meine, dass es da nichts Statisches gibt, nichts Unbewegliches, Getrenntes, Festgeschriebenes – du wirst nichts Unbewegliches entdecken, das Schmerz genannt wird.

Selbst wenn der Schmerz sich sehr handfest anfühlt, schau ihn dir genauer an – und noch genauer. Wie wir schon erkannt haben – die lebendige Erfahrung des Augenblicks ist niemals statisch. Eine Welle besteht daraus, dass sie immer in Bewegung ist, selbst wenn sie aus der Entfernung statisch aussieht. Wir sagen dann: „Ah, da ist eine Welle, und ich weiß doch, was eine Welle ist", aber in der Zeit, die es brauchte, genau diese Worte auszusprechen, ist die Welle nicht mehr dieselbe Welle. Worte scheinen Dinge festzuschreiben, aber die Wirklichkeit ist niemals fest. Sie ist immer eine neue Welle, und dann wieder eine neue. Die Wirklichkeit verändert ständig ihre Form. Im selben Moment, in dem du versuchst, eine Welle zu beschreiben, indem du vielleicht sagst: „Sie sieht so und so aus" oder „Ich mag, wie sie aussieht", ist dieser Moment schon vorbei, die Form der Welle hat sich schon wieder verändert, und das, was du vor einem Moment noch gesagt hast, ist auf *diesen* Moment schon nicht mehr anwendbar.

Das Leben ist in ständiger Bewegung, und das Denken kämpft immer darum, hinterherzukommen. Das Leben geht immer dem Denken voraus. In diesem Sinne ist jeder Gedanke nur ein Nach-Denken!

Komm deshalb zurück zu deinen Erfahrungswellen, komm zurück zu dem, was du Schmerz nennst. Nimm wahr, dass auch dies nichts Festes ist, sondern in Wahrheit aus allen möglichen kleinen Wellen besteht, allen möglichen Empfindungen, die sich stets verändern, sich bewegen, tanzen. Im selben Augenblick, in dem du eine geistige Schlussfolgerung über eine Empfindung ziehst, hast du schon in gewisser Weise aufgehört, sie zu erkennen und zu fühlen, wirklich zu *fühlen*, was tatsächlich da ist. Komm deshalb zurück zu dem, was wirklich geschieht, und betrachte es jetzt noch einmal.

Lass deine Schlussfolgerung fallen, die das, was du empfindest, Schmerz nennt, und versuche, ganz neu zu entdecken, was wirklich da ist. Wie sind die Empfindungen, die du Schmerz nennst, wirklich beschaffen? Spüre sie – spüre wirklich in sie hinein. Gib ihnen deine unmittelbare, liebevolle Aufmerksamkeit, ohne zu erwarten, dass sie sich deshalb irgendwie verwandeln, und ohne zu versuchen, sie zum Verschwinden zu bringen. Begegne dem, was da ist, ohne Hoffnung. Sind die Empfindungen statisch, fest, oder bewegen sie sich und tanzen in deiner unmittelbaren Erfahrung? Und wenn ja, wie bewegen sie sich? Folge ihnen. Fühlt es sich an, als ob sie in eine bestimmte Richtung gehen, oder gehen sie in alle Richtungen gleichzeitig? Bewegen sie sich in kleinen Kreisen, bewegen sie sich auf und ab, von einer Seite zur anderen oder nach innen und nach außen? Haben die Empfindungen scharfe Kanten, wie kleine Rasierklingen? Oder fühlen sie sich weicher an, runder, zarter? Fühlen sie sich tief an oder flach? Haben die Empfindungen Muster oder Strukturen? Sind sie rau, glatt, klumpig, hervorstechend, pieksend? Vibrieren sie, tropfen sie, flattern oder zittern sie, kommen sie wie Wellen oder wie hochschießende Kurven, lassen sie erschaudern, pulsieren sie oder klopfen sie? Haben sie einen Rhythmus, einen Beat? Haben Sie eine Temperatur? Fühlen sie sich brennendheiß an? Warm? Kalt oder eiskalt? Sind die Empfindungen nur in einem bestimmten Bereich deines Körpers zu spüren, auf irgendeine Weise begrenzt, wie eingeschlossen? Oder fließen sie frei, wie Wasser? Fühlen sie sich flüssig an, hart, dick, schwammig, sirupartig, kitzlig, stechend? Haben die Empfindungen Farben oder Formen oder Geräusche, die man mit ihnen assoziieren könnte? Sind sie vielleicht wie rot, lila, orange, gelb, grün? Sind sie schwarz oder weiß, oder sind sie durchsichtig? Sind sie rund, rechteckig, dreieckig, oval oder etwas ganz anderes? Singen die Empfindungen vielleicht, kreischen oder summen sie, oder sind sie vollkommen ruhig? Sind sie scheu oder haben sie Vertrauen? Fühlen sie sich jung an – oder alt?

Sei dir nicht gewiss, als wüsstest du schon, was du entdecken wirst, gib nicht vor, dass du es schon weißt. Sei immer wieder wie ein *Entdecker*. Werde intim mit dem, was tatsächlich da ist. Gib den armen kleinen Wellen, die schon so lange abgewiesen, vernachlässigt, heimatlos und ungeliebt gewesen sind, deine ganze liebevolle Aufmerksamkeit, und nimm wahr, indem du dies tust, dass sie alle die Erlaubnis haben, da zu sein. Was du bist, hat sie schon zugelassen, ganz gleich, wie fremd oder unangenehm sie auch erscheinen mögen. Empfindungen sind nicht deine Feinde, ganz gleich, wie intensiv sie sich auch anfühlen mögen.

Wenn du über das Wort *Schmerz* hinausgehst – ein Wort, das so viel Ballast mit sich herumschleppt – was entdeckst du dann wirklich in deiner augenblicklichen Erfahrung? Du wirst niemals einen statischen, unbeweglichen, allzeit vorhandenen Klumpen entdecken, der Schmerz genannt wird. Schmerz ist niemals ein Ding in deinem Körper. Er ist immer viel lebendiger als so etwas. Die tatsächliche Erfahrung ist immer unendlich reicher als die Geschichte über die Erfahrung. Du wirst da niemals ein Ding entdecken, sondern du wirst einen Tanz der gegenwärtigen Empfindungen entdecken, mit allen möglichen Formen, Strukturen, Temperaturen, die man letztlich mit Worten nicht beschreiben kann. Selbst die Worte, die ich weiter oben selbst benutzt habe – *scharf, weich, warm* – sind nichts weiter als Beschreibungen. Vielleicht sind sie der tatsächlichen Erfahrung ein Stück näher, aber sie sind dennoch immer nur Beschreibungen, und selbst sie können das, was wirklich geschieht, nicht ganz erfassen. Lass deshalb *alle* Beschreibungen einfach los – und erkunde dich von diesem Ort aus.

Wenn du aufhörst, irgendeine Geschichte daraus zu machen – hast du dann irgendeine Möglichkeit, zu wissen, was Schmerz wirklich ist?

Und wir können dann sogar noch weiter gehen: *Wenn du aufhörst, irgendeine Geschichte daraus zu machen, hast du dann irgendeine Möglichkeit zu wissen, was Empfindungen wirklich sind?*

Wenn du aufhörst, eine Geschichte daraus zu machen, dann ist das Leben ein totales Mysterium, nicht wahr? Und, ja, dieses Mysterium gibt es auch in der Erfahrung des Schmerzes. Schmerz zerstört oder blockiert das Mysterium nicht, er ist voll von Mysterium. Schmerz ist aus Mysterium gemacht. Denn sogar Schmerz ist aus Bewusstsein entstanden. Alles ist aus dem entstanden, was du bist.

Und nimm das mal wahr: Du kannst, wenn du mal über den Ort hinausgehst, in dem du eine Geschichte daraus machst, nicht einmal sagen, dass diese Empfindungen in etwas geschehen, das man „meinen Körper" nennen könnte. Denn eine weitere unserer vielen Annahmen über die Wirklichkeit besteht darin, zu meinen, dass Empfindungen im Körper geschehen. Aber wenn du dich wirklich mit deiner eigenen gegenwärtigen Erfahrung des Lebens verbindest, kannst du dann wirklich diesen festen und getrennten Körper entdecken, in dem die Empfindungen sich abspielen sollen? Oder entdeckst du nicht in Wirklichkeit einfach einen unglaublich lebendigen Tanz gegenwärtiger Empfindungen, eine klingelnde, amorphe Masse mit unmöglich auszumachenden Grenzen, die in dem unbegrenzten und unendlichen Raum des Möglichen auftaucht, der du bist? Ist „der Körper" nicht nur eine weitere Vorstellung, ein Bild, ein Gedanke, eine Erinnerung, die auch in dem auftaucht, was du bist? Kann der Gedanke oder das Bild von „meinem Körper" jemals auch nur anfangen, die unglaubliche Lebendigkeit und Unmittelbarkeit der gegenwärtigen Erfahrung zu erfassen? Kann die unendliche Weite der gegenwärtigen Erfahrung jemals auf einen Gedanken reduziert werden?

Wenn du jemanden bittest, einen Augenblick mal innezuhalten, die Augen zu schließen und seinen Körper zu fühlen – wirklich in die Arme, die Beine, die Füße, die Brust, die Zähne und die Zunge *hineinzuspüren* – und dir zu beschreiben, was er fühlt, dann wird er unweigerlich beginnen, dir eine Geschichte über seinen Körper zu erzählen. Statt seine Arme, seine Beine, seine Füße, seine Brust, seine Zähne und seine Zunge wirklich zu *fühlen*, und zwar genau jetzt, in diesem Augenblick, statt wirklich da zu sein, mit allen Empfindungen, sie zu erkunden, mit ihnen intim zu werden, alle Beschreibungen bleiben zu lassen und stattdessen die eigene Untrennbarkeit von ihnen und die eigene Intimität mit ihnen zu spüren, wird er anfangen, über seine Arme, seine Beine, seine Füße, seine Brust, seine Zähne und seine Zunge *nachzudenken*. Er wird sich in seine *Bilder und Vorstellungen* über seinen Körper verlieren, in seine Erinnerungen, in das, was er von sich *weiß*, statt seinem Körper seine volle, unmittelbare Aufmerksamkeit zu schenken, statt wirklich zu seinen gegenwärtigen Empfindungen zurückzukehren. Er wird *über* seinen Körper nachdenken, er wird *über ihn sprechen und um ihn herum*, statt alles unmittelbar in diesem Moment zu fühlen.

Probiere es aus: Wie fühlt sich deine rechte Hand an? Ja, genau jetzt!

Hast du plötzlich ein inneres Bild von deiner rechten Hand bekommen und angefangen, dieses Bild zu beschreiben? Hast du deine Hand einen Moment lang wirklich gefühlt und bist dann in deine gewohnte Beschreibung der Gefühle gegangen? Es ist leichter, ein Bild zu beschreiben, statt das Mysterium in Worte zu fassen, wie ein Fuß sich anfühlt oder wie ein Arm sich anfühlt oder wie ein Kopfschmerz sich anfühlt. Wer kann wirklich das Mysterium des Kopfschmerzes in Worte fassen? Vielleicht gehen wir deswegen so oft und so schnell in unsere Geschichten – das ist irgendwie sicherer, leichter. Vielleicht möchten wir jemandem die „richtige" Antwort geben. Vielleicht ist die Hinwendung zu unseren Geschichten Teil unserer Suche nach einem beständigen Selbst. Wer weiß?

Wenn man Menschen darum bittet, etwas über ihren Schmerz oder ihr Unbehagen zu erzählen, dann springen sie kopfüber in eine Geschichte *über* ihren Schmerz, statt den Schmerz in diesem Moment wirklich zu fühlen. Sie erzählen dann alles Mögliche über ihren Schmerz, statt *aus* ihm zu sprechen. Sie erzählen dann, wie schlimm der Schmerz ist, wie weh er tut, wie schlimmer oder besser er im Vergleich zum Vortag ist, wie sehr sie böse darüber sind, dass er da ist, wie sehr er ihre Pläne behindert, wie schrecklich oder wie gut ihre Pflege gewesen ist usw. Sie erzählen eine Geschichte über vergangenen Schmerz, über zukünftigen Schmerz, über alles, was sie über ihren Schmerz wissen, sie vergleichen ihren Schmerz mit dem von anderen – und all dies sind wunderbare Möglichkeiten, den Schmerz genau jetzt nicht zu fühlen.

Die Geschichte ist immer nur eine blasse Widerspiegelung dessen, was tatsächlich geschieht, eine „blasse Imitation des Feierns", wie ich es nenne. Jede Geschichte reduziert die Wirklichkeit auf massive Weise, sie versucht, das Rätsel des Lebens auf einige wenige Worte zu reduzieren. Beispielsweise sitzt du gerade auf einem Stuhl oder liegst im Bett. „Ich sitze auf dem Stuhl" oder „ich liege gerade im Bett" ist die Geschichte über dein Erlebnis. Lass diese Geschichte sein. Wie fühlt es sich wirklich an, in diesem Augenblick, genau hier, wo du bist? In der Geschichte geht es darum, dass der Körper liegt oder sitzt, aber wenn wir diese Geschichte einen Moment lang fallenlassen und stattdessen zu der wirklichen Situation im gegenwärtigen Augenblick zurückkehren, was erleben wir dann? Was geschieht, genau jetzt, in der Intimität der Erfahrung des Jetzt? Komm zurück zu dem Klingeln, zur Wärme, zu dem inneren Aufeinanderfolgen der augenblicklichen Empfindungen. Kann diese gegenwärtige Erfahrung wirklich durch Worte oder Bilder dargestellt werden?

Wenn wir zu unserer echten Erfahrung des Jetzt zurückkehren und alle Schlussfolgerungen, alle Geschichten fallenlassen und anfangen, erneut, wie schon früher einmal, unsere Erfahrungen mit der Unschuld eines neugeborenen Kindes zu erforschen, dann entdecken wir einfach diesen erstaunlichen Tanz der Empfindungen, anders von Augenblick zu Augenblick und niemals dieselben. Die Wirklichkeit ist immer weit rätselhafter, unerkennbarer als unsere Geschichte über die Wirklichkeit. Und wir sagen: „Diese Empfindungen passieren gerade in meinem Körper", ohne noch nachzuforschen, ob das wahr ist oder nicht. In der Geschichte geschieht mir der Schmerz. In der Geschichte ist der Schmerz in meinem Körper. In Wirklichkeit ist da ein erstaunlicher, sich allzeit verändernder Tanz der Empfindungen, der sich in dem abspielt, was ich bin.

In Wirklichkeit tanzen die Empfindungen lediglich in dem Raum, der du bist – dem Raum des Bewusstseins selbst. Du erlebst diese Empfindungen auch nicht als etwas, was innen ist – im Gegensatz zu außen, nicht wahr? Sie sind einfach da, gegenwärtig, lebendig. Und ist es nicht ein weiterer Gedanke, den man hinterher an die Erfahrungen anhängt, dass diese Empfindungen „in meinem Körper“ sind? Kannst du wirklich diese Grenze finden, diesen Spalt, diesen Zwischenraum zwischen dem Innen und dem Außen des Körpers, und zwar jetzt und hier, in der lebendigen Erfahrung der Gegenwart? Schließe deine Augen. Komm zurück zu der amorphen Masse der tanzenden Empfindungen, genau jetzt. Ist die Vorstellung, dass du überhaupt einen Körper hast, nicht nur eine weitere Vorstellungen, die in diesem Raum auftaucht? Lass dieses Bild jetzt einmal einen Augenblick lang fallen und komm zurück zu der tatsächlichen Erfahrung. Dort gibt es nur die Empfindung des jeweiligen Augenblicks, nicht wahr? Wenn wir die Vorstellung fallenlassen, dass Empfindungen im Innern des Körpers sein sollen, dann können wir mit der Wirklichkeit eins werden.

Nun: Da das Denken sich in der Welt der Gegensätze abspielt, beginnt es, sobald es eine gegenwärtige Situation mit der Bezeichnung „Schmerz“ versieht, diesen sofort mit etwas zu vergleichen oder in Gegensatz zu setzen, was man „Vergnügen“ oder „die Abwesenheit von Schmerz“ nennen könnte. Und auf diese Weise entsteht sofort ein Urteil, basiert auf dem Wort „Schmerz“. Schmerz ist nun das Gegenteil von etwas und für viele Menschen ruft das Wort „Schmerz“ alle möglichen negativen Assoziationen hervor. Schmerz ist schlecht. Schmerz bedeutet Gefahr. Schmerz ist böse. Schmerz ist eine Strafe Gottes. Schmerz bedeutet, dass ich nicht geliebt werde. Schmerz bedeutet, ich bin schwach. Schmerz bedeutet, ich habe versagt. Schmerz bedeutet, dass etwas grundlegend falsch mit mir ist. Schmerz ist ein wirklich starkes Wort. Du könntest sagen, dass in dem Moment, in dem du etwas mit dem Wort Schmerz bezeichnest, wir aufhören zu erkennen, was wirklich da ist. Wir sind stattdessen in einer Geschichte gelandet, die davon handelt, was da ist. Du könntest sagen, dass Schmerz die erste Schicht der Illusion ist. Versteckt in diesem Wort liegen alle möglichen Arten von Urteilen, Glaubensmustern und Ängsten. Das Etikett „Schmerz“ ist in Wirklichkeit ein Urteil, eine Meinung, nicht etwas, das unabhängig von dir existiert.

Die zweite Schicht der Illusion ist, dass du der Besitzer des Schmerzes bist. „Schmerz“ wird so zu „meinem Schmerz“ (Diese Illusion, dass der Schmerz dir gehört, kann man auch auf andere Gefühle anwenden: „meine Angst“, „meine Traurigkeit“, „meine Wut“, „meine Langeweile“, „meine Verwirrung“ usw.) Zu Beginn ist der Schmerz, oder wenigstens das, was wir Schmerz nennen, nur, wie wir gesehen haben, ein Bündel Empfindungen, die in dem tanzen, was wir sind.

Diese Empfindungen gehören bis dahin niemandem. Sie sind vom Leben in der Tiefe angenommen und sie sind nicht persönlich. Gehören Empfindungen irgendjemandem? Gehört ein Geräusch irgendjemandem? Gehört ein Gefühl irgendjemandem? Gehört ein Atemzug irgendjemandem? Gehört das Lied eines Vogels irgendjemandem? Gehört irgendjemandem die Wärme der Sonne auf dem Gesicht? Gehört irgendjemandem das Leben? Wenn du das Leben als das erkennst, was es ist, dann kannst du erkennen, dass niemand es besitzen kann, denn niemand kann sich vom Leben abspalten. Niemand kann sich umdrehen und sagen: „Das gehört mir." Besitz ist die zweite Schicht der Illusion. Das Leben selbst, einschließlich der intimsten und anscheinend persönlichsten Empfindungen, gehört niemandem.

Aber wir hören nie auf, diesen Prozess infrage zu stellen, und deshalb, bevor wir es noch so recht wissen, ist es „mein Schmerz". Wenn der Schmerz in der Tiefe nicht angenommen wird, dann gehen wir in eine Geschichte von „ich und mein Schmerz": „Der Schmerz ist mein Schmerz", „Der Schmerz gehört mir". „Ich habe Schmerzen", „Ich bin *im Schmerz*", „Ich bin derjenige, der Schmerzen hat". Welche Variante wir auch immer auswählen – diese Geschichte wird zu unserer neuen Identität. Wir werden zu einem Opfer des Schmerzes. Und das ist der Anfang unseres Leidens am Schmerz.

Der ganze Mechanismus des Suchens hängt sich an der Illusion von Trennung und Besitz auf – der Vorstellung, dass das Leben dir widerfährt. Im Kern unseres Leidens steht das Gefühl, dass *uns* etwas Schlechtes widerfährt. Und wirklich ist es das, was das Wort Leiden im Kern wirklich bedeutet – etwas zu er-leiden, etwas aushalten zu müssen. Darin liegt ein Gefühl der Passivität (aus dem Lateinischen p*assio*, was „ich leide" bedeutet), ein Gefühl, keine Kontrolle zu haben, ein Opfer des Lebens zu sein. Aber diese Passivität – das Gefühl, dass das Leben dir zustößt, dass der Schmerz dir zustößt – ist die Illusion, die verdrehte Erscheinung. In Wirklichkeit *stößt der Schmerz dir nicht zu, er stößt keiner getrennten Wesenheit zu*. Er *taucht nur in dem auf*, was du bist. Der Schmerz greift dich nicht an, er tanzt in einem offenen Raum. Die Vorstellung, dass er dir zustößt, ist nur eine weitere Vorstellung, die in dem auftaucht, was du bist. In diesem Sinn kann man sagen, *dass Schmerz real ist, aber Leiden die Illusion, denn Leiden ist die Geschichte, dass der Schmerz dir zustößt, während dies in Wirklichkeit nicht so ist. Leiden, definiert als Besitz am Schmerz, ist eine Illusion.*

Die dritte Schicht der Illusion ist unser Versuch, dem Schmerz zu entkommen. Wenn der Schmerz nicht in diesem Augenblick und ganz in der Tiefe angenommen wird, dann werde ich zu demjenigen, „der in Schmerzen liegt". Und dann beginnt die Suche. Ich möchte ja nicht derjenige sein, der in Schmerzen ist. Ich möchte dem Schmerz entrinnen. Ich möchte derjenige sein, der „nicht in Schmerzen liegt". Ich möchte nicht das Opfer des Schmerzes sein. Ich will jemand anderes sein – ich will eine neue Identität haben! Und so sucht derjenige, der „in Schmerzen ist", nach einem Ausweg aus seiner Identität als Opfer.

Der Geist, der ja dualistisch ist, nimmt den Schmerz und formt daraus das gegenteilige Konzept: keinen Schmerz. Und dann beginnt der Versuch, vom Schmerz (der da ist) weg- und zum Nicht-Schmerz (der nicht da ist) hinzukommen. Und wie wir gesehen haben, gibt es ja in Wirklichkeit keine Gegensätze.

Diese tatsächliche Erfahrung des gegenwärtigen Augenblicks als Tanz der Empfindungen, Augenblick nach Augenblick, hat keinen Gegenpol. Was wir jedoch alle in unserem Suchen zu tun versuchen, ist, von den augenblicklichen Empfindungen weg- und zum Fehlen dieser Empfindungen hinzukommen. Wir versuchen, von dem gegenwärtigen Schmerz weg und zu unserer Vorstellung von Nicht-Schmerz hinzukommen. Ganz offensichtlich ist dies eine unsinnige Bewegung, denn dem Schmerz zu entkommen und uns zu einem Ort hinzubewegen, wo es keinen Schmerz gibt, braucht vor allem Zeit. Aber: Ich will ja *jetzt, in diesem Moment*, frei von Schmerz sein. Aber das Leben kann mir nicht das geben, was ich in diesem Moment will. Ich versuche, mich in diesem zeitlosen Augenblick *vom Hier zum Nicht-Hier* zu bewegen. Ich versuche, mich von dem, *was ist*, zu dem zu bewegen, *was nicht ist*, von dem, *was ist*, zu meiner *Vorstellung von dem, was sein sollte* – und das ist mein Leid, das ist meine Frustration, das ist meine Verzweiflung.

Leiden ist der Versuch einer *unmöglichen* Bewegung, und deshalb tut es so weh.

Wir glauben, dass Heilung die *Abwesenheit* von Schmerz bedeutet, die Abwesenheit von Krankheit, von Unwohlsein. Aber wahre Heilung hat nichts damit zu tun, wie wir den Wellen der Erfahrung entkommen können. Die Heilung, nach der du dich wirklich sehnst, liegt in der tiefsten Annahme des Schmerzes, im Ende deiner Illusion. Die Heilung, nach der du dich wirklich sehnst, ist die Heilung von deiner Identität als ein Opfer deines Schmerzes. Wir wollen in

Wirklichkeit gar nicht frei von Schmerzen sein, wir wollen frei von dem Selbstbild sein, jemand zu sein, der „Schmerzen hat". Wir wollen nicht wirklich frei sein *vom* Schmerz, sondern wir wollen die tiefste Annahme *im* Schmerz.

Sich selbst als den weit offenen Raum zu entdecken, in dem Schmerz auftaucht, und nicht die Geschichte von jemandem erzählen, der vom Schmerz attackiert wird, das ist wahre Heilung – die Heilung der Identität – und sie geht weit über die körperliche Heilung hinaus.

Menschen, die viel unter Schmerzen leiden, sagen oft Dinge wie „Ich fühle mich, als ob mein Körper sich gegen mich gewandt hätte." Aber wenn du entdeckst, wer du wirklich bist, dann erkennst du, dass es für deinen Körper gar nicht möglich ist, sich gegen dich zu wenden. Vor einigen Jahren hatte ich eine Operation an einem sehr empfindsamen Teil meines Körpers und als Folge davon musste ich einige Wochen mit wirklich starken Schmerzen im Bett liegen. Es gab da ein scharfes, stechendes Gefühl, und oft schossen mir die Tränen in die Augen. In diesen Tagen wusste ich als intelligenter Mensch natürlich, dass es keinen Sinn macht, *mehr Schmerz zu erleben als nötig*. Darin liegt nämlich ein weiteres dieser spirituellen Konzepte, die wir aufschnappen – die Vorstellung, dass wir der Freiheit umso näher kommen, je mehr wir leiden. Aber *Leiden ist nicht der Weg zu zukünftiger Freiheit; Leiden ist eine Einladung, sich jetzt frei davon zu machen*. Und deshalb bat ich natürlich um Schmerzmittel, bekam Morphium und das half wirklich. Dennoch war der Schmerz immer noch da.

Oft fragen mich die Menschen: „Jeff, wenn man wirklich alles zulässt, einschließlich des Schmerzes, warum braucht man dann Schmerzmittel?" Meine Antwort darauf ist: „Wenn alles hier angenommen und zugelassen ist, dann sind es auch Schmerzmittel." Schmerzmittel sind Teil des Lebens. Mir erscheint es nicht sehr intelligent, mehr Schmerzen ertragen zu wollen als notwendig. Und wenn du dich dagegen entscheidest und keine Schmerzmittel nimmst, dann ist das auch okay.

Letztlich führen weder Schmerzmittel noch keine Schmerzmittel zu echter Heilung, was das ist, wonach wir uns wirklich sehnen und wovon dieses Buch berichtet. Schmerzmittel mögen in der Lage sein, körperlichen Schmerz zu beenden, aber der wirkliche Lebensschmerz liegt im Leiden, im Suchen, in der Identität, in dem Versuch, die Erfahrung der Gegenwart zu kontrollieren. Und dafür gibt es kein Zaubermittel. Es gibt kein Zaubermittel, um das Suchen zu beenden. Wenn es das gäbe, dann wären spirituelle Lehrer, Gurus und Therapeuten schon seit vielen Jahren arbeitslos.

Nein, in diesem Buch geht es um eine Art Heilung, die kein Mittel (oder sein Nichtvorhandensein) dir geben kann – es geht um die Ganzheit, die du bist. Medikamente können die chemischen Reaktionen des Gehirns beeinflussen. Tabletten können dir ein Gefühl des Highseins geben. Aber Tabletten können und werden niemals Ganzheit herbeiführen. Tabletten können dir kein tiefes Angenommensein schenken. Vielleicht können sie dafür sorgen, dass du dich ein wenig entspannter fühlst, aber sie können dich nicht erwecken, sodass du merkst, dass du lediglich einem Bild von dir selbst folgst.

Kann die tiefste Annahme des Lebens mitten in der Erfahrung extremsten Schmerzes geschehen? Während ich vor Jahren im Bett lag und ein unglaublich intensiver Schmerz durch einen sehr empfindlichen Teil meiner Anatomie schoss, entdeckte ich, dass dieser Schmerz auf der tiefsten Ebene meines Seins ganz okay war. Das war eine überwältigende Erkenntnis, die mich direkt im Herzen meines Leidens traf. Mein Feind war nicht der Schmerz. Der Schmerz war lediglich das Leben, das sich als Schmerz zeigte – und wenn man über diese Geschichte hinausgeht, war er nichts weiter als als ein ewig anhaltender Tanz von Empfindungen. Der Schmerz blockierte das Leben nicht – er *war* das Leben, in diesem Augenblick. Der Schmerz stand dem Leben nicht im Wege – er war ein vollkommener und vollständiger Ausdruck eben dieses Lebens. Der Schmerz war äußerst lebendig. Er war der Ozean, der sich als Schmerzwelle zeigte. Der Schmerz tat dadurch nicht weniger weh – lasst uns diese Wirklichkeit nicht bestreiten oder vorgeben, sie sei irgendwie anders. Er schmerzte immer noch, aber auf der tiefsten Ebene war er okay. Er tat weh, aber ich war nicht „derjenige, dem etwas wehtat“. Er tat weh, aber auf irgendeine unverständliche Art und Weise konnte er mich nicht wirklich verletzen. Und er war darin angenommen, so lange da zu sein, wie er da war. Er war in mir zu Hause.

Es war ziemlich schockierend, die Weite zu erkennen, die vollkommene Einschließlichkeit, die allumfassende Natur dieser Tiefenakzeptanz. Der Schmerz war zutiefst okay – und was auch zutiefst okay war, war ich, die Persönlichkeit Jeff, der nicht wollte, dass dieser Schmerz da war. Ich glaube, dass genau darin die riesengroße Fehleinschätzung spirituell Suchender liegt – dass sie meinen, dass sie *persönlich* mit allem, was geschieht, einverstanden sein müssen. Was für eine enorme Last darin liegt, zu glauben, dass du mit allem einverstanden sein musst, und zwar immer und zu jeder Zeit – und dass du vorgeben musst, dass du mit allem einverstanden bist, selbst wenn das gar nicht wahr ist! Wie gesagt, die Tiefenakzeptanz muss nicht notwendigerweise bedeuten, dass du mit dem Schmerz einverstanden bist. Das Leben sagt auch vollkommen Ja zu deinem Nichteinverstandensein mit dem Schmerz. Diese Tiefenakzeptanz nimmt „dich" aus dem Bild heraus. Es ist ein kosmisches Okaysein, das darüber hinausgeht, ob du sagst: „Ich bin okay" oder „Ich bin nicht okay".

Also, der Schmerz ist da, und was auch auftauchen kann, ist eine Ablehnung des Schmerzes, einen Abneigung gegen den Schmerz. Und es war so erleichternd – und eine Offenbarung – in der Lage zu sein, im Bett zu liegen und kein Selbstbild aufrechterhalten zu müssen, auch kein Selbstbild eines Erleuchteten oder Erwachten oder von jemandem, der mit seinem Schmerz einverstanden ist! Ich war vollkommen frei, auf den Schmerz endlich in authentischer, ehrlicher und menschlicher Weise antworten zu dürfen, nach Jahren der spirituellen Umleitung, des Vorspielens und der Verleugnung. *Ich war frei zu sagen: „Ich kann diesen Schmerz nicht ausstehen!", meine Ablehnung des Schmerzes zum Ausdruck zu bringen und, auf einer tieferen Ebene, ein vollkommenes, allumfassendes Einverständnis mit der ganzen Situation zu haben.* Unter der ganzen Bewegung liegt ein kosmisches Einverständnis, das nicht sterben kann.

Dabei ging es nicht darum, mir einfach *einzureden*, dass ich etwas annahm, wenn ich es in Wirklichkeit ablehnte. Es ging auch nicht darum, *vorzuspielen*, dass ich damit einverstanden war – zu versuchen, spirituell zu sein, zu versuchen, friedlich zu sein oder jemand anderer zu sein, als ich war. Es ging vielmehr um radikale Ehrlichkeit. Es ging darum, den Schmerz zu erkennen, ihn zuzugeben, ihn zuzulassen und zu entdecken, dass der Schmerz vollkommen ins Leben treten durfte. Indem ich den Schmerz *zuließ*, war der Schmerz *zugelassen*. Da gab es also diesen Schmerz *und* Jeff mochte ihn nicht besonders. Aber schließlich: Wer mag schon Schmerz? Wer würde sich für Schmerz entscheiden, wenn er die Wahl hätte?

Schmerz ist ein wunderbarer Lehrer, denn er zeigt dir, dass du letztlich, in diesem Augenblick, keine Wahl hast. *Du hast keine Kontrolle*. „Nicht mein Wille geschehe, sondern der deine", wie Jesus sagte. Und darin besteht die Befreiung, genau an dieser Stelle.

Der Schmerz war angenommen, genauso wie derjenige, der mehr oder weniger erfolgreich versuchte, dem Schmerz zu entrinnen. Der Schmerz war zugelassen, ebenso wie derjenige, der Freiheit vom Schmerz suchte. Worin also bestand das Problem? *Im* Schmerz, *im* Leid war ich ganz. Im Schmerz, in dem extremen Leid, war ich geheilt – vollständig geheilt. Geheilt jenseits des Verstehens. Geheilt jenseits allen Verstehens. Geheilt von der Last, derjenige zu sein, der Schmerzen erleidet. Geheilt von dem Drehbuch meines „gegenwärtigen und zukünftigen Schmerzes". Geheilt von der Illusion, dass der Schmerz *mir* passierte. Diese Art Heilung bedeutete nicht, dass der Schmerz sich augenblicklich verflüchtigte, aber auf eine bestimmte Weise wurde er zweitrangig. Diese allzeit gegenwärtige Heilung war das, wonach ich in Wirklichkeit gesucht hatte.

„Durch diese Wunden werden wir geheilt", heißt es in der Bibel – und durch meine Wunden wurde ich geheilt. Das ist die überwältigende Erkenntnis: Die Heilung – in anderen Worten, die Ganzheit, die Vollständigkeit, die Heimat, die wir immer gesucht haben – ist in Wirklichkeit genau hier, in den Wunden, mitten im Schmerz, im Zentrum genau der Erfahrung, der wir zu entkommen versuchen. Wir werden mitten in dem geheilt, vor dem wir weglaufen. Wir werden nicht *vom* Schmerz geheilt, sondern wir sind geheilt, schon jetzt geheilt, *in* unserem Schmerz.

Man könnte sogar noch weiter gehen und sagen, dass uns in Wirklichkeit der Schmerz heilt. Wenn man ihn als das erkennt, was er ist, dann bringt der Schmerz unsere Aufmerksamkeit ins Hier und Jetzt zurück – und zu dem weit offenen Raum, der all unsere Erfahrungen enthält und sie zulässt, wenn sie kommen und gehen. Er bringt unsere Aufmerksamkeit zurück zu der Tatsache, dass niemand „in Schmerz ist" – sondern dass ganz einfach hier, in dem Raum, der ich bin, Schmerz auftaucht. Auf diese Weise heilt dich der Schmerz von der Vorstellung, dass du ein Opfer des Schmerzes bist. Er heilt dich von deiner Illusion, die Kontrolle zu haben. Er bringt dich zu diesem Augenblick zurück, in dein wahres Zuhause. Er sagt: „Ich darf hier sein, ganz egal, was du davon hältst. Siehst du, ich darf in dem, was du bist, bereits sein. Ich bin schon da. Du konntest mich nicht verhindern. Aber du hast nichts zu befürchten: Ich bestehe nur aus dem, was du bist. Ich kann das, was du wirklich bist, nicht zerstören."

Ja, auf irgendeine Art und Weise, die du niemals verstehen wirst, heilt dich der Schmerz von dem Schmerz. Heilung entsteht mitten in allem, vor dem wir wegzulaufen versuchen. Traurigkeit hilft dir, die Traurigkeit zu überwinden. Angst hilft dir dabei, die Angst zu überwinden. Wut hilft dir, die Wut zu überwinden. Im Kern der schlimmsten Angst gibt es niemanden, der „in Angst" ist. Es gibt niemanden, der von der Angst getrennt ist. Da ist niemand, der Angst hat. Im Kern dieser Kreuzigung, im Kern des allerschlimmsten Schmerzes, findest du Heilung. Vielleicht weisen alle Religionen und spirituellen Lehren letztlich auf diese Wahrheit hin.

Diese Tiefenakzeptanz revolutioniert unsere Haltung gegenüber dem Schmerz, unsere Beziehung zu ihm, unsere Ängste, die ihn umgeben. Plötzlich ist der Schmerz, auch wenn er *wirklich weh tut*, nicht länger ein Feind. Er ist ein Wegweiser, der uns auf das zurückweist, was wir in diesem Moment wirklich sind, und der alle unsere falschen Vorstellungen davon, wer wir sind, zerstört. Der Schmerz ist deshalb sogar irgendwie *voll Mitgefühl*, im wahrsten Sinn des Wortes; er zerstört alle unsere Illusionen, die wir über uns haben. Nichts Unwirkliches kann in dieser mächtigen Liebe überleben.

Schmerz und Zeit

Was häufig zusammen mit körperlichem Schmerz auftaucht, ist eine Stressreaktion – wir sind ängstlich, nervös, geistig unruhig – eine Lawine von Geschichten darüber, was irgendwann in der Zukunft geschehen oder nicht geschehen wird. Ich erlebe genau jetzt Schmerz (oder Angst oder Traurigkeit oder irgendein unangenehmes Gefühl), aber ich machen mir sofort Sorgen, wie lange der Schmerz anhalten wird, ob oder wann er endlich vorbei ist oder wie schlimm er noch werden wird. Werde ich den Rest meines Lebens solche Schmerzen haben? Wird er so stark bleiben, wie er ist, wird er vielleicht sogar noch schlimmer werden? Und was ist, wenn er unerträglich wird? Was ist, wenn er mich letztlich umbringt? Was ist, wenn…?

Der Geist scheint immer zu versuchen, Dinge schlimmer aussehen zu lassen, als sie in Wirklichkeit sind. Du wirst immer entdecken, dass deine Geschichte der Wirklichkeit schlimmer klingt, als die Wirklichkeit wirklich ist. In Wirklichkeit hast du es nämlich immer nur mit dem jeweiligen Augenblick des Schmerzes zu tun. Nur mit diesem Moment. Nur mit dem, was gerade jetzt geschieht. In deiner Geschichte jedoch hast du es mit dem Schmerz in einer bestimmten

Zeit zu tun. In deiner Geschichte hast du es mit einer ganzen Vergangenheit und Zukunft des Schmerzes zu tun! Es kann sogar sein, dass du dich davon zu überzeugen versuchst, dass du es ein ganzes Leben lang mit diesem Schmerz zu tun haben wirst, was zu unerträglich klingt, als dass man darüber nachdenken wollte. Es ist das, was der Geist sprichwörtlich unter der Hölle versteht. Aber in Wirklichkeit gibt dir das Leben immer wieder eine Chance, es schenkt dir immer nur diesen einen Moment, und du hast niemals eine *unmittelbare* Erfahrung eines Lebens voller Schmerzen. In Wirklichkeit gibt es so etwas wie „immer“ oder „ewig“ oder „niemals endend“ gar nicht. Die Hölle ist eine Ausgeburt des Denkens, nichts anderes.

Stell dir einmal vor, du sitzt in einem Flugzeug, und es gibt ernsthafte Turbulenzen. Wenn du dir vorstellst, dass diese Turbulenzen zu viel für die Maschine sein könnten und dass das Flugzeug abstürzt, dann wirst du eine enorme Stressreaktion in dir spüren. Das Denken ist großartig dabei, sich Geschichten über zukünftige Katastrophen auszumalen. Aber wie sieht die Wirklichkeit in dieser Situation aus? Das Flugzeug fliegt durch einen Abschnitt rauer Luft und als Folge davon wirst du ein wenig durchgeschüttelt. Das ist die Wirklichkeit – du wirst – gerade jetzt – in deinem Sitz ein wenig durchgeschüttelt. Mehr nicht. Aber da das Denken nur in der Zeit stattfindet, sagt es dir: Naja, im Augenblick ist das ja noch okay, aber im nächsten Moment ist es vielleicht gar nicht mehr okay. In diesem Moment kann ich es noch aushalten – ich lebe ja noch – aber gleich, im nächsten Moment wird es unerträglich werden und ich werde sterben. Die Turbulenzen werden wahrscheinlich immer schlimmer werden.“ Als Folge dieser Gedanken können sich ein Gefühl von Übelkeit im Magen, eine Kurzatmigkeit, eine Enge in der Brust und in der Kehle und Herzrasen einstellen. Und vergiss nicht, der Körper kennt den Unterschied zwischen einer wirklichen Bedrohung und einer nur vorgestellten Bedrohung nicht. Du gerätst in große Angst – so, als ob die Dinge sich galoppierend zum Schlechteren hin entwickeln würden. Und der Körper bereitet sich darauf vor, zu kämpfen oder zu flüchten – oder darauf, dass er im Falle eines Absturzes sterben wird.

Und so sitzt du da, in diesem Flugzeug, und bereitest dich darauf vor, zu sterben, während der Pilot ganz ruhig das Flugzeug weiterfliegt. Er ist schon hunderte von Malen durch ähnliche Turbulenzen geflogen, und ihm bedeuten sie überhaupt nichts. Die wirkliche Turbulenz ist also nicht außen, sondern sie befindet sich in deinem Denken. In deiner Phantasie fliegst du in einem Flugzeug, das praktisch schon abgestürzt ist! In deiner Vorstellung erlebst du schon das Unausweichliche.

Du sagst dann vielleicht: „Also, Flugzeugabstürze kommen doch vor, deshalb bin ich doch nicht total verrückt!" Und ich würde antworten: „Ja, aber das Flugzeug ist doch noch gar nicht abgestürzt." Denn so lange du denken kannst, dass es passieren könnte, ist noch nichts passiert. In diesem Augenblick, jetzt, ist deine schlimmste Befürchtung noch nicht Wirklichkeit geworden. In diesem Moment ist sie noch nicht real. Und auch nicht in diesem, jetzt. In Wirklichkeit kommen wir nie, niemals zu jenem unerträglich Moment, vor dem dein Geist sich so schrecklich fürchtet. Es gibt nämlich nur die Gedanken über diesen unerträglichen Augenblick, der Augenblick selbst kommt nie. Wenn Dinge wirklich unerträglich wären, wenn der Schmerz tatsächlich zu viel für den Körper wäre, wenn die Wut oder die Angst dich tatsächlich überwältigen würden, wenn die Trauer dich wirklich zerreißen würde, dann würde dein Körper bewusstlos werden. Solange du bei Bewusstsein bist, kannst du das ertragen, was im Moment gerade geschieht, selbst wenn du denkst oder fühlst, dass es unerträglich ist. Es gibt so etwas wie unerträglichen Schmerz nicht. Als Bewusstsein selbst erträgst du es, wenn es geschieht, wenn es in der lebendigen Erfahrung des Jetzt erscheint – genauso wie der Ozean jede Welle erträgt, selbst wenn sich diese Welle im Augenblick unerträglich *anfühlt*.

Du fühlst dich vielleicht, *als ob* etwas unerträglich wäre – *als ob* du sterben würdest, *als ob* du damit nicht fertig werden würdest, du kannst dich vollkommen überwältigt *fühlen*, du kannst dich angesichts der Umstände *hoffnungslos fühlen oder hilflos* – aber du kannst dieses Unerträgliche nicht *sein*. Wie wir schon gesehen haben, kannst du als der offene Raum niemals ein Hoffnungsloser sein, eine Überwältigte, ein Hilfloser, denn das, was du bist, schenkt selbst dem scheinbar noch so überwältigenden Gefühl immer noch Raum. Du magst vielleicht das Gefühl haben, dass du damit nicht umgehen kannst, aber das, was du bist, kann mit allem umgehen, jetzt, in diesem Augenblick – und es gibt immer nur diesen Augenblick. Du magst dich vielleicht fühlen, als ob du gleich sterben würdest, aber das, was du bist, ist gerade jetzt ziemlich lebendig. Als Bewusstsein versuchst du damit umzugehen, was möglicherweise demnächst erscheinen wird – sonst würde das, was erscheint, gar nicht erscheinen. Und wenn es wirklich unerträglich wäre, wenn das Leben wirklich unmöglich zu ertragen wäre, würdest du gar nicht da sein und es nicht erleben.

Diese Erkenntnis könnte deine grundlegendste Lebensangst wegblasen. Du wirst diesen unerträglichen Augenblick niemals erreichen, genauso wie eine Welle niemals wirklich das Ufer erreicht. In dem Moment, in dem sie auf das Ufer trifft, ist sie keine Welle mehr. Deshalb hat auch noch nie jemand seinen Tod erlebt. Der Tod ist keine Erfahrung, die „du" hast; die Welle kann ihre eigene Nichtexistenz nicht erleben. Letztlich gibt es also nichts zu befürchten – selbst wenn eine sehr intensive Furcht auftaucht.

„Ich werde das nicht schaffen. Ich kann das nicht hinnehmen. Es ist mir zu viel. Das wird mich umbringen." Dies alles sind schlichte, leidenschaftliche Ausdrucksformen von Angst – einer Angst, die nicht in der Tiefe angenommen ist. „Es ist unerträglich" bedeutet nicht, dass du im wortwörtlichen Sinn nicht in der Lage bist, etwas zu ertragen; es bedeutet nicht, dass da jemand ist, der „unfähig ist, das zu ertragen", und dass dies alles ist, was du wirklich bist. Du *fühlst* dich gerade nicht in der Lage, dies zu ertragen, aber diese Angst macht dich nicht aus. Die Wahrheit ist, dass du es gerade aushältst, jetzt, in diesem Augenblick. Und in diesem Moment, den du ja gerade erträgst, gibt es eine tiefe Angst, dass du dies nicht länger ertragen kannst – dass du nicht über die dafür notwendige Stärke verfügst. Es gibt ein Gefühl, dass du zu schwach bist, es auf dich zu nehmen. Auf der Ebene tiefster Akzeptanz jedoch dürfen alle diese Wellen sein – sie können alle auftauchen. Der Schmerz *und* das Gefühl, ihn nicht zu ertragen, sind hier vollkommen angenommen. Und du erträgst sie gerade beide – auf vollkommene Weise. Das ist dann doch nicht so unerträglich – nicht wahr?

Letztlich siehst du dich nie etwas gegenüber, das du nicht ertragen kannst. Das Leben gibt dir nichts, mit dem du nicht auf irgendeine Weise umgehen könntest – auch nicht das Gefühl, dass du nicht in der Lage bist, mit dem Leben selbst umzugehen. Denn du bist das Leben, und das Leben ist nicht gegen dich. Denke daran: Wenn eine Welle in deinem Erleben des Jetzt auftaucht, dann hat das, was du wirklich bist, schon Ja dazu gesagt. Deshalb ist sie überhaupt da. Du siehst dich also nie etwas gegenüber, das nicht schon angenommen ist. Du musst nie das wahrhaft Unannehmbare annehmen.

Erst wenn du beginnst, diesen Augenblick mit dem nächsten Augenblick zu vergleichen, mit einem zukünftigen Augenblick, dann beginnt das Leiden. „In diesem Moment kann ich es vielleicht aushalten, aber im nächsten Moment kann ich es wahrscheinlich nicht mehr. Dieser Moment ist gerade noch erträglich, aber im nächsten Moment wird es nicht mehr so sein. Die Turbulenz ist jetzt gerade noch erträglich, aber im nächsten Augenblick wird sie noch schlimmer werden." Und damit geben wir der Turbulenz dieses Augenblicks eine so viel größere *Bedeutung*, als sie eigentlich hat.

Vielleicht werden die Turbulenzen schlimmer. Aber ohne eine Geschichte, dass sie unerträglich sind, ohne eine Geschichte, bei der dieser Moment mit dem nächsten oder dem vorherigen verglichen wird, wird es immer noch ganz in der Tiefe ein Angenommensein geben. Denn die Tiefenakzeptanz geht nie verloren, ganz gleich, was geschieht. Das, was du bist, ist *immer* da. Die Tiefenakzeptanz ist immer noch da, du kannst sie immer wieder entdecken, selbst mitten in deinen schlimmsten Befürchtungen.

In Wirklichkeit gibt es immer nur *diesen* Moment. Die Zukunft kommt in Wirklichkeit nie, nicht wahr? Die Zukunft existiert nur als eine Geschichte – und als unsere Reaktion auf diese Geschichte, die sich jetzt aufbaut. Und wenn dieser schreckliche Augenblick kommt, dann wird er auch Gegenwart sein, der gegenwärtige Moment. Und die Erfahrung wird sich in diesem Raum abspielen. – in dem Raum, der hier und jetzt ist. Und in diesem Raum, das weiß ich, kann mir nichts begegnen, das das zerstören kann, was ich bin. Lass also die Turbulenzen kommen. Ich weiß zwar nicht, ob sie wirklich kommen, und ich könnte auch nicht sagen, dass ich kaum abwarten kann, dass sie kommen, und ich sage auch nicht, dass ich vorziehe, dass sie auftauchen. Aber wenn sie geschehen, dann kann ich sie zulassen, und angesichts dieser Turbulenzen weiß ich trotzdem immer noch, dass ich der weite, offene Raum bin, in dem das Leben sich abspielt. Das, was ich bin, ist die Stille im Auge des Sturms. Ich muss deshalb den Sturm nicht bekämpfen. Ich bin der offene Raum, in dem der Sturm sich entfalten und wieder vergehen darf. Ich habe keine Angst vor dem Sturm, und zwar nicht deshalb, weil ich so stark und mutig wäre, sondern weil ich den Sturm als Teil von mir sehe. Auf der tiefsten Ebene kann er mich nicht bedrohen. Deshalb lass ihn kommen, wenn er kommen will.

Deshalb muss ich mich nicht länger gegen das wappnen, was kommen will. Ich kann mich angesichts des Lebens entspannen und zulassen, dass es sich vollständig entfaltet, selbst wenn diese Entfaltung Schmerzen mit sich bringt. Als der Raum, in dem der Schmerz erscheinen kann, bin ich größer als der

Schmerz. Ich bin weiter als meine Angst. Ich bin so offen und so weit, dass die Gesamtheit des Lebens – jeder Gedanke, alle Geräusche, Empfindungen und Gefühle – darin Platz hat.

Tatsächlich – wenn ich mich gegen den Schmerz zu wappnen versuche, dann vergrößert das in Wirklichkeit den Schmerz. Indem ich versuche, dem derzeitigen Schmerz auszuweichen, indem ich zukünftigen Schmerz vorwegnehme, spanne ich meinen ganzen Körper an, was dazu führt, dass sich der Schmerz noch stärker anfühlt. Den Schmerz vermeiden zu wollen, verschlimmert den Schmerz. Wenn wir uns dagegen in den Schmerz entspannen, statt uns dagegen zu wappnen, wenn wir in der Mitte des Schmerzes die tiefste Annahme des Schmerzes finden, statt ihn als einen Feind zu sehen, dann können wir entdecken, dass die Heilung immer sehr nahe ist. Wir können trotzdem alles tun, was wir können, um uns auf körperlicher Ebene zu heilen, aber, wie wir gesehen haben, hat wahre Heilung nichts mit dem Körper zu tun. Der Körper wird herumgeworfen, und das, was du bist, ist der weite Raum mitten in der Turbulenz – der Ozean, der mitten in einem tosenden Sturm im Frieden ist, schon jetzt ganz, immer heil.

Die Opfer-Identität

Viele Menschen, die ich treffe, sehen sich auf einer bestimmten Ebene als Opfer ihres Lebens. Ich weiß, dass ich einen großen Teil meines Lebens damit verbracht habe, mich als Opfer zu fühlen. Wenn du religiös aufgewachsen bist, dann hat man dir vielleicht gesagt, dass dein Schmerz (oder deine Traurigkeit oder deine Angst oder irgendein anderes Gefühl oder eine Emotion, mit der du Schwierigkeiten hast) eine Strafe oder eine Prüfung Gottes sei und dass du damit für etwas bestraft wirst, zum Beispiel, in diesem Leben oder in einem vergangenen Leben sündig gewesen zu sein. Vielleicht glaubst du auch, dass du den Schmerz wegen deines Karma erlebst oder weil du vielleicht nicht intensiv genug gebetet hast oder, noch schlimmer, weil du irgendwie verflucht bist. Ich bin mit vielen spirituell Suchenden zusammengetroffen, die den New-Age-Glauben angenommen haben, der sagt, dass sie krank geworden sind, weil sie nicht präsent genug waren oder nicht positiv genug oder weil sie heimlich diese Krankheit aus egoistischen Gründen manifestiert haben oder weil sie ihre spirituellen Übungen nicht sorgfältig genug durchgeführt hätten oder weil sie den

Lehren ihres Gurus nicht buchstabengetreu gefolgt seien. Im Grunde genommen glauben sie alle, dass sie es nicht geschafft haben, das Leben irgendwie zu kontrollieren – und dass sie selbst auf einer tieferen Ebene für ihren Schmerz in der Gegenwart verantwortlich seien.

Vielleicht erfinden wir all diese Geschichten, weil wir uns mit der Wahrheit nicht konfrontieren wollen: dass das Leben nämlich nicht unserer Kontrolle unterliegt. Vielleicht ist es leichter, eine Geschichte über unser Versagen zu erfinden, das Leben zu kontrollieren, als uns mit der Wahrheit auseinanderzusetzen!

„Wenn ich nur oft genug gebetet hätte, dann wäre das nicht passiert", – aber das kannst du gar nicht wissen. „Wenn ich nur eine positivere Einstellung gehabt hätte, wenn ich präsenter gewesen wäre, liebevoller, dann wäre das nicht geschehen", – aber auch das kannst du gar nicht wissen. „Wenn ich mich nur meinem Guru vollständiger hingegeben hätte, dann wäre das nicht eingetreten", – und wiederum: Das kannst du gar nicht wissen! Ich habe viele Menschen gesehen, die sich aufgrund von Theorien, die sie von anderen gehört und nicht selbst überprüft haben, die Schuld dafür geben, Schmerzen zu haben.

Schmerzen und Krankheiten durchkreuzen oft unsere Pläne. Wir haben ein wichtiges Business-Meeting oder eine Gesellschaft geplant, wir wollten vielleicht zu einem Seminar fahren, wir wollten erfolgreich sein, wir wollten vielleicht eine Weltreise machen, wir wollten Spaß haben und vor allem wollten wir nicht krank sein – und nun liegen wir da, im Bett, niedergestreckt von unserem Schmerz. Es fühlt sich wirklich so an, als ob sich die Krankheit „meinem Leben" in den Weg stellt. Sie hält mich davon ab, das zu tun, was ich tun wollte, davon, das zu sehen, was ich sehen wollte, dahin zu gehen, wo ich hingehen wollte. Der Schmerz bedroht vielleicht nicht das Leben als solches, aber es scheint, als ob er durchaus eine Bedrohung für *mein Leben* darstellt. Mit anderen Worten, er bedroht meine Pläne, meine Geschichte über das, was ich bin, meine Geschichte über das, was ich werden will, meine Geschichte darüber, wohin ich fahren wollte oder welche Rolle ich zu spielen gedachte. Vielleicht ist unser gesamtes Leid einfach eine Art Trauer über unsere Pläne, die sich nicht verwirklichen lassen.

Ich bin vielen Menschen begegnet, die sagten, dass eins der schwersten Dinge, mit denen sie fertig werden müssen, wenn sie krank sind, das Gefühl ist, irgendwie etwas von ihrem Leben zu verpassen, besonders, wenn sie den ganzen Tag im Bett liegen müssen. Sie fühlen sich dann abgeschnitten vom Leben, wie eine Art Außenseiter, ungewollt und unverbunden. Jeder, der „da draußen in der Welt ist", hat wahrscheinlich Spaß, lebt sein Leben, sucht und findet das, wonach er Ausschau hält, und hier bin ich, eingesperrt in meine Gefängniszelle, unfähig, dahin zu gehen, wo ich hin möchte, unfähig, meine Suche fortzusetzen. Wir tendieren dazu, Schmerz und Krankheit mit Unvollkommenheit gleichzusetzen – mit Gefühlen wie, ungewollt zu sein, ungeliebt, irgendwie verlassen vom Leben selbst. Warum hat das Leben mir das angetan? Warum hat es mir diesen Schmerz gegeben? Es kann mich einfach nicht lieben. Das Leben scheint die Gesunden zu bevorzugen, und ich fühle mich in meiner Krankheit und meinem Schmerz ganz verlassen. Das ist ein sehr alter Aberglaube.

Denn in Wahrheit kannst du gar nicht weiter vom Leben entfernt oder ihm näher sein. Du kannst nicht mehr oder weniger lebendig sein. Du kannst nicht vom Leben verlassen sein. Du *bist* das Leben, und deswegen *ist* es auch in deinem Schmerz, auch in deiner Krankheit. Du bist nicht weniger ganz, nicht weniger bevorzugt vom Leben, weil du krank bist oder es Schmerzen gibt. Du bist nach wie vor der weite, offene Raum, in dem alles kommt und geht; und keine Menge Schmerz oder Krankheit kann das, was du bist, vermindern. In diesem Sinn kann das, was du bist, auch gar nicht „krank" sein, denn das, was du bist, kann nicht defekt sein. Nur deine Geschichten können defekt sein. Unsere Identität kann „krank" sein. Die Vorstellungen von uns, unsere Fantasien, was geschehen sollte oder nicht – nur diese können in zwei Teile brechen. Was du bist, bleibt jedoch immer eins.

Darum geht es wirklich – Schmerz und Krankheit zerbrechen unsere Geschichten über unser Leben, über unsere Fähigkeit, zu kontrollieren. Wenn wir unter unserem Schmerz und unserer Krankheit leiden, dann trauern wir in Wirklichkeit unseren *Träumen nach – dem, was eigentlich hätte geschehen sollen.* Ohne diese Vorstellungen darüber, was hätte sein sollen, was jetzt hätte sein sollen oder was in der Zukunft hätte geschehen sollen, gibt es einfach nur das, was ist. Die sich stets verändernde Landschaft dieses Augenblicks ist alles, mit dem wir uns im Leben je wirklich konfrontieren müssen. Und wir können gar nicht wissen, ob dieser Augenblick wirklich nicht genauso ist, wie er hätte sein sollen. Wir können nicht wissen, ob die Dinge nicht genauso gemeint gewesen sind, wie sie genau jetzt sind. *Wir können nicht wissen, ob unser Leben wirklich von irgendeiner Art kosmischem Drehbuch abweicht.* Wir können nicht wissen, ob es letztlich überhaupt so ein kosmisches Drehbuch gibt.

Hinter der Geschichte meiner Erkrankung, hinter der Geschichte meines Lebens, das sich nicht so entfaltet, wie ich es mir vorgestellt habe, hinter all den „es sollte" oder „es sollte nicht" ist ein Ich, das jetzt hier ist. Ich atme. Mein Herz schlägt. Geräusche kommen auf. Alle Arten von Gedanken, Empfindungen, Gefühle tanzen. Vielleicht darunter auch Schmerz. Vielleicht darunter auch Angst. Vielleicht darunter auch das Gefühl, ungeliebt zu sein, verlassen, hilflos, schwach, erschöpft, einsam. Wer weiß schon, welche Welle als Nächstes kommen wird? Die große Entdeckung besteht darin, zu bemerken, dass all dies in diesem Raum bereits auf tiefste Weise zugelassen ist. Die gegenwärtige Erfahrung ist von dem, was ich wirklich bin, bereits in der Tiefe angenommen, selbst wenn das, was geschieht, sich wirklich unannehmbar anfühlt. Das, was ich bin, hat alles bereits angenommen. Das, was ich bin, hat bereits zu allem Ja gesagt. Deshalb ist dieser Augenblick so, wie er ist. Die Schleusentore des Lebens sind stets offen. Und wenn ich so zu meiner Erfahrung des Jetzt zurückkomme, stelle ich fest, dass dieser Augenblick niemals unerträglich ist, selbst wenn ich *das Gefühl* habe, dass ich ihn gerade in diesem Moment nicht ertragen kann – genauso wie für den Ozean keine Welle jemals unerträglich ist. Das, was ich bin, lässt alles zu, erlaubt alles, lässt alles durch. Und genau darin besteht der *Friede, der über alles Verstehen hinausgeht*, sogar mitten in Schmerz und Krankheit.

Ebenso wie es nichts außer dem Jetzt gibt
und nichts außer dem Allem und Jedem,
genauso gibt es nie wirklich etwas zu gewinnen,
obwohl der Anreiz des Spiels darin besteht,
uns genau dies glauben zu machen.

Allan Watts

Liebe, Beziehungen und radikale Ehrlichkeit

Deine Aufgabe besteht nicht darin, nach Liebe zu suchen,
sondern lediglich darin, all die Widerstände in dir zu suchen und zu finden,
die du dagegen aufgerichtet hast.

Rumi

Der Ursprung der Beziehungen

Während eines Seminars, das ich gegeben hatte, sagte eine junge Frau zu mir: „Jeff, deine ganzen Vorträge über Ganzheit und Vollständigkeit und tiefste Annahme und darüber, kein festes Selbst zu haben, sind wirklich wunderschön und sehr inspirierend, aber woran ich wirklich Interesse habe, ist, zu verstehen, warum es in meinen Beziehungen immer so viel Streit gibt." Das war eine wundervolle Frage, und wir sprachen lange Zeit über die Beziehung zwischen spirituellem Erwachen und menschlichen Beziehungen. Sind Beziehungen wichtig oder spielen sie überhaupt eine Rolle, wenn es darum geht, aus dem Traum des Getrenntseins zu erwachen? Wenn es kein getrenntes Selbst gibt, wenn ich einfach der weite, offene Raum bin, in dem das Leben sich abspielt, sind dann Beziehungen, wie wir sie kennen, überhaupt möglich? Kann ein offener Raum eine Beziehung zu einem anderen offenen Raum haben?

Gegen Ende des Seminars kam dieselbe Frau erneut zu mir und sagte: „Jeff, nun habe ich es verstanden. Ich suche nicht nach spiritueller Erleuchtung, und ich suche auch nicht nach materiellem Wohlstand, ich suche nicht nach Ruhm oder Erfolg. Aber ich habe jetzt verstanden, dass ich im Kern genauso suche wie die Menschen, die genau das tun. Ich suche nach Liebe, nach einem Partner, der mich lieben und heil machen soll oder der mir das *Gefühl* geben soll, ganz zu sein, und ich erkenne jetzt, dass darin dasselbe Suchen liegt, das Menschen dazu treibt, in Ashrams in Indien zu leben oder 20 Stunden am Tag zu meditieren oder sich zu Tode zu arbeiten, nur um befördert zu werden oder diesen tollen Sportwagen fahren zu können. Ich erkenne jetzt, dass wir alle zusammen in diesem Spiel des Suchens gefangen sind. Wir alle suchen Ganzheit – wir tun es nur auf unterschiedliche Weise. Es ist wirklich niederschmetternd, dies über sich selbst zu sagen."

Im Laufe des größten Teils der Menschheitsgeschichte haben die traditionellen religiösen Institutionen uns ein Gefühl von Sicherheit und Zugehörigkeit vermittelt und uns geholfen, mit der Leere in uns umzugehen. Egal, was geschah, wir konnten immer die Bibel aufschlagen, uns an den Stammesältesten wenden, an den Priester, den Rabbi, den Guru oder an eine höhere Macht, um getröstet zu werden, einen Sinn zu erfahren, eine Zukunftsperspektive zu finden oder Weisheit. Wir konnten auf einen Abschnitt oder auf einen althergebrachten Text hinweisen und sagen: „So soll man leben" oder „Das soll das hier bedeuten". In der heutigen Zeit sind unsere persönlichen Besitztümer, unsere Karriere und Bankkonten, unsere Clubs und Vereinigungen oder der Aktienmarkt zu unseren neuen Göttern geworden. Mehr Menschen als je zuvor bezeichnen sich als Atheisten, Agnostiker, Humanisten, Rationalisten, Skeptiker, weltliche Menschen oder als „spirituell, aber nicht religiös". Viele Menschen möchten nur dann etwas glauben, wenn es „wissenschaftlich bewiesen" ist. Aber die Naturwissenschaft ist dem Rätsel dessen, was wir wirklich sind, nicht einmal nahegekommen. Jede naturwissenschaftliche Antwort führt zu tausend neuen Fragen. Und in den letzten Jahren haben wir buchstäblich den Glauben an die Finanzwelt, an die Banken, Konzerne und Regierungen verloren.

Deshalb ist für viele Menschen, die einen Kanal für ihre Energie des Suchens brauchen, nur noch die romantische Beziehung übriggeblieben. Das ganze Geld der Welt wird mich nicht ganz machen; die Kirche, die Synagoge, der Tempel oder die Moschee vermitteln nicht länger die Erlösung, die ich ersehnt habe, und die Naturwissenschaft hat noch nicht einmal angefangen, meine tiefste Sehnsucht zu erfüllen. Aber noch ist nicht alles verloren. Ich kann mich immer noch durch einen anderen Menschen vervollständigen. Ich kann immer noch den Einen, Besonderen finden, meine andere Hälfte, meinen Gefährten, meine Liebe, und ich werde mich nie von ihm trennen, und ich werde geliebt und umsorgt werden, für den Rest meines Lebens, gesund oder krank. Ich werde endlich ganz sein. Ich werde endlich vollständig sein. Die Liebe zu einem anderen wird mir meine Leere nehmen, dieses Gefühl von Mangel und Unzufriedenheit, die Sehnsucht nach einem Zuhause, die ich tief in mir spüre. Die Liebe zu einem anderen wird mich von meiner kosmischen Einsamkeit heilen.

Ja, wir suchen einander, weil wir einen Gefährten brauchen, weil wir uns fortpflanzen wollen, weil wir genießen wollen. Aber mehr als alles andere suchen wir einander, weil wir Ganzheit wollen. Und diese Erwartung, dass Beziehungen uns vor uns selbst retten könnten, ist der Hintergrund für so viel Freude – und so schreckliches Leid.

Den Einen finden

Schalte einmal das Radio an, und das Schmachten des Suchers dröhnt dir entgegen: „Du machst mich ganz. Du sollst immer bei mir sein. Ich kann ohne dich nicht leben. Ohne dich bin ich nichts. Du bist die Eine, auf die ich immer gewartet habe…" Wir reden darüber, „den Einen" zu finden, und tatsächlich, das ist genau das, wonach der Sucher immer sucht – das eine Leben jenseits der Unzahl seiner Erscheinungsformen. Aber können wir wirklich diesen Einen in Form eines anderen Menschen finden? Kann ein anderer Mensch uns wirklich all die Vollständigkeit schenken, nach der wir immer suchen? Oder ist es wirklich zu viel verlangt, nach jemandem zu verlangen? Ist es eine zu große Last, die man jemand anderem auf die Schulter lädt?

Ich begegne so vielen Menschen, die sich einsam fühlen, unvollständig oder als „Singles", wenn sie nicht in einer Liebesbeziehung sind. Ich erinnere mich daran, dass ich zu der Zeit, als ich noch ein Jugendlicher war, glaubte, mit mir stimme etwas nicht, weil ich keine Partnerin hatte, jemanden, mit dem ich „mein Leben teilen konnte". Ich sah mich um und sah all diese strahlenden, glücklichen Menschen, diese vollkommen erfüllten, liebevollen Paare, die sich niemals je einsam fühlten, und ich sehnte mich nach dem, was sie zu haben schienen. Ich hatte das Gefühl, dass in meinem Leben etwas enorm Wichtiges fehlte. Und dann hörte ich wieder die Stimme des Suchers: „Etwas fehlt!" Die Erleuchtung fehlt. Die Liebe fehlt. Der Erfolg fehlt. Die Freude fehlt. Der Friede fehlt. Der Sucher lebt in einer Welt, in der immer „etwas fehlt", in einer Welt des Mangels, und er schaut sich in der Welt um und sieht andere, die scheinbar das haben, was ihm fehlt. Und daraus können Gefühle von Minderwert und Eifersucht resultieren, vor allem, wenn wir anfangen, uns mit anderen zu vergleichen.

Der Beziehungssucher, besessen davon, „den Einen" zu finden, den einen Menschen, der ihn vervollständigen wird und seine Suche nach Liebe beendet, der

Sucher, der auf dieser Suche von Beziehung zu Beziehung wechselt, ist genau wie der spirituell Suchende, der besessen davon ist, Erleuchtung zu finden und einem Guru nach dem anderen folgt, um sie zu erlangen. Aber ein Guru nach dem anderen enttäuscht ihn so lange, bis er anhält und darüber nachdenkt, ob nicht vielleicht seine endlose Suche selbst ihn immer weiter von der Erleuchtung entfernt, nach der er sich doch so sehr sehnt. Vielleicht ist es gerade diese Suche nach Erleuchtung, die ihn davon abhält, zu bemerken, dass die Erleuchtung schon längst da ist.

Vielleicht führt gerade unsere Sehnsucht, durch unsere Beziehungen ganz und heil zu werden, dazu, dass wir letztlich in diesen Beziehungen keine wirkliche Intimität finden können. Stellt euch jemanden vor, der jede Kunstgalerie der Erde besucht, jede Ausstellung, jedes Museum, um das eine Kunstwerk zu finden, das ihm das Gefühl von Vollstandigkeit schenkt. Er weiß nicht, wie es aussehen wird oder wann und wo er es finden wird oder wie er wissen wird, dass dies das eine Kunstwerk ist, wenn er es sieht. Er weiß nur, dass er es einfach finden muss. Es gibt deshalb so ein Drängen in dieser Suche. Und so geht er also von Gemälde zu Gemälde, von Skulptur zu Skulptur und sieht eigentlich gar nicht wirklich das, was er vor Augen hat. Er ist viel zu beschäftigt damit, „das Eine" zu finden. Und alle Gemälde, an denen er vorbeigeht, sind irgendwie weniger als „das eine". Sie sind weniger schön, weniger magisch, weniger wundervoll. Diese Gemälde sind eigentlich immer nur ein Mittel zum Zweck. Sie sind alle *unvollständig* – jedenfalls im Vergleich mit der fast mystischen Vollkommenheit des „einen".

Und natürlich findet er „das eine" Kunstwerk nie, denn „das eine" existiert in manifester Form einfach nicht.

Wo war denn dann „das eine"? Es war in *jedem einzelnen Gemälde*, an dem er bei seiner Suche nach „dem einen" vorbeigegangen war, das er ignoriert hatte, abgetan hatte. „Das eine" war nicht ein einzigartiges Gemälde – es war in allen Gemälden vorhanden. Das Eine war in allen verborgen. Der Ozean war in allen Wellen, ohne Ausnahme.

Schaut mal, die Liebe, die wir suchen, ist nicht in einer bestimmten Person enthalten, auf dieselbe Weise, wie spirituelle Erleuchtung nicht in irgendeinem Lehrer oder Guru liegt. Die Liebe, nach der wir suchen, ist überall, aber wir verschließen die Augen vor ihr, gerade weil wir nach ihr suchen. Im Thomas-

Evangelium sagt Jesus, als er gefragt wird: „Und wann wird das Königreich kommen?" – „Es wird nicht kommen, wenn ihr es sucht. Es wird nicht eine Frage des „jetzt ist es da" sein oder des „dort ist es". Stattdessen ist das Königreich überall auf der Erde verbreitet, nur dass die Männer und Frauen es nicht sehen."

Unser Geliebter, unsere Geliebte ist bereits überall auf der Erde vorhanden, und wir erkennen ihn oder sie einfach nicht.

Sich verlieben

Zu irgendeiner Zeit in deinem Leben hast du wahrscheinlich die Erfahrung gemacht, dich zu verlieben. Plötzlich ist da in Anwesenheit eines anderen Menschen (oder eines Kunstwerks, einer Blume, eines Musikstücks, eines Sonnenuntergangs) einfach nur noch Staunen, Faszination, Ehrfurcht. Die Vergangenheit und die Zukunft lösen sich auf, die Illusion der Zeit bricht zusammen, und es gibt einfach nur noch das, was ist – und das ist ein unaussprechliches Wunder. Du siehst plötzlich die Wirklichkeit dessen, was oder wer da vor dir ist. Es fühlt sich an, als hättest du endlich gefunden, wonach du immer gesucht hast. Das, wonach du immer gesucht hast, ist plötzlich da, direkt vor deinen Augen. Es fühlt sich an, als würdest du nach Hause kommen, als ob etwas in dir endlich zur Ruhe gekommen wäre.

Aber in Wirklichkeit hast du nicht die Liebe *gefunden*. Niemand hat je die Liebe *gefunden* – als ob die Liebe etwas wäre, das man verlieren oder wiederfinden könnte! Denn du hast ja nicht wirklich das *gefunden*, wonach du gesucht hast! Was in Wirklichkeit geschah, ist, dass deine Suche nach Liebe einen Augenblick lang ganz einfach nicht mehr da war. Der Sucher hat nicht die Liebe gefunden – der Sucher ist einfach verschwunden! Die Suche hat sich endlich entspannt. Für einen kurzen Moment hast du aufgehört, die Liebe zu suchen, und die Liebe, die immer schon da war, hat sich gezeigt. Plötzlich gab es da keinen Sucher mehr und auch keine Zeit, in der man suchen konnte. Plötzlich gab es da niemanden mehr, der vom Leben getrennt war. Es gab nur noch das Leben, in all seinen Rätseln, in all seinem Staunen und seiner zeitlosen Einfachheit.

Liebe ist ein ebenso gutes Wort wie jedes andere, um auszudrücken, was bleibt, wenn die Trennung zwischen uns und anderen sich auflöst. Liebe weist auf die

Intimität hin, die im Zentrum, im Herzen der lebendigen Erfahrung des Jetzt zu finden ist, eine Intimität, die immer da ist, aber nur selten bemerkt wird.

Die Illusion der Trennung fängt an, wenn das Denken sagt: „Ich liebe dich". Mit anderen Worten: Ich, ein getrenntes Wesen, liebe dich, ein anderes getrenntes Wesen. Du schenkst mir die Liebe, die ich gesucht habe. Du vervollständigst meine Suche nach Liebe. Du bist das Ende meiner Suche. Es ist überwältigend, in Gegenwart von jemandem zu sein, der das Ende unserer Suche so sehr verkörpert. Es fühlt sich an, als würde man Gott ins Gesicht schauen. Kein Wunder, dass du in Anwesenheit deines spirituellen Gurus weiche Knie bekommst, wenn du verliebt bist. Kein Wunder, dass du dich manchmal regelrecht überwältigt fühlst. Kein Wunder, dass es sich so anfühlt, als ob dieser Mensch so eine seltsame Macht über dich hat. Du projizierst unbewusst eine Macht auf diesen Menschen, die er gar nicht besitzt.

„Ich" verliebe mich nicht in „dich". Es ist die Illusion des „Ich" und des „Du", die sich auflösen – und das *ist* Liebe. Deshalb sprechen wir davon, dass wir in die Liebe „fallen"(das englische Wort für „verlieben" ist *to fall in love*, wörtlich „in die Liebe fallen", die Übersetzerin). Es ist die Illusion der Getrenntheit, die fällt, und das, was übrigbleibt, ist die Liebe, die schon immer da war, die aber offenbar übersehen wurde, weil man immer nach noch mehr Ausschau gehalten hat.

Niemals sind zwei Menschen jemals „in die Liebe gefallen". Liebe ist der Tod der „beiden". Das, was wegfällt, ist die Illusion der Trennung.

In dem Augenblick, in dem ich glaube, dass irgendjemand mir meine Vollständigkeit geben könnte, fange ich an, mich an diesen Jemand zu klammern, ich möchte ihn oder sie besitzen, sie immer bei mir haben, ich möchte, dass er oder sie mir gehört. Wenn ich die Liebe vergesse, die immer da ist, die Liebe, die ich selbst in meiner Essenz bin, und wenn ich der Illusion verfalle, dass diese Liebe irgendwie in einem anderen Menschen enthalten ist, dann möchte ich diesen anderen Menschen zu „meinem" machen. Du kannst wahrscheinlich die meisten *Partnerschaftskonflikte* bis auf diese fundamentale Illusion des Besitzens zurückverfolgen. „Du gehörst zu *mir*. Du bist *mein*. *Meine* Freundin, *mein* Freund. *Mein* Ehemann, *meine* Ehefrau. *Mein* Partner. Meine Freundin. Und ich will, dass du auf immer meins bist. Denn wer würde ich ohne dich sein?"

Aber hat irgendwer in Wahrheit die Macht, dich *vollständig* zu machen? Enthält irgendjemand die Vollkommenheit, die du suchst? Kann irgendjemand dir wirklich Liebe geben? Oder ist die Liebe, die du bei jemand anderem suchst, in Wirklichkeit die Liebe – das Zutiefst-Angenommensein, das du selbst bist? Und suchst du nicht in Wirklichkeit nach dir selbst, auf Millionen verschiedene Arten und Weisen?

Kann in Wirklichkeit jemand wirklich *mein* sein? Kannst du wirklich einen anderen Menschen besitzen? Bezieht sich das Wort „*mein*" auf etwas wirklich Reales, oder ist es nichts weiter als eine weitere Geschichte des Denkens, das irgendwann auftaucht? Natürlich ist nichts Falsches daran, wenn du glaubst, dass jemand dein ist und dass er oder sie dich ganz macht. Es ist eine wundervolle Geschichte, die man erzählen und wieder erzählen kann, wenn dir das Freude macht. Aber genau hier liegt das Problem: Wenn du versuchst, jemanden in Besitz zu nehmen, dann wirst du unausweichlich anfangen, ihn oder sie auf subtile oder nicht so subtile Weise zu manipulieren. Wenn du Liebe suchst oder Zustimmung, Angenommensein oder Lob oder wenn du auch nur Verständnis von einem anderen Menschen suchst, ganz gleich, wer dieser Jemand ist, dann wirst du ausnahmslos anfangen, Dinge zu sagen oder zu tun, die dem anderen gefallen, ihn beeinflussen, ihn kontrollieren, du wirst im Streit gewinnen wollen, versuchen wollen, ihn oder sie in deinem Leben zu behalten und ihn davon abzuhalten, dich zu verlassen. All dies kommt aus deiner Angst vor dem Verlust, letztlich von deiner Angst, erneut allein und unvollständig zu sein. Die Folge dieser Manipulation ist immer Schmerz, sowohl für dich als auch für denjenigen, den du zu kontrollieren versucht hast.

Bei unserer Suche, in unserem Versuch, diejenigen zu halten, die wir lieben, schleichen sich Bedingungen in unsere Liebe. Wir vergessen, dass Liebe ihrem Wesen nach bedingungslos ist, genauso wie der Ozean bedingungslos in der Annahme seiner Wellen ist. Wir vergessen, wer wir wirklich sind, und fangen an, die Liebe außerhalb von uns selbst zu suchen. Wir vergessen, dass die Liebe niemals das Ergebnis von Manipulation sein kann. Sie kann nicht verloren werden und auch nicht gewonnen – sie *ist* einfach.

Vielleicht suchst du nicht unbedingt Erleuchtung oder Reichtum oder Ruhm oder Erfolg – aber wie hältst du an jemandem fest, wie manipulierst du oder versuchst jemanden zu ändern, nur damit du Liebe bekommst? Und in welcher

Weise verursacht dein Suchen Konflikte in deinen intimsten Beziehungen? Wie hältst du in der Gegenwart anderer Menschen, die dir etwas bedeuten, das zurück, was du wirklich fühlst und denkst, nur aus Furcht vor Zurückweisung oder Angst davor, dass sie gehen könnten? Es ist wahrscheinlich, dass du nach etwas Ausschau hältst, das der andere dir gar nicht geben kann, wenn du in deinen Liebesbeziehungen Konflikte erlebst. Lasst uns das einmal näher untersuchen.

Machtspiele

Es gibt viele Kurse, Selbsthilfebücher, Liebes-Gurus, Paartherapeuten und Lebenshilfe-Coaches, die alle versuchen, dir beizubringen, wie man eine bessere, glücklichere, lange haltende, erfüllende und, noch bedeutsamer, ehrliche Beziehung führt. Aber solange wir nicht verstehen, was grundsätzlich in unseren Beziehungen passiert, ehe wir nicht den Vorgang des Suchens verstehen und ehe wir nicht die Dynamik durchdringen können, die unsere Unehrlichkeit und Unverbundenheit ursprünglich verursacht hat, können wir nicht wahrhaft ehrlich und aufrichtig sein. Wir werden schlicht nur vorgeben, aufrichtig zu sein. Ich möchte einmal einen Blick auf das werfen, was wahre Ehrlichkeit bedeutet und was sie mit unserem Suchen zu tun hat.

Wenn sie danach gefragt werden, was in Beziehungen das Wichtigste ist, dann sagen viele Menschen: „Aufrichtigkeit". Menschen mitzuteilen, was du wirklich fühlst und denkst, authentisch zu sein, verletzlich und zutiefst menschlich in deinen wechselseitigen Handlungen wird als die gesündeste Form des Lebens wahrgenommen. Ich würde hier den Standpunkt vertreten, dass wir nicht wirklich aufrichtig und ehrlich sein können, solange wir suchen – ganz gleich, wie intensiv wir dies versuchen.

Möchtest du nicht auch gern die Wahrheit sagen, wirklich gern zugeben, was die Wahrheit für dich ist, deinem Partner gegenüber, deinen Freunden, deiner Mutter, deinem Vater gegenüber? Wunderbar. Aber solange du etwas von ihnen brauchst – zum Beispiel ihre Liebe, ihre Zustimmung zu dir, ihre Akzeptanz oder die Sicherheit, die von ihnen ausgeht – oder so lange du einfach möchtest, dass sie dich für einen guten Menschen halten, ist dazwischen immer noch Angst, Angst vor Verlust. Um es einfach auszudrücken, solange du suchst, so lange spielst du immer noch ein kleines Spiel, mit ihnen und mit dir selbst, auch wenn du das nicht einmal bemerkst. *Du richtest heimlich dein Verhalten nach ihnen aus, veränderst das, was du sagen willst, versteckst, was du wirklich fühlst, bist vorsichtig – alles nur, um sicherzustellen, dass sie dir weiterhin das geben werden, was du brauchst. Du* versteckst, was du wirklich denkst, was du wirklich fühlst, damit du sie nicht verlierst und auf diese Weise auch nicht die Möglichkeit verlierst, ganz zu werden. Du fängst an, eine Rolle zu spielen, statt wirklich in Beziehung zu treten. Und diese Rolle tritt als Bild von dir in Beziehung und nicht als ein offener Raum, der einem offenen Raum begegnet – und deine Beziehungen können dann so enden, dass sie nicht wirklich zu einem Ende kommen und zutiefst unbefriedigend sind.

Das klingt jetzt so, als wäre es etwas sehr Dramatisches, und du sagst jetzt vielleicht: „Nein, nein, das ist völlig übertrieben. Ich glaube nicht, dass ich will, dass mein Partner mich ganz macht. Und ich spiele auch kein Spiel, ich gebe nicht vor, etwas zu sein, was ich nicht bin – ich bin doch einfach nur ich selbst!" Gut, aber diese Art Suche, die ich meine, kann auf sehr subtile Weise vor sich gehen. Sie kann da sein, selbst wenn du dies nicht einmal merkst. Es ist nämlich so, dass wir unsere Suche nach Liebe nicht *auf eine direkte Weise* erleben. Wir erleben nur die *Nebenwirkungen* dieser Suche – als Spannungen in Liebesbeziehungen, als Unaufrichtigkeiten, als Wut oder Frustration unserem Partner gegenüber, als das nagende Gefühl, dass der andere nicht so ist, wie du ihn haben möchtest, oder auch nicht derjenige, der er nach deiner Vorstellung sein sollte. Oft wird das Suchen erfahren als ein Gefühl von Abgetrenntsein – getrennt von anderen, getrennt vom Leben selbst. In Wahrheit ist es so, dass du, wenn du solche Partnerschaftskonflikte erlebst, wahrscheinlich etwas bei deinem Partner suchst – oder bei einem Freund oder Elternteil oder bei einer Schwester oder bei einem Kind oder bei deinem Chef oder deinem Therapeuten oder bei deinem Lehrer – und zwar, ohne dir dessen bewusst zu sein. Dir selbst ehrlich einzugestehen, was du unbewusst suchst, ist der Schlüssel. Und diese Ehrlichkeit und Aufrichtigkeit fängt immer bei dir selbst an.

Suchen führt immer zu irgendeiner Art von Konflikten, denn letztlich suchst du nach etwas, das niemand dir wirklich geben kann. Jemandem unbewusst die Macht zu geben, dich ganz zu machen, ist der Anfang des Problems. Denn niemand hat die Macht, dich ganz zu machen. Denn die Macht, nach der du wirklich suchst – die Macht, ganz zu werden, die Macht der Verständigung, die Macht der Intimität – wohnt nicht in jemand anderem. Die Verständigung, die du wirklich suchst, ist die Kommunikation mit dem Leben selbst. Und wonach du dich wirklich sehnst, ist die tiefe Vertrautheit mit deinem eigenen Erleben – jeden Gedanken, jedes Gefühl, jede Empfindung zutiefst anzunehmen. Und das kann nur aus dir selbst kommen.

Wonach du dich auf der tiefsten Ebene wirklich sehnst, bist du also selbst – nicht du selbst als die aus dem Denken resultierende Geschichte, die du erzählst, wenn du über dich sprichst, sondern du selbst als der weite, offene Raum, der das ganze Leben enthält, dich selbst als dein wahres Selbst, das, was du bist, jenseits aller Geschichten. Was du suchst, ist das, was du jetzt schon bist. Und da du das nicht erkennst, gehst du in die Welt hinaus und suchst einen anderen Menschen, der dich ganz machen soll.

Wenn du einmal jemandem die Macht gegeben hast, dich ganz zu machen – wenn du einmal deine eigene Macht weggeben hast (letztlich ist es ja nicht einmal deine eigene, aber es ist eine hilfreiche Konstruktion, um jetzt darüber zu sprechen), dann hast du *auch* auf unbewusste Weise diesem Menschen die Macht gegeben, *dir deine Ganzheit zu nehmen*, und zwar zu jeder Zeit.

Wenn du mich ganz machst, dann kannst du mir diese Ganzheit auch wieder nehmen, jederzeit. Wenn du die Macht hast, mir Liebe zu geben, dann hast du auch die Macht, diese Liebe wieder von mir wegzunehmen. Und das ist das Spiel, das wir dann mit anderen zu spielen beginnen.

In dem Moment, in dem du jemand anderem die Macht gibst, dir Liebe zu geben oder sie dir wieder zu entziehen, machst du diesen Menschen zu deinem Guru (jeder Suchende hat eine Art Guru, das werde ich später genauer erklären) und auf irgendeiner Ebene hast du jetzt Angst, denn dieser Mensch hat nun die Macht, dich wieder unvollständig zu machen, dich zurückzuweisen, dir das Gefühl zu geben, nicht geliebt zu werden oder nicht angenommen zu sein, er kann dir das Gefühl geben, ein Nichts oder ein Niemand zu sein, und zwar in null Komma nichts. Und so fängt dein Bedürfnis an, in seiner Gegenwart *aufzupassen* – was du sagst, wie du bist. Mach ihn nicht ärgerlich, oder er wird dir deine Ganzheit nehmen. Rede nicht über das, was ihn aufregt, erwähne das oder das besser nicht, gehe innerlich auf Zehenspitzen, wenn ein bestimmtes Thema angesprochen werden muss, gib vor, etwas wäre nie passiert, bringe dich nicht allzu offen zum Ausdruck, sag ihm, was er hören möchte, und pass auf, dass du ja die richtigen Dinge sagst. Oder du fängst an, das Bedürfnis zu haben, diesen Menschen zu kontrollieren, um irgendeine Art Macht über ihn auszuüben. Du zeigst deine Stärke, deine Intelligenz, wie sexy du bist oder wie überlegen, und das wird den Menschen an dich binden. Ganz egal, wie du es machst, ob sich dein Suchen in Passivität oder in Dominanz ausdrückt, als Unterwürfigkeit oder Überlegenheit – das Ziel ist immer dasselbe: Zeige dich nie *ganz*! Halte dich zurück! Zeige nicht das, was für dich wirklich wahr ist, und halte stattdessen das *Bild von dir* aufrecht, mit dem du ihm oder ihnen gefallen kannst, sie beschwichtigen kannst, sie kontrollieren kannst. Hör auf, zuzugeben, wer du wirklich bist, und lebe aus dem heraus, was du nicht bist.

Diese Macht-Dynamik kann uns erklären, warum viele Menschen in ihren Beziehungen ein solches Drama erleben, ein Drama, das scheinbar aus dem Nichts heraus explodieren kann. Wie schnell kann sich ein: „Ich liebe dich!" – „Mit dir bin ich ganz!" in ein: „Das war's!" – „Ich verlasse dich!" – „Ich hasse dich!" verwandeln – manchmal von einer Sekunde zur anderen. Im Handumdrehen kann Frieden zu Krieg werden. Was geschieht da? Sind Menschen wirklich so irrational und von Natur aus unbeständig, oder gibt es darunter etwas Tieferes? Warum verwandeln sich Beziehungen so leicht in Kriegsschauplätze, auf denen zwei Menschen um ihr Leben kämpfen?

Es gibt ein Sprichwort, nach dem man denjenigen am meisten verletzt, den man liebt. Wir tun das, weil wir so sehr von „demjenigen, den wir lieben", etwas brauchen, und wir sind so schrecklich verletzt, wenn derjenige uns das nicht gibt oder wenn er seine Liebe von uns nimmt, die wir doch so von ihm brauchen und erwarten. Die Liebe deines Lebens kann sich so schnell in deinen schlimmsten Feind verwandeln. In unseren tiefsten Liebesbeziehungen erfahren wir oft den schlimmsten Schmerz. Es scheint also zu stimmen, dass Liebe und Schmerz so nahe beieinander liegen. Es scheint so, dass diejenigen, die wir am meisten brauchen, auch diejenigen sind, die uns den schlimmsten Schmerz zufügen können. Aber in diesem „Brauchen" geben wir ihnen unbewusst Macht. Sie besitzen sie nicht von sich aus – wir geben sie ihnen. Indem wir so sehr suchen, geben wir anderen in unserer Welt die Macht, und dann werden wir zu Sklaven dieser Macht.

Liebe, die Bedingungen stellt, Liebe, die auf dem Suchen basiert, auf Besitz, die davon abhängig ist, dass ich bekomme, was ich will, und versuche, das nicht zu verlieren, was ich besitze, kann sich so leicht in Frustration verwandeln, in Aggression und letztlich sogar in emotionale oder körperliche Gewalt. Wenn ich das nicht bekomme, was ich brauche, wenn mir das entzogen wird, was ich zu meiner Ganzheit haben musste, dann entsteht daraus Konflikt. Diese Art Liebe voll Bedingungen wird mir jedoch niemals das schenken, was ich in Wahrheit ersehne.

Gibt es überhaupt eine Liebe ohne Bedingungen? Gibt es eine Liebe, die nicht davon abhängt, dass ich von dir bekomme, was ich ersehne? Gibt es eine Liebe, die so radikal offen ist, dass sie keine Gegenleistung verlangt? Eine Liebe, die nie von dir will, dass du dich veränderst? Eine Liebe, die dich so liebt, wie du bist, jetzt, in diesem Augenblick? Eine Liebe, die über unser Selbstbild hinausweist?

Beziehungskonflikte als Einladung

Der spirituelle Lehrer Ram Dass bemerkte einmal: „Wenn du glaubst, du bist erleuchtet, dann verbringe einmal eine Woche mit deiner Herkunftsfamilie." Diejenigen, die dir nahe sind, mit denen du eine lange und komplizierte Geschichte hast, bringen zwangsläufig in dir all die kleinen Erlebniswellen nach oben, die in deiner gegenwärtigen Erfahrung noch nicht vollständig angenommen sind. Mit anderen Worten, die noch nicht als Teil des Ozeans erkannt worden sind. Wellen, die bereits in der Tiefe angenommen wurden, aber nicht als solche erkannt wurden, werden unausweichlich in Liebesbeziehungen ans Tageslicht kommen. Deine Eltern werden Wellen in dir nach oben bringen, die vielleicht seit deiner Kindheit nicht mehr nach oben gekommen sind, Wellen, die du vielleicht dein ganzes Leben lang vermieden hast. Dein Chef oder deine Arbeitskollegen werden unausweichlich deine Knöpfe drücken, und bei diesen wird es um deine Bilder von Kompetenz und Fähigkeiten gehen, mit denen du dich identifizierst. Dein spiritueller Lehrer wird dich zwingen, dich mit den falschen und überholten Selbstbildern zu konfrontieren, an denen du immer noch festhältst oder die du verteidigst. *Die Menschen werden dich immer mit deinen abgelehnten Wellen konfrontieren.* Und du wirst vielleicht nicht mögen, was du erkennst oder was du fühlst. Und dann wird du wahrscheinlich diese Konfrontation erwidern. Und dann fängt das Karussell an, sich zu drehen.

Ganz gleich, wie erleuchtet oder frei von deinem Selbst du zu sein glaubst, ganz gleich, wie sehr du an einem Selbstbild festhältst, dass du „frei von jedem Ego" bist oder auch „frei vom Suchen“ oder „vollständig befreit und im Frieden“ – in nahen Beziehungen kannst du nicht anders, als dich mit diesen Wellen der Erfahrung zu konfrontieren, die noch nicht angenommen sind, die noch nicht *geliebt* werden. Man sagt oft, dass eine Beziehung schlicht ein Spiegel ist, in dem du dich selbst erkennen kannst.

Selbst die meisten so genannten erleuchteten Menschen werden wahrscheinlich immer noch in ihren Liebesbeziehungen Konflikte erleben. Bedeutet das nun, dass sie in Wirklichkeit gar nicht erleuchtet sind? Oder bedeutet das, dass wir unsere Vorstellung darüber, was Erleuchtung ist, verändern müssen?

Wenn es um das Erwachen zu dem, was du wirklich bist, geht, dann sind Beziehungen das, worauf es wirklich ankommt. Daran kann kein Zweifel bestehen.

Wenn man erkennt, dass Liebesbeziehungen immer abgelehnte und ungeliebte Wellen in dir hervorbringen werden, dann könnte eine Antwort sein: „Ich will diese Wellen nicht erleben. Deshalb werde ich eben keine Beziehungen eingehen. Ich werde lieber ein spiritueller Asket werden, irgendwo weit weg in einer Höhle leben und mich von den Menschen fernhalten. Ich werde im Zölibat leben, all meine sexuellen Gefühle unterdrücken und mich vor anderen verschließen. Menschen verursachen Leid, und ich will nicht leiden.“ Allerdings: Diese Art der Beziehungsvermeidung ist in Wirklichkeit auch eine Art Beziehung: eine Beziehung, in der du derjenige bist, der sich von den anderen *zurückzieht*, wahrscheinlich, weil du nicht mit denjenigen Aspekten deiner selbst konfrontiert werden willst, die du noch nicht zugelassen hast. Die Anti-Beziehungs-Beziehung ist sogar eine sehr intensive Beziehung. Sie ist eine Haltung anderen Menschen gegenüber, eine Art der Beziehungsaufnahme, die wahrscheinlich mit einer Angst vor Zurückweisung zu tun hat.

Das bedeutet aber, dass du letztlich Beziehungen gar nicht vermeiden kannst. Du stehst *immer* in Beziehung zu anderen und zur Welt, ob du das nun magst oder nicht. Du stehst immer mit allem in Beziehung – mit der Sonne, mit dem Meer, mit den Bäumen und mit dem Himmel, mit den Tieren und mit deinen Gedanken, mit deinen Gefühlen, den Geräuschen, den Gerüchen, den Stühlen, den Tischen und mit anderen Menschen. Du bist die Welt, und die Welt ist du, wie Krishnamurti einmal sagte. Du bist das Nichts, das allem erlaubt zu sein.

Ich erinnere mich, dass ich vor vielen Jahren ein sehr ernsthafter spiritueller Suchender war und glaubte, ich wäre erleuchtet – dass ich kein Selbst mehr hätte, dass ich niemand wäre. Ich hing sehr an absolutistischen nondualen Konzepten wie „Es gibt kein Ich" oder „Es gibt keine anderen". Und ich glaubte, Beziehungen seien nichts anderes als eine Illusion – dass jeder Beziehungspartner verblendet und in seinem Traum der Getrenntheit gefangen sei. Wenn es denn kein Selbst gab, wie kann es dann eine Beziehung geben? Mit wem könnte „niemand" eine Beziehung haben? Wenn es kein Ich und kein Du gibt, wie kann es dann eine wie auch immer geartete Beziehung zwischen ihnen geben? Wenn zu jener Zeit jemand sagte: „Ich liebe dich", dann lachte ich heimlich über das Ausmaß ihrer Täuschung. Und so ging ich durch eine Zeit des Rückzugs von der Welt und dachte, das sei Erleuchtung. Ich trennte mich vom Leben ab und fühlte mich frei – jedenfalls eine Zeitlang.

Ich erkenne jetzt, dass die Art und Weise, in der ich lebte, mit Erleuchtung nicht das Geringste zu tun hatte. Ich hatte mich ganz einfach *in meinen Vorstellungen* darüber, wie Erleuchtung war, verloren. Es war nicht so, dass ich wirklich „niemand" war und deshalb keine Beziehungen haben konnte – in Wirklichkeit hatte ich *Angst* oder spürte sogar Entsetzen vor wirklichen menschlichen Beziehungen. Ich spürte Entsetzen bei der Vorstellung, mich in all meiner Nacktheit und in meinem Rohzustand vor einem anderen Menschen zeigen zu müssen. Warum? Weil ich unbewusst fürchtete, dass jemand durch meine Fassade hindurchsehen könnte und dass sie das falsche Selbstbild erkennen würden, das ich erschaffen hatte und mich als den Betrüger entlarven würde, der ich war. „Da ist niemand" und „Da ist niemand anderes" sind wundervolle Wegweiser auf die höchste Wahrheit der Existenz, aber der Sucher wird diese Wegweiser blitzschnell in Besitz nehmen und sie in rigide Glaubenssätze verwandeln, um dann diese Glaubenssätze zu nutzen, um echte, ehrliche, authentische menschliche Beziehungen im Hier und Jetzt zu vermeiden.

Kein Wunder also, dass ich mich in meine Erleuchtungshöhle zurückzog und Liebesbeziehungen vermied. Und ich hatte Angst, dass ich entdeckt würde. Auf irgendeiner Ebene wusste ich genau, dass die Bilder, die ich von mir aufrechterhielt, falsch waren – einschließlich des Bildes, dass ich kein Bild von mir mehr hatte! Ich hatte furchtbare Angst davor aufzufliegen und als der Betrüger entlarvt zu werden, der ich war. Ich hatte Angst, mein Image zu verlieren, eine Art transzendentes Nichtwesen zu sein und wieder menschlich werden zu müssen!

Das Ende der Suche ist keine kalte, unmenschliche Distanziertheit vom Leben, von andern, von Beziehungen, auch wenn das vielleicht ein Stadium sein mag, das manche Menschen auf ihrer Reise durchlaufen müssen. Das Ende der Suche ist die Möglichkeit realer, brutal ehrlicher, authentischer menschlicher Beziehungen, denn wenn es kein Suchen mehr gibt, wenn du nicht länger nach einem anderen menschlichen Wesen suchst, das dich ganz machen soll, wenn du nicht länger andere manipulieren musst, um den größtmöglichen Nutzen aus ihnen zu ziehen, wenn du nicht länger Trennung lebst, dann bist du letztendlich frei, anderen wirklich zuzuhören, anderen dort zu begegnen, wo sie wirklich sind, und wirklich zu erkennen und zu hören und zu verstehen, wer und was da vor dir ist. Das Ende des Suchens öffnet einen enorm großen Raum, in dem du wirklich ehrlich in deinen Beziehungen sein kannst, ohne dich hinter spirituellen Konzepten wie „Es gibt kein Ich“ oder „Beziehungen sind reine Illusion“ zu verstecken – oder hinter Konzepten überhaupt. Alle Konzepte zerfallen im Feuer des wirklichen Lebens, im Schmelzofen der Innigkeit. Indem du erkennst, wer du wirklich bist, bist du frei, den Menschen vor dir wirklich zu lieben – ohne Angst, ohne Abwehrhaltung. Dann kann man erkennen, dass Liebe ihrem Wesen nach wirklich bedingungslos ist.

All unsere wunderschönen spirituellen Erkenntnisse über die Ganzheit und die Nichtexistenz des Suchers sind wunderbar, aber wenn jene Einsichten sich nicht bis in die intimsten Bereiche unseres Lebens ausdehnen, wenn sie nicht bis ganz in die Tiefen unserer persönlichen Erfahrung reichen, wenn sie nicht dazu führen, dass wir das Suchen in all seinen Erscheinungsformen auslöschen, dann bleiben sie nur Worte. Zu glauben, dass du kein Selbst hast oder dass du „niemand“ bist oder dass alles eins ist, ist wunderschön, aber was passiert mit diesen Erkenntnissen, wenn dein Partner, dein Sohn oder deine Tochter oder deine Mutter oder dein Vater in Tränen ausbricht, weil er oder sie von etwas verletzt ist, was du gerade gesagt hast? Weist du ihn oder sie dann ab, weil er oder sie sich „in einer dualistischen Geschichte verloren hat“? Sagst du ihm oder ihr, dass sie dich in Ruhe lassen sollen, weil es „hier niemanden gibt“? Sagst du ihm oder ihr, dass sie erst einmal erleuchtet sein sollten wie du und dass sie dann nicht mehr leiden würden? Ziehst du dich dann zurück und zwingst ihn oder sie, sich ebenfalls zurückzuziehen und zu meditieren oder sich selbst zu befragen oder an sich zu arbeiten, bis sie sich beruhigt hätten und klarer sehen könnten? Hältst du ihm oder ihr einen Vortrag darüber, dass es so etwas wie eine Beziehung gar nicht gibt, und wenn sie oder er denkt, dass es so etwas gäbe, dass er dann „immer noch ein Ego“ hätte?

Oder bist du offen – wirklich offen – und hörst zu, was er oder sie dir zu sagen hat, und findest du dann deine tiefste Annahme in deinem Erleben, während du zuhörst? Wenn du nicht länger irgendetwas von ihm oder ihr brauchst, wenn es kein Selbstbild mehr zu verteidigen gibt, wenn du dich selbst als den offenen Raum erkennst, ist dann nicht auch der Raum da, um einfach zuzuhören? Ist da nicht der Raum, die Welt mit seinen oder ihren Augen zu sehen, um herauszufinden, auf welche Weise etwas daran wahr sein könnte, was er oder sie sagt, den Platz zu finden, an dem du ihm oder ihr wirklich von Auge zu Auge begegnen kannst? Und ist nicht ebenfalls der Raum da, als Antwort wirklich aufrichtig deine Gefühle zu bekennen und ihm oder ihr zu erlauben, seine oder ihre Gefühle auf deine genauso ehrlich und aufrichtig zu bekennen, selbst wenn es nicht die Gefühle sind, auf die du gehofft hast – selbst wenn sie deine Träume zerstören, deine Hoffnungen und Pläne, selbst wenn sie dein kostbares Selbstbild zerstören, das du dein ganzes Leben lang geschützt hast? Ist es möglich, offen zu bleiben, ganz gleich, was geschieht?

Wechselseitige Nacktheit

Ich glaube, dass viele spirituelle Lehren die direkte Beziehung zwischen Suchen und mangelnder Authentizität in Beziehungen nicht erkennen. Du kannst behaupten, erleuchtet zu sein, frei von jeder Trennung, aber was hat das alles für eine Bedeutung, wenn du hinter der Bühne immer noch in einem verzweifelten Kampf mit deiner Ehefrau lebst oder mit deinen Kindern, mit deinem Chef oder deinen Eltern, deinen Geliebten oder deinen Schülern? Es wäre leicht, all diese Konflikte zu entschuldigen, in dem du etwas Ähnliches sagst wie: „Selbst wenn das Suchen aufhört, bleiben immer noch diese Unzulänglichkeiten. Sie sind nichts anderes als das unpersönliche Funktionieren der Persönlichkeit, nichts anderes als der Teil, der einem vom Leben verschrieben worden ist, das kosmische Drehbuch eben, es ist Schicksal." Oder so ähnlich. Aber wenn man die Funktionsweise des Suchens wirklich versteht, kann man erkennen, dass dies nichts anderes bedeutet, als zu sagen: „Ich suche nicht länger, sondern immer noch."

Das Ende des Suchens und eine aufrichtige, klare, angstfreie Kommunikation gehen Hand in Hand. Tatsächlich würde ich so weit gehen zu sagen, dass es unmöglich ist, ein Buch über Tiefenakzeptanz und das Ende des Suchens zu schreiben, ohne einen großen Abschnitt dem Thema „aufrichtiges Sprechen und Zuhören" zu widmen. Wann immer du jemandem gegenüber emotional unaufrichtig bist, wann immer du verbirgst, wie du in einem Moment wirklich fühlst, wann immer du versuchst, einen Teil deines Erlebens zu verstecken, um ein bestimmtes Bild von dir aufrechtzuerhalten, wann immer du bei jemandem eine Rolle spielst, statt aufrichtig zu sagen, was in dir in diesem Augenblick vor sich geht, dann ist es sehr wahrscheinlich, dass du von diesem Menschen etwas brauchst. Denn du möchtest, dass du von ihm in einer bestimmten Weise gesehen wirst. Du versuchst, das Bild, das dieser Mensch von dir hat, zu manipulieren (wobei es sich dabei in Wahrheit um dein Bild von dem Bild handelt, das dieser Mensch vielleicht von dir hat). Du willst dich in seiner Gegenwart auf eine bestimmte Weise sehen. Und welchen Grund könnte es dafür geben, wenn nicht Angst?

Wir versuchen, uns vor dem Leben und voreinander zu schützen, weil wir Angst haben, und das, was der Sucher am meisten fürchtet, ist, bloßgestellt zu werden. Bloßstellung ist für den Sucher gleichbedeutend mit Sterben. Um dies in eine einfache Sprache zu übersetzen: Wenn du erkennst, wer ich wirklich bin, meine ganze Schwäche, mein Versagen, meine Unsicherheiten, meine Unvollkommenheit, dann würdest du mich sicher zurückweisen. Wenn du mich in meinem Rohzustand erkennen würdest, in meiner ganzen Nacktheit und Menschlichkeit, ohne die Masken, die ich sonst trage, und ohne meine Fassade, ohne jede Abwehr, ohne all die Spiele, die ich sonst spiele – wenn du erkennen würdest, was tatsächlich da ist, wenn du über das Selbstbild hinaussehen könntest – *dann würdest du mich zurückweisen.* Wenn du meine Angst erkennen würdest, meine Frustrationen, meine Zweifel, meine Trauer, meine Gefühle von Versagen, Hässlichkeit, Inkompetenz, Hilflosigkeit, dann würdest du mich nicht länger lieben. Oder, wenn du mich vorher geliebt hast, dann würdest du diese Liebe für mich früher oder später verlieren, wenn erst einmal mein Image verschwunden ist. Ich fürchte, dass all die kleinen Spiele, die ich spiele, im Licht der Wahrheit, im Licht des Lebens aufgedeckt werden würden, und dann würde ich dastehen, nackt und beschämt, ungeliebt und verlassen, ein *Ausgestoßener, weit weg von zu Hause.*

Die Angst, ein Ausgestoßener zu sein, scheint in der menschlichen Psyche tief verwurzelt zu sein. Ein Ausgestoßener ist im wörtlichen Sinn jemand, der aus dem Stamm verjagt worden ist, jemand, der von einer sozialen Gemeinschaft oder Gruppe ausgeschlossen wurde, aus ihrem Dorf vertrieben wurde, weg von den Häusern, die Heimat bedeuteten, um schließlich im Wald oder in der Wildnis zu sterben, ohne dass jemand da wäre, der ihn schützt. Die Angst, ausgestoßen zu werden ist darum die Angst davor, in der Kälte und ganz allein zu sein, ungeschützt, vergessen, verletzlich und dem Tode nahe.

Auch wenn wir nicht mehr fürchten müssen, im Wald von wilden Tieren zerrissen zu werden, verbinden wir dennoch auf einer unbewussten Ebene die Zurückweisung durch einen Einzelnen oder eine Gruppe mit einer Art Sterben und Tod. Wenn ich dir enthülle, wer ich wirklich bin, dann könnte ich *sterben*. So fühlt sich das an. Ein Ausgestoßener zu sein, ist eine tiefe nichtakzeptierte Welle im menschlichen Ozean. Und deshalb verbringen wir einen Großteil unseres Lebens damit, wirkliche Intimität zu vermeiden – und streben stattdessen nach immer mehr oberflächlichen Zielen wie Popularität, Ruhm oder auch nur einfach nach Zugehörigkeit. Ich weiß noch, als ich noch auf dem College war, da gab es einen Mitstudenten, den wirklich alle mochten. Er war immer von einer Gruppe von Freunden umgeben, ganz gleich, wo er hinging. Zu der Zeit glaubte ich, dass er der glücklichste junge Mann auf dem Planeten sein müsste, hatte er doch so viel Gesellschaft – er war wahrscheinlich der vollkommenste, der vollständigste, der erfüllteste Junge von allen. Ich hatte einen Heidenrespekt vor ihm, betete ihn förmlich an, hatte auch ein bisschen Angst vor ihm und war vor allem ziemlich neidisch. Am Tag unseres Abschlusses sprach ich ihn an, und er erzählte mir, wie einsam er sich fühlte, sich immer gefühlt hatte, obwohl ihn jeder kannte. „Jeder kennt mich, aber niemand kennt mich wirklich", sagte er. „Ich kenne so viele Menschen, aber ich fühle mich so einsam." Und er schnappte sich eine weitere Flasche Bier und schüttete sie hinunter.

Du kannst also von Menschen umgeben sein und dich trotzdem einsam fühlen. Dein Leben kann angefüllt sein mit Partys, Familientreffen, gesellschaftlichen Ereignissen, Ausgehen, Konferenzen, Seminaren, Meetings, Workshops und Festivals, und du kannst dich trotzdem vollkommen unverbunden fühlen. Du kannst den vollkommenen Partner finden und ihr beide könnt das perfekte Paar sein, das Paar, von dem jeder denkt, dass sie sich nie trennen würden, und du kannst dich trotzdem einsamer und abgeschnittener als je zuvor fühlen, wahrscheinlich auch verwirrter, als du je zuvor warst. Ganz gleich, wie viele Liebesbeziehungen wir haben, ganz gleich, wie angefüllt unser Leben mit Menschen und Gelegenheiten ist – wenn es keine *tiefe Verbindung* zu all dem gibt, keine wahre Aufrichtigkeit, keine wirkliche Intimität im wahrsten Sinne des Wortes, dann spürst du einfach keine Erfüllung. Du wirst das Gefühl haben, dass da etwas fehlt. Und es wird immer noch eine Leere in dir geben, ein Gefühl des Mangels.

Und dann wirst du davon besessen sein, dass du riskierst, die Liebe zu verlieren – selbst wenn da draußen noch so viele Möglichkeiten auf dich warten. Selbst wenn alles um dich herum ganz sicher ist, wenn du Schwüre und Eide gehört hast, Versprechen, Einlassen und die scheinbar solidesten Zukunftspläne, wirst du dich in deinen Beziehungen immer noch zutiefst unsicher fühlen. Die einzig wahre Sicherheit nämlich liegt in der radikalen Aufrichtigkeit im Hier und Jetzt, was bedeutet, dein Selbstbild zu verlieren und dem anderen furchtlos, als du selbst, zu begegnen, ohne Schutzmauern und Abwehr.

Unsere gegenseitigen Geschichten

Hast du jemals einen anderen Menschen wirklich gekannt?

Wir sprechen über „andere Menschen" – in die wir uns verlieben, mit denen wir eine Beziehung führen, mit denen wir im Konflikt sind, mit denen wir eine Beziehung beenden, die wir treffen, die wir verstehen, die wir haben und verlieren – aber erleben wir andere wirklich als Wesen außerhalb von uns selbst? Oder ist unsere Erfahrung mit anderen Menschen immer untrennbar mit unseren eigenen Geschichten über sie verbunden – mit unseren eigenen Gedanken, Glaubensmustern, Annahmen, Projektionen, Vorurteilen über sie? Sind „andere" wirklich „andere" für uns? Sind sie wirklich getrennt von dem, was wir sind?

Genauso, wie wir niemals wirklich die Welt da draußen erleben können – eine Welt außerhalb der Erfahrung der Gegenwart, wie wir erkannt haben – können wir jemals wirklich andere Menschen als „da draußen" erleben? Wenn wir zu jemandem in Beziehung treten, *zu wem treten* wir dann wirklich *in Beziehung*? Beziehen wir uns in Wirklichkeit eher auf ein *Bild*, das wir uns von diesem Menschen gemacht haben, statt dass wir uns auf das beziehen, was er oder sie wirklich ist, im Hier und Jetzt, in diesem Augenblick? Und verpassen wir den anderen nicht letztlich, so wie er oder sie wirklich in diesem Augenblick ist, indem wir versuchen, an unserer Geschichte über ihn festzuhalten, an unserer *Version* dessen, was er oder sie ist? Sehen wir andere immer nur durch die Filter der Geschichte und der Zukunft und verpassen wir dadurch, was in der Gegenwart geschieht?

Wer ist deine Freundin, dein Partner, deine Mutter, dein Vater, dein Bruder, deine Schwester, wenn du sie ohne deine Geschichte darüber siehst, wer oder was sie für dich sind? Ohne diese Geschichte darüber, was sie glauben oder nicht, wen oder was sie lieben oder nicht, was sie getan haben oder nicht, was sie gesagt haben oder nicht, wie sie dich verletzt haben oder dich auf einen Sockel gestellt haben oder dich ignoriert haben – in der Geschichte *deines* Lebens? Was wäre, wenn du ihnen begegnen könntest, hier und jetzt, ohne all den Müll deiner Vergangenheit? Was wäre, wenn du ihnen jetzt begegnen würdest, als wäre es das allererste Mal, ohne Erwartungshaltung oder Enttäuschung, sogar ohne jede Hoffnung? Was wäre, wenn du demjenigen begegnen würdest, der *wirklich gerade da ist*, statt immer nur demjenigen, den du vor dir zu sehen glaubst?

Was würde es bedeuten, sich wirklich zu begegnen – ja, sich wirklich zu begegnen – ohne jede Geschichte, ohne Projektion, ohne Vorstellungen?

Damit es klar ist – ich schlage hier keineswegs vor, dass wir unsere Geschichten miteinander vergessen sollten; ich schlage auch nicht vor, dass wir die Vergangenheit vergessen sollten oder die Einzelheiten aus dem Leben jedes Einzelnen, unsere Namen, unsere Rollen usw. Ich weise vielmehr darauf hin, dass wir letztlich das verpassen, was im Hier und Jetzt möglich ist, wenn wir ausschließlich in unseren Geschichten übereinander leben. Indem ich mich an meiner Geschichte über dich festklammere, indem ich mich an meinen Erinnerungen festklammere, an meinen Vorurteilen, an meinen konditionierten Vorstellungen darüber, wer du bist, indem ich dich als eine getrennte Persönlichkeit erlebe, die sich durch die Zeit hindurchbewegt, verpasse ich, wer du jetzt bist, in diesem Augenblick. Ich verpasse denjenigen, der wirklich gerade vor mir steht. Ich bin so sehr in mein Bild von dir aus der Vergangenheit eingeschlossen, in meine Vorstellungen darüber, wer du bist, in meine Erwartungen an dich, in meine Enttäuschungen und meine Ängste, dass ich nicht wirklich *erkennen* kann, wer du bist. Ich *höre* auch nicht wirklich, was du gerade jetzt sagst. Ich setze meine Erfahrung aus der Vergangenheit über die Erfahrung des gegenwärtigen Augenblicks. *Es ist, als ob ich schon wüsste, wer du bist, was du sagen wirst, was du denkst, was du tun wirst, was du glaubst, was du dir wünschst, noch bevor du überhaupt den Mund aufgetan hast.* Ich habe in einem sehr wörtlichen Sinne all meine Vorurteile gegen dich hochgefahren. Alle Vorurteile fangen so an.

Ich erinnere mich sehr gut, wie ich vor einigen Jahren in die Küche kam und meinen Vater zum ersten Mal wirklich sah. Natürlich war das nicht das erste Mal, dass ich ihn überhaupt sah – ich hatte ihn schon tausende Male vorher gesehen – aber dies war das erste Mal, dass ich ihn wirklich mit offenen Augen sah. Es war das erste Mal, dass ich sehen konnte, was wirklich da war – nicht das, was ich mir zu sehen vorstellte, nicht das, was ich zu sehen hoffte, nicht das, was ich glaubte, dass es da sein sollte, sondern das, was wirklich da vor meinen Augen war. Ich konnte über die Geschichte „das ist mein Vater" hinaussehen, ebenso über die Geschichte „Ich bin sein Sohn", und was ich erkannte, war, nun ja, schlicht das, was da war – ein älterer Herr mit grau-weißem Haar, der am Küchentisch saß und Cornflakes aß.

Wer war dieser Mann? Ich musste zugeben, ja, wirklich die Wahrheit zugeben, dass ich es nicht wusste. All diese Jahre des „schon Wissens", wer er war, all diese Jahre einer Gewissheit darüber, wer er war, und ich war ihm in Wirklichkeit niemals *begegnet*. Ich war so verstrickt in meine Vater-Sohn-Beziehungsgeschichte gewesen, dass ich denjenigen, der wirklich hier war, nicht gesehen hatte. In all diesen Jahren, die ich damit verbracht hatte, ein Sohn zu sein, in denen ich versucht hatte, meine Rolle auf eine Weise zu spielen, wie sie nach meiner Ansicht von mir erwartet wurde, in denen ich versucht hatte, diese falsche Identität von mir aufrechtzuerhalten, in denen ich versucht hatte, zu meinem Vater in Beziehung zu treten, mit all den Konditionierungen und den Erwartungen, die dies mit sich brachte, in all diesen Jahren hatte ich die Wirklichkeit verpasst. Ich hatte ihn *„meinen Vater"* genannt, und ich hatte gedacht, dass ich gewusst hätte, was ich damit meinte. Aber konnten diese Worte „mein Vater" jemals wirklich das fassen, was da war, die ganze Wirklichkeit? Konnte dieser Mann da vor mir wirklich „meiner" sein, auf irgendeine Weise „meiner"? Konnte irgendjemand wirklich „meiner" sein? Ohne die Geschichte darüber, wer ich war, in diesem Augenblick, in Beziehung zu diesem Mann?

Jenseits dieser Geschichte gab es nur die *Innigkeit* mit demjenigen, der da vor mir saß.

Irgendwie war etwas *in* diesem Nichtwissen, dass wir uns wirklich begegneten. Jenseits der Rollen, jenseits der „Vatergeschichte", der „Sohn"-Geschichte, jenseits der Konzepte, wie ein Vater sich verhalten sollte, was er seinem Sohn zu geben haben sollte und was nicht, jenseits der beschränkten Vorstellungen darüber, was ein Sohn von seinem Vater erwarten konnte, jenseits unserer ganzen Geschichte miteinander begegneten wir uns wirklich. Vergangenheit und Zukunft waren abgelöst, und alles, was wir hatten, war das Jetzt. *Dieses hier* war der einzige Augenblick. Wie kostbar das war – und wie kostbar er war, wie zerbrechlich, wie rätselhaft. Und wie faszinierend er war. Ich sah die Falten auf seinen Händen, die Furchen in seinem Gesicht, die kleinen Speicheltropfen, die ihm über die Wange liefen. Seine Hände zitterten ein bisschen, als er den Löffel zum Mund führte. Sein weiches, weißes Haar stand im Nacken ein wenig hoch. Und sein Atem ging ein wenig kratzend.

Es war ein bisschen so, als ob ich mich gerade verliebt hätte. Er war wirklich ein Kunstwerk.

Wenn ich mal all die Geschichten wegließ – die Geschichten über unerfüllte Erwartungen, die Geschichten darüber, wie ich ihn gebraucht hätte, die Geschichten, in welcher Weise er nicht der Vater gewesen war, wie ich ihn gebraucht, gewünscht, erwartet hätte oder der mir versprochen worden war – dann konnte ich erkennen, wie *unschuldig* er war. Ich hatte ihn schuldig gesprochen, indem ich so viel von ihm erwartet hatte, indem ich bei ihm etwas gesucht hatte, das er gar nicht geben konnte, niemals. Ich hatte ihm eine Last auf die Schulter gelegt – die Last, ein „Vater" zu sein, die Last, denjenigen ganz zu machen, den ich „Sohn" nannte. In meinem Suchen, in meiner Suche nach einem Zuhause, in meinem Bedürfnis, ein Bild von mir als „Sohn" aufrechtzuerhalten, hatte ich ihm eine „Vater-Identität" gegeben – mit all den Erwartungen, die dieses Wort mit sich bringt. Wir waren uns in Wirklichkeit noch niemals begegnet.

Aber er hatte diesem Vaterbild niemals gerecht werden können – diesem Bild, das in mich einprogrammiert worden war. Niemand kann einem Bild gerecht werden. Im Vergleich zu diesem Vaterbild musste er immer unvollkommen bleiben. Er würde immer zu sehr oder zu wenig dies oder das sein. Emotional zu sehr zurückgezogen, zu sehr mit seinem Geld beschäftigt, zu engstirnig, zu wenig spirituell. Zu sehr in mein Leben eingemischt oder nicht engagiert genug. Zu sehr Vater oder nicht Vater genug.

Aber ohne dieses Bild gab es unbestreitbar eine Vollkommenheit hier. Er war nicht zu sehr dies oder zu wenig das. Er war einfach das, was er war, in diesem Augenblick. Und nichts anderes war in diesem Moment *möglich*.

Es war ein bittersüßes Miteinander. Es war innig und wunderschön, aber es war auch eine Art Abschied. Ein Abschied von den Rollen, vom „Vater und Sohn".

Ein Abschied von der Vergangenheit und von der Zukunft. Ein Abschied selbst von der Zeit. Und alles, was blieb, war eine zeitlose Liebe ohne Namen, auf radikale Weise und gleichzeitig unpersönlich und persönlich. Worte werden nie imstande sein, das zu erfassen, dieses Mysterium im Herzen der alltäglichsten Verrichtungen – das Mysterium eines Mannes, der Cornflakes am Küchentisch isst. Es ist ausreichend, um dein Herz zu brechen – wieder und wieder, den ganzen Rest deines Lebens.

Natürlich nenne ich ihn auch weiterhin „meinen Vater", aber darunter weiß ich genau, dass er niemals „mein" sein wird. Ich kann ihn nicht besitzen – ihn nicht und niemand anderen. Ich würde das auch nicht einmal wollen, denn Besitz zerstört die Intimität. Aber irgendwie – und darin besteht das Paradox und das Mysterium – in diesem Abschied, in diesem Moment des Sterbens von Besitz verlor ich nicht wirklich etwas. Das einzige, das ich verlor, war meine Illusion. Das einzige, das verloren ging, war der Traum, dass der Mensch da vor mir irgendwann einmal dem Bild entsprechen konnte, das ich mir von ihm gemacht hatte, oder irgendwann einmal zu dem werden konnte, was ich von ihm erwartet hatte.

Die Vorstellung unserer Vater-Sohn-Beziehung war in Wirklichkeit das Hindernis, das eine echte Beziehung im Jetzt zu dem Mann vor mir erschwerte. *Indem wir an der Geschichte unserer Beziehung festhielten, an dieser zeit-raumgebundenen Geschichte von Vater und Sohn, hatten wir aufgehört, einander im Hier und Jetzt zu erkennen. Und wir hatten damit aufgehört, in unserer Beziehung wirklich in Beziehung zu treten.*

Jenseits dieser Geschichte von „uns", jenseits unseres Traums, jenseits aller unserer Bilder voneinander, beginnt unsere wahre Beziehung, sie wird dadurch erst möglich. Jenseits der Vatergeschichte, jenseits der Sohn-Geschichte, jenseits der Muttergeschichte, jenseits der Tochter-Geschichte, jenseits der Geschichte vom Ehemann, jenseits der Geschichte von der Partnerin, des Studenten, des Lehrers – da ist die wahre Intimität zu finden. Und die Wirklichkeit ist: Wir können einander *nur* jenseits unserer Geschichten begegnen. Wir begegnen uns immer jenseits unserer Bilder voneinander. Was ich bin, was du bist, ist der weite, offene Raum, in dem alle Bilder und Vorstellungen auftauchen und wieder verschwinden. Und was ich bin und was du bist, kann von irgendeiner Geschichte überhaupt nicht definiert werden. Als Bewusstsein bin ich genau dasselbe, was du bist, immer und jederzeit. Ich bin, was du bist , und das ist bedingungslose Liebe.

Wenn ich dir als ein separates Selbst begegne, das ein anderes getrenntes Selbst trifft, als eine Geschichte, die auf eine andere Geschichte trifft, dann gibt es keine wahre Intimität. Ich spiele dann eine Rolle, du spielst eine Rolle. Ich spiele den Sohn, und du spielst den Vater, mit all den Erwartungen und Anforderungen, die in diesen Worten liegen. Ich spiele die Tochter, und du spielst die Mutter. Ich spiele die Schwester, und du spielst den Bruder. Ich spiele den Guru, und du spielst den Schüler. Ich spiele „mich", und du spielst „dich". Ich identifiziere mich durch diese Rolle, und versuche dann, mit dir, einer anderen Rolle, in Beziehung zu treten. Ich halte mich an meinem Drehbuch fest, und du tust dasselbe mit deinem.

Aber wenn ich mit dir in Beziehung trete, nicht als ein getrenntes Selbst, sondern als der weite, offene Raum, in dem alle Gedanken, alle Gefühle, alle Empfindungen aufkommen und wieder verschwinden – dann ist dort wahre Intimität möglich. Wir begegnen uns, ohne jede Geschichte, als offener Raum und offener Raum, und das ist der Anfang einer echten Beziehung – nicht die Beziehung einer Geschichte zu einer anderen, nicht die Begegnung von zwei Selbstbildern, sondern das Treffen von offenen Seinsfeldern, offenen Feldern, in denen alle Gedanken, Geschichten, Gefühle, Geräusche, Empfindungen zutiefst zugelassen sind und kommen und auch wieder gehen dürfen. (Und eigentlich sind es nicht zwei offene Felder, die zusammenkommen, aber dies sind für diesen Moment nützliche Bezeichnungen. Letztlich kann keine Sprache diese Intimität erfassen. Denn jede Sprache ist in diesem Ort jenseits von Worten nur etwas Vorübergehendes.)

Als eine Geschichte jedoch, die sich durch dich zu vervollständigen versucht, die eine Erlösung durch dich sucht, die durch dich ihren Weg nach Hause zu finden versucht, werde ich dich schließlich manipulieren, nicht aufrichtig zu dir sein, eine Rolle für dich spielen, verstecken, wie ich mich wahrhaftig fühle, denn ich habe ja Angst, dich zu verlieren. Ich werde dich auch bestrafen, wenn ich mich von dir verletzt fühle. Aber als der offene Raum habe ich Freiheit, aufrichtig und authentisch mit dir zu kommunizieren, im Bewusstsein, dass ich selbst schon jetzt die Liebe bin, die ich suche, im Bewusstsein, dass ich dich nicht brauche, um ganz zu werden, im Bewusstsein, dass ich dich ganz in der

Tiefe niemals verlieren kann. Ich brauche dich nicht, damit ich ganz das werde, was ich bin. Und ich brauche dich auch nicht, um meine Geschichte aufrechtzuerhalten.

Indem ich mich als den offenen Raum erkenne, in dem alle Gedanken und Gefühle zugelassen sind und kommen und gehen dürfen, und indem ich erkenne, dass das, was ich bin, jenseits des „Sohnes" liegt und dass das, was ich bin, keinen „Vater" braucht, um heil und ganz zu werden, habe ich die Freiheit, nun aufrichtig und authentisch zu diesem Mann vor mir in Beziehung zu treten. Ich kann ihm erlauben, dass auch er vollständig er selbst ist, dass er sich vollkommen frei äußern kann, ich kann ihn ermutigen, dass er seine wahren Gedanken und Gefühle erforscht und zum Ausdruck bringt, denn endlich sehe ich in seinem Erleben keine Bedrohung für meine Identität mehr. Letztlich, selbst wenn er mich verlässt, nimmt mir das nichts von meiner Ganzheit.

Es ist das Liebevollste, das du zu jemandem sagen kannst, wenn du sagst: „Ich brauche dich nicht. Ich liebe dich, aber ich brauche dich nicht." Mit anderen Worten: „Ich brauche dich nicht, um ganz zu werden. Ich bin ganz, auch ohne dich. Aber ich freue mich gerade jetzt über deine Gesellschaft, und ich bin wirklich gern mit dir zusammen. Und wenn du weggehen würdest, dann wäre ich immer noch in der Lage, dich zu lieben – selbst wenn mir das Schmerzen verursachen oder mich traurig machen würde, wenn ich das erleben müsste."

Wahre Liebe fordert keine Gegenleistung.

Eine andere Perspektive

Und wenn ich nur könnte,
dann würde ich einen Handel mit Gott abschließen,
und ich würde ihn dazu bringen,
dass er uns die Plätze tauschen lässt.

Kate Bush, Running Up The Hill

Während eines unserer Treffen saß da ein Mann in der ersten Reihe, ganz still. Am Ende des Tages, als alle den Raum verließen, um nach Hause zu fahren, kam er zu mir. Er hatte ein puterrotes Gesicht, schwitzte stark, sodass ihm der Schweiß herunterlief, und zitterte vor Wut. Seine Augen traten hervor, und er starrte mich an. Er stoppte ein paar Zentimeter vor meinem Gesicht, und er sagte mir in eindeutigen Worten, dass ich ein Schwindler sei, ein Hochstapler, ein Angeber und ein falscher Fünfziger, ein Heuchler und ein Lügner, dass ich gefährlich sei, dass ich Menschen auf einen Irrweg führe und dass ich jetzt sofort aufwachen solle – andernfalls… Er sagte mir, dass ich für all das Schlimme in der Welt verantwortlich sei, dass ich eine Wiedergeburt von Hitler sei und dass ich die volle Verantwortung für das übernehmen sollte, was ich der Welt angetan hätte. Er sagte mir, dass er selbst vollständig erleuchtet sei und dass er gekommen sei, um auch mich zu erwecken, und dass ich dazu nichts anderes tun müsste, als mich ihm zu unterwerfen. Dies sei meine letzte Chance zu erwachen, sagte er.

„Du hast von so einem Moment geträumt, nicht wahr, Jeff", blökte er. „Und jetzt hast du Angst vor mir, nicht wahr?"

Nun könnt ihr euch sicher vorstellen, wie leicht es gewesen wäre, zu sagen, dass er sich irrte, ihm zu sagen, dass er verrückt sei, und ihn aus diesem Raum bringen zu lassen, einen verbalen Gegenangriff zu starten oder zum Guru zu werden und zu versuchen, meine eigene Stärke und meine Überlegenheit zur Schau zu stellen, um ihm zu zeigen, wie weit ich spirituell fortgeschritten war. Als Reaktion auf seinen Ärger, auf seine Bedrohlichkeit wäre es verführerisch gewesen, ihn total zurückzuweisen. Denn er hatte als erster alles um mich herum zurückgewiesen – meine gesamten Lehren, meine gesamte Existenz. Und mehr noch, er war gekommen, um mich vor mir zu retten, und er wollte sogar noch, dass ich mich ihm unterwerfen sollte!

Aber ich nahm mir vor, mit ihm auf eine zutiefst menschliche Weise in Beziehung zu treten. War er wirklich nur gekommen, um mich anzugreifen? Oder war dahinter noch etwas anderes? Trotz allem wollte ich den Ort finden, an dem wir uns begegnen konnten. Und in dem weiten Bewusstseinsozean, in dem alle Wellen bereits zutiefst angenommen sind, findet sich immer ein Ort, wo ich einem anderen jenseits unserer Geschichten begegnen kann, selbst wenn dieser Ort ziemlich weit weg scheint. Wo konnte ich diesem Mann begegnen? Wie konnte ich die Welt mit seinen Augen sehen, wenn seine Augen die Dinge doch offenbar so verzerrt wahrnahmen?

Ich war ganz aufrichtig ihm gegenüber. Ich sagte ihm, dass ich, nein, keine Angst vor ihm hatte, aber dass ich keine besondere Lust hatte, an seinem Wettstreit im Anstarren teilzunehmen. (Er weigerte sich nämlich zu blinzeln und interpretierte mein Blinzeln als Angst, ein klares Signal, dass ich keineswegs erleuchtet war wie er). Ich erklärte ihm, dass er meine Botschaft fehlinterpretiert hatte – dass ich nicht einfach sagte: „Es gibt nur das Einssein." Oder: „Es gibt keine Menschen" in der Art, wie er annahm, dass ich es tat. Nein, ich hatte nicht von ihm geträumt, aber ich hatte Interesse an dem, was er mir zu sagen hatte. Nein, ich hatte nicht das Gefühl, dass ich erwachen müsste oder dass ich Menschen fehlleitete, aber ich war wirklich daran interessiert, zu verstehen, warum er so wütend auf mich war. Ich meinerseits war früher auch einmal sehr wütend auf meine spirituellen Lehrer gewesen. Ich konnte seine Wut gut verstehen. Vielleicht konnten wir uns an diesem Punkt begegnen. Ich versuchte, mich in seine Haltung hineinzuversetzen, die Welt durch seine Augen zu sehen, herauszufinden, wie er zu seinen Schlussfolgerungen gekommen war. Ich wollte hinter seinen „erleuchteter Guru"-Auftritt kommen und herausfinden, was bei ihm wirklich los war. Was brauchte er wirklich? Was wollte er wirklich? Wonach sehnte er sich im Tiefsten?

Ich ermutigte ihn, zu erklären, klarzustellen, und ich gab ihm aufrichtige Antworten, die nicht wie ein Angriff ankamen, sondern als sanfte, aber klare Statements über meine eigenen Erfahrungen. Ich gab nicht vor, irgendetwas über seine Erfahrungen zu wissen – ich konnte ihm lediglich von meinen erzählen. Wir können niemals wirklich um die Erfahrungen eines anderen wissen. Als ich da blieb und mich um ihn bemühte, versuchte, einen Ort zu finden, an dem wir uns wirklich begegnen konnten, geschah etwas Seltsames. Weil ich ihn nicht zurückwies, mich nicht von ihm zurückzog oder auf seine Wut reagierte, weil ich keine Angst vor ihm hatte, sondern einfach ich selbst war im wahrsten Sinn dieses Wortes und die tiefste Annahme in meinem eigenen Erleben erkannte, fing er an, sich ein wenig zu entspannen. Ich reagierte nicht auf ihn mit einem Gegenangriff, sondern versuchte ihn zu verstehen, und sein Schutzschild senkte sich.

Während wir sprachen, erkannte ich, dass er überhaupt nicht gekommen war, um mich anzugreifen. Er war gekommen, um zu versuchen, mich von seinen Haltungen zu überzeugen – er war gekommen, um gehört zu werden. Ich hatte das Gefühl, dass dies ein Mann war, dem nie jemand zugehört hatte, obwohl er so einen Riesenkrach verbreitete (und das ist sehr oft so). Was er sagen wollte, und zwar auf die scheinbar indirekteste Weise, die man sich vorstellen kann, war, das die Lehren über das Einssein auch leicht für Menschen eine Entschuldigung sein könnten, nicht wirklich Verantwortung für ihr Leben zu übernehmen. Die Vorstellung, dass es „keine Einzelwesen" gebe, klang falsch für ihn, denn er erkannte, dass Menschen in dieser Welt litten, und er weigerte sich, irgendjemanden zu erlauben, diese relative Wirklichkeit zu bestreiten. Er wollte nicht, dass Menschen diese Welt transzendierten, er wollte, dass die Menschen sich als Teil dieser Welt fühlten, sich wirklich für diese Welt engagierten, statt sich in eine Spiritualität zu flüchten, und er war gekommen, um die Menschen aus diesem Traum der Transzendenz aufzuwecken. Er hatte angenommen, dass ich einfach nur einer dieser Advaita-Lehrer war, der die relative Wirklichkeit bestritt – vielleicht hatte er das gemeint, als er mich einen Hitler genannt hatte. Er dachte, dass ich mich als jemanden sah, der über der Menschheit stand, und mich Hitler zu nennen, war eine brillante Art und Weise zu versuchen, mich auf die Erde zurückzubringen! Als ich meine Position klarstellte, fragte ich ihn auch Dinge über ihn, hörte ihm zu und entdeckte nach und nach die Orte, an denen ich mich mit ihm treffen konnte, oder konnte wenigstens die Wahrheit in dem, was er sagte, erkennen, und da entspannte er sich. Ich wusste, dass ich nichts zu verteidigen hatte. Sein ganzer Körper fing an, in sich zusammenzusinken.

Ja, ich stimme zu, dass die Nondualität leicht benutzt werden kann, um die relative Wirklichkeit zu bestreiten. *Ja,* auf einer gewissen Ebene ist die persönliche Verantwortung sehr wichtig. *Ja,* ich bin ein menschliches Wesen wie du. *Ja,* ich stimme zu, es ist wichtig, Menschen nicht in die Irre zu führen. *Ja*, ich kann erkennen, dass ich ein Betrüger wäre, wenn ich an ein falsches Bild von mir als spirituellen Lehrer glauben würde, der auf alles eine Antwort wüsste.

Es war sehr seltsam. Ich spürte, dass ich mit ihm an manchen Punkten durchaus übereinstimmen konnte – mit einem Mann, der mich nur zehn Minuten zuvor als Teufel bezeichnet hatte, der meine gesamte Botschaft zurückgewiesen hatte. Er wurde ruhiger und ruhiger. Er bat mich um etwas von meinem Wasser. Sein Mund sei trocken. Ich gab ihm mein Glas. Er sah aus wie ein kleiner Junge, ganz verloren. Wir saßen eine Weile einfach nur da, ohne zu sprechen. Dann öffnete er sich mir und begann von seinem Leben zu erzählen, mir persönliche Einzelheiten mitzuteilen. Er erzählte mir, dass es die Mission seines

Lebens war, jeden nondualistischen Lehrer dieser Erde aufzusuchen (und er sah mich als einen von ihnen an), und sie alle aufzuwecken! Er sagte mir, dass ich der erste nondualistische Lehrer sei, den er je besucht habe, der ihn nicht beschimpft oder ihn aus dem Raum geworfen habe. Ich fand das ziemlich erheiternd und sogar auf eine gewisse Art liebenswert, dass dieser Mann sein ganzes Leben damit verbrachte, nondualistische Lehrer aus dem Traum der Nondualität zu erwecken. Ich entdeckte in mir sogar eine Art Respekt für diesen Rebellen in ihm, da ich so etwas durchaus auch in mir kannte. Wir haben an der Stelle sogar gemeinsam gelacht, wir zwei Rebellen!

Als er hinausging, hatte ich – und ich weiß nicht einmal, wieso – plötzlich den Impuls, ihn zu umarmen. Er warnte mich: „Lass das sein, Jeff, keine Umarmung. Das ist gefährlich!" Ich sah plötzlich den kleinen Jungen, den niemals jemand umarmt hatte, und der daraus den Schluss gezogen hatte, dass er wohl gefährlich und nicht umarmbar sei! Ich nahm ihn in den Arm. Jemanden zu umarmen, ist meiner Erfahrung nach noch nie gefährlich gewesen.

Ich spürte tiefes Mitgefühl für diesen Mann, der auf eine Art sehr intelligent war und sogar etwas Wichtiges zu sagen hatte, aber schlicht nicht wusste, wie er es sagen sollte, ohne Zuflucht dazu zu nehmen, Menschen zu bedrohen und sich hinter einem Selbstbild eines erleuchteten Gurus zu verstecken. Er hatte das Gefühl, dass er die Rolle des Retters der Menschheit spielen sollte, der jeden um ihn herum verscheuchte, statt den Menschen auf einer menschlichen Ebene zu begegnen, die Dinge durchzusprechen, anderen zuzuhören und sich ihnen zu öffnen und seine Ansichten so darzulegen, dass Menschen ihm zuhörten. Das wäre wahrscheinlich für ihn zu intim, zu aufrichtig, zu menschlich, zu wahrhaftig, zu gefährlich! Sich in aller Intimität wahrhaftig zu begegnen, würde sein ganzes Selbstbild zerstören! Ich kann das auch verstehen; ich habe früher Tag für Tag an diesem Ort der Angst und der Unverbundenheit und der spirituellen Überlegenheit gelebt!

Er war ganz klar selbst sein schlimmster Feind. Er sehnte sich so sehr danach, gehört zu werden – und darunter, geliebt zu werden, so wie wir alle – aber die Art und Weise, in der er sich mitteilte, machte es Menschen praktisch unmöglich, ihn zu hören, ihn zu lieben oder es auch nur auszuhalten, in demselben Raum mit ihm zu sein. Als Folge seiner Unfähigkeit zu kommunizieren, war er wieder und wieder zurückgewiesen worden, auch von einigen der am meisten „erleuchteten"

Lehrern dieser Welt. Ich weigerte mich, dieses Spiel mitzuspielen (und wusste, dass ich nur einen Teil von mir zurückweisen würde, wenn ich ihn zurückwies) und wollte stattdessen dem menschlichen Wesen hinter der Maske begegnen.

Ich erzähle diese Geschichte nicht, um mich zum Heiligen zu machen. Ich bin weit davon entfernt. Ich wollte damit zeigen, wie man einen Ort der Begegnung selbst in höchst beängstigenden und konfliktbeladenen Situationen finden kann, und wie es möglich ist, denjenigen zu begegnen, die uns auf jeder Ebene zurückweisen (und damit das Bild von uns bedrohen). Da ich mich als den weiten, offenen Bewusstseinsraum sehe, in dem alle Bilder und Gefühle zugelassen sind, sodass sie kommen und gehen dürfen, und weil ich kein besonderes Selbstbild als nondualistischer Guru oder Lehrer aufrechterhalte, der alle Antworten kennt, und weil ich weiß, dass Ungewissheit, Zweifel und sogar Versagen in meinem Erleben auch in der Tiefe angenommen sind, spürte ich die Notwendigkeit nicht, mich vor diesem Angriff auf nondualistische Lehrer zu verteidigen. Und daher, weil ich von einem Ort jenseits des Selbstbildes aus zuhörte, war ich frei zu hören, was er wirklich zu sagen hatte. Mehr noch – ich war frei, die Wahrheit in dem zu entdecken, was er sagte.

Ich stimmte nicht mit allem überein, was er sagte – ganz im Gegenteil. Und ich *billige* überhaupt nicht die Art und Weise, wie er zu Menschen spricht, oder seine Androhungen von Gewalt. Und vielleicht würde ich darum bitten, dass er zukünftig daran gehindert wird, einen meiner Vorträge zu besuchen – das könnte sogar das intelligenteste und gleichzeitig mitfühlendste sein, was ich tun könnte. Aus diesem Ort der tiefsten Akzeptanz heraus sind wir jederzeit frei, praktische Schritte zu tun, um Situationen wie diese auf intelligente Weise zu lösen.

Aber darum geht es hier nicht, sondern darum, dass wir trotz aller Unterschiedlichkeiten einen Ort finden konnten, an dem wir uns begegneten. Er ging nicht als Feind. Unsere Begegnung endete sauber – nichts blieb unerlöst. Wir entdeckten den Ort, an dem wir nicht getrennt waren – wir entdeckten den Ort, an dem wir uns nicht bekriegten. Ich entdeckte ihn in mir.

Wenn du jemandem wirklich zuhörst, wenn du wirklich den Standpunkt, die Perspektive, den Ausdruck der Lebenserfahrung, die Geschichte und das, was der andere in diesem Leben und in seiner Welt bemerkt hat, hörst, dann kannst du immer ein Quentchen Wahrheit in dem entdecken, was der andere sagt – ganz gleich, wie herausfordernd, konfrontierend, fremd, extrem und absurd diese Ansichten dir am Anfang auch erscheinen. Das bedeutet nicht, dass du diese Ansichten übernehmen oder mit ihnen übereinstimmen musst. Es bedeutete auch nicht, dass du das Verhalten des anderen billigst. Es bedeutet nicht, dass du der beste Freund dieses Menschen wirst oder dass du an jedem Wochenende mit ihm ein Bier trinken gehst. Es bedeutet einfach, dass du das Quentchen Wahrheit in dem findest, was der andere sagt – und das beendet im selben Augenblick den psychologischen Konflikt. Ich habe noch nie jemanden getroffen, dem ich nicht auf irgendeiner Ebene begegnen konnte, ganz gleich, wie sehr ich mit dem, was er sagte, ansonsten nicht übereinstimmte, ganz gleich, wie sehr der andere versuchte, mich zu zerstören (jedenfalls die Geschichte von „mir"). Indem ich erkenne, wer ich wirklich bin, kann ich erkennen, dass es kein Gefühl, keinen Gedanken, keine Emotion gibt, die mir auf der tiefsten Ebene fremd ist, genauso, wie es keine Welle gibt, die dem Ozean fremd ist, und darum gibt es immer einen Ort, an dem man sich verbinden kann, selbst mit Menschen, die scheinbar unerreichbar sind. Wie der Philosoph Ken Wilber sagt: „Niemand ist in der Lage, einen 100-Prozent-Irrtum zu produzieren – niemand ist klug genug, sich die ganze Zeit nur zu irren."

Es gibt keinen Gedanken, den du haben kannst und ich nicht. Es gibt nichts, das du fühlen kannst und ich nicht. Du bist nicht grundlegend verschieden von mir – das ist gar nicht möglich. Das ganze menschliche Bewusstsein strömt durch uns, und deshalb können wir uns immer irgendwo begegnen – selbst wenn es eine Weile dauert, diesen Ort zu finden.

Seht ihr, auf eine seltsame Weise sind eure Gedanken meine Gedanken. Eure Gefühle sind meine Gefühle. Jeder Gedanke, jedes Gefühl ist Teil des Flusses der menschlichen Bewusstheit, das durch den offenen Raum fließt, der ich bin und der du bist. In diesem Sinn ist kein Aspekt des menschlichen Bewusstseins unerreichbar, fremd, unmenschlich. Wenn du ein menschliches Wesen bist, dann kann ich dir irgendwo begegnen, selbst wenn es anfangs Mühe kostet, diesen Ort der Begegnung zu finden, an dem wir uns verbinden können, den Ort, wo wir uns nicht länger bekriegen. Selbst wenn ich Teile meiner Selbst dafür anschauen muss, die ich bisher eher ausgeschlossen hatte.

Das ist eigentlich mit dem Ausdruck gemeint, einen gemeinsamen Nenner mit jemandem zu finden. Der Nenner, der uns gemeinsam ist, ist der gemeinsame

Nenner der Bewusstheit. Wir begegnen uns dort und teilen unsere Wahrnehmungen. Dort, an jenem Ort, gibt es keine Notwendigkeit, zuzustimmen oder abzulehnen, sondern es gibt nur das Zuhören und Erkennen und Fühlen der Wahrheit in dem, was der andere sagt – selbst wenn man schließlich nicht mit dem übereinstimmt, was er gesagt hat. Ich mag wirklich, was Voltaire dazu sagt: „Ich missbillige zutiefst, was du sagst, aber ich werde bis zum letzten Blutstropfen um das Recht kämpfen, dass du es sagen darfst."

Das Ende des Krieges besteht immer darin, einen gemeinsamen Nenner zu finden – den Nenner der Bewusstheit.

Und wer weiß? Vielleicht kann ich sogar von dem Menschen etwas lernen, den ich zuvor meinen Feind genannt habe? Mein Feind kann mein wichtigster Lehrer sein, denn indem er Unbehagen in mir auslöst, bringt er mich auch in Kontakt mit einem Bild von mir, das ich immer noch verteidigen muss. Mit anderen Worten, er zeigt mir, welche Teile meines Erlebens ich immer noch bekämpfen muss. Er zeigt mir die Wellen, die ich in meinem Ozean noch nicht zulasse. Er spiegelt mir den inneren Feind wider, sozusagen – diejenigen Teile meines Erlebens, die ich zu meinem Feind erklärt habe, indem ich ihre inhärente Ganzheit nicht erkennen will. Er ist mein wichtigster Lehrer, der sein Licht auf meine abgelehnten Wellen scheinen lässt, obwohl er das wahrscheinlich selbst nicht einmal merkt.

Mein Feind weckt mich aus meinem Traum der Identifikation mit meinem Bild auf.

Nun, diese tiefste Annahme des Erlebens eines anderen bedeutet nicht, dass du dich zu einem leicht zu bequatschenden Menschen wandeln sollst. Ich kann hier schon eure Einwände hören: „Jeff sagt, wir sollen einfach zu allem Ja und Amen sagen, jedem alles durchgehen lassen. Das würde doch zu einem vollständigen Chaos und zu völliger Zerstörung führen!" Nein – überhaupt nicht. Diese Annahme bedeutet nicht, dass du dich stets ins Unrecht setzt und anderen immer recht gibst. Annehmen in der Tiefe ist nicht dasselbe wie Passivität. Sie bedeutet auch nicht, dass du deinen Standpunkt verstecken sollst oder vorgibst, keinen Standpunkt zu haben, oder so aufzutreten, als wärest du allzeit freundlich oder spirituell oder nicht bewertend. (Die schlimmste Bewertung von allen ist diejenige zu behaupten, dass alle Bewertungen schlecht seien!) Von diesem Ort tiefster Annahme aus kann ich auf dein Erleben in authentischer und leidenschaftlicher Weise antworten. Aber das kommt nicht mehr aus einem Ort von: „Wie kann man nur so denken!“. Es kommt nicht mehr von einem Ort, an dem ich dir meine Liebe entziehe oder wo ich dich geistig bestrafe, weil du so fühlst oder denkst, wie du es tust, und wo ich dich ins Unrecht damit setze. Es ist keine Reaktion mehr, keine automatische Abwehr eines bedrohten Selbstbildes. Es ist eine Antwort im tiefsten Sinn des Wortes. Ich antworte einfach auf diesen Augenblick, so, wie er sich zeigt, auf das Leben, wie es ist, statt auf das Leben, wie ich es erhoffte oder erwartete. Ich antworte auf das, was unmittelbar jetzt und in Wirklichkeit geschieht, aus einem Ort tiefster Annahme heraus, ohne durch diese Antwort irgendetwas bewirken zu wollen. Das ist wahre „Ver-Ant-Wortung“ – die Fähigkeit, von jenseits des Bildes zu antworten. Das Ende des Konfliktes liegt nicht in der Reaktivität, sondern in dieser totalen „Ver-Ant-Wortlichkeit“, die aus der Entdeckung der tiefsten Annahme des Jetzt resultiert.

„Liebe deine Feinde“, hat Jesus gelehrt. Mit anderen Worten: Lass deinen Feind dich aus deinem Traum erwecken, dass du überhaupt einen Feind hast. Bitte deinen Feind, dir zu zeigen, welches falsche Selbstbild von dir du immer noch verteidigst.

Dem Bösen vergeben

Ihr könntet nun sagen, dass wir alle nach Liebe suchen – der Heilige und der Sünder gleichermaßen. Wir haben nur unterschiedliche Arten und Weisen, wie wir diese Suche zum Ausdruck bringen. Der Mann, der mich bei meinem Vortrag so konfrontiert hatte, sah vielleicht so aus, als wollte er das „Jeff Foster“-Image herunterreißen, aber was er wirklich brauchte, war Liebe. Der Alkoholiker will vielleicht noch ein Bier, aber was er wirklich braucht, ist Liebe. Er fühlt sich in seinem Erleben der Gegenwart unbehaglich – ungeliebt in all seinen Gedanken, Empfindungen und Gefühlen – und er sucht einen Ausweg, und das Einzige, das sein Unbehagen zu lindern scheint, ist ein Bier. Bier scheint ihm, wenigstens eine Zeitlang, das Gefühl von Nichtokaysein wegzunehmen und ein Gefühl von Okaysein zu verschaffen. Bier scheint, wenigsten eine Zeitlang, das Mutterbauchgefühl zurückzubringen. Selbst ein Serienmörder, ein Vergewaltiger, ein Mörder sucht nach diesem Mutterbauchgefühl, wenn auch auf unterschiedliche Weise. Wir sind alle Mutterbauchgefühl-Suchende auf zwei Beinen.

Für diese Menschen scheint der einzige Weg, den sie kennen, um Liebe zu bekommen, darin zu bestehen, dass sie andere verletzen. Für diejenigen, die sich vollkommen ohnmächtig fühlen, hilflos, vom Leben geschlagen und die sich danach sehnen, sich mächtig zu fühlen, wieder die Kontrolle über etwas zu haben, scheint der einzige Weg, wenigstens vorübergehend etwas Erleichterung zu spüren, darin zu bestehen, dass sie andere verletzen oder sogar töten. Ja, wirklich, der Sucher kann in seiner Suche nach Ganzheit so verzweifelt werden. Wir suchen die Ganzheit auf jede uns mögliche Weise. Wir kämpfen für sie. Wir sterben für sie. Wir sprengen uns selbst für sie in die Luft, wenn das nötig ist, um in den Himmel zu kommen, um nach Hause zu kommen, um die Last des Getrenntseins zu überwinden. Für manche Menschen besteht der einzige Weg, den sie sehen, um nach Hause zu kommen, in einem Weg, der mit Feinden nur so gespickt ist. Du wirst mein Todfeind, wenn ich dich als eine Blockade auf meinem Weg nach Hause wahrnehme.

Aus diesem Grunde bekriegen sich Menschen, nicht nur deshalb, weil sie gewinnen oder ihr Land, ihre Nahrung oder ihren materiellen Reichtum verteidigen wollen, sondern auch wegen ihrer Meinungsverschiedenheiten, wegen unterschiedlicher Philosophien, Ideologien, religiösen Glaubensüberzeugungen. Meinungsverschiedenheiten zwischen Menschen – ganz gleich, ob es sich um zwei Menschen handelt, die eine Beziehung miteinander haben, oder um die Bürger von zwei verschiedenen Ländern – verwandeln sich so schnell in Heilige Kriege. Wenn du anderer Meinung bist als ich, wenn du meine Ansicht zurückweist, dann fühle ich mich auf irgendeine Weise *bedroht*. Ist das nicht seltsam? Denn du bedrohst mich ja nicht körperlich, aber trotzdem fühle ich mich so, als würde ich irgendwie angegriffen. Warum ist das so? Was wird hier wirklich angegriffen?

Wenn ich an einer Vorstellung festhalte, an einem Glaubenssystem, an einer Ideologie, und wenn ich dieses Glaubenssystem zu meinem Weg zur Ganzheit gemacht habe – meinem einzigen Weg zur Ganzheit – und wenn du mit Worten oder Handlungen unterstellst, dass mein Glaubenssystem falsch ist, dann bedrohst du meine Ganzheit. Du blockierst meinen Weg nach Hause. Du bedrohst mein Leben – jedenfalls in der Geschichte meines Lebens. *Wir streiten uns hier nicht über Ideologien, wir streiten uns über unseren Weg zur Ganzheit.* Die Welle versucht, zum Ozean zurückzukehren, und wenn irgendetwas sich dem in den Weg stellt, dann ist die Welle mit der schrecklichsten aller Möglichkeiten konfrontiert: dass sie nämlich nie, nie wieder nach Hause zurückkehren kann. Dass sie für immer getrennt sein wird. Und deshalb wird sie extreme Maßnahmen ergreifen, um diese Bedrohung auszulöschen. Manche Menschen sprengen sich selbst in die Luft – und versuchen auch, dich mitzunehmen – einfach, um ihre eigene Reise nach Hause für gültig zu erklären.

Ganz in der Tiefe versuchen selbst die Selbstmordattentäter, nach Hause zu kommen, genau wie jeder andere Mensch auch. *Ohne die Handlungen, die sie deshalb ausführen, in irgendeiner Weise zu billigen:* Können wir anfangen, einen Funken Mitgefühl für Menschen wie diese Selbstmordattentäter zu entwickeln? Den heimwehkranken Sucher hinter dem Selbstmordattentäter zu entdecken, kann für uns ein echter Anfang sein. Dabei geht es nicht darum, Gewalt auf irgendeine Weise zu rechtfertigen – ganz im Gegenteil – sondern darum, zu verstehen, wo der Drang nach Gewalt möglicherweise herkommt, in ihnen *und* in uns selbst. Vielleicht werden wir, wenn wir wirklich verstehen, was da los ist, in einer viel besseren Position sein, um mit der Wirklichkeit der Gewalt in dieser Welt umzugehen – nicht, indem wir ihr neue hinzufügen, sondern indem wir helfen, sie an ihrer Quelle zu enträtseln. Wenn wir endlich weitergehen als bis zu der Geschichte von „ihnen und uns“, wenn wir endlich über die Illusion von Gut und Böse und über die darunterliegende Illusion, dass wir getrennte Wesen sind, hinausgelangen, dann haben wir vielleicht eine Chance.

Indem wir erkennen, dass grundsätzlich jeder einzelne Mensch versucht, nach Hause zu gelangen, gibt uns das eine vollkommen neue Art des Verständnisses für das Verhalten von Menschen, die wir bisher als gewalttätig, verrückt, krank oder bösartig bezeichnet haben. In diesem Licht betrachtet, ist niemand wirklich von Natur aus bösartig, und niemand ist grundsätzlich anders, als wir es sind. Manche Menschen suchen nur ihre Ganzheit auf verschiedene Weise, und die destruktiven Handlungen, die daraus entstehen und das Ergebnis dieser verzweifelten Suche sind, nennen wir dann „das Böse“.

Diejenigen, die wir als „böse“ bezeichnen, sehnen sich letztlich nach demselben, nach dem wir uns alle sehnen, aber aufgrund ihrer einzigartigen Erziehung, aufgrund dessen, was sie erfahren und gelernt haben, als sie aufwuchsen, aufgrund dessen, wie sie als Kinder behandelt worden sind, aufgrund der Karten, die sie vom Leben zugeteilt bekamen, ist der einzige Weg, wie sie genau jetzt Ganzheit finden können, der durch Gewalt. Da sie sich in ihrem gegenwärtigen Erleben nicht in der Tiefe vollständig fühlen, werden sie zu verzweifelten Suchern nach Liebe, und in dieser Suche nach Liebe fangen sie an, die ganze Welt zu bekriegen. In ihrer Suche nach Ganzheit kommen sie schließlich dazu, alles zu zerstören, was sie als „unvollständig“ und „da draußen, in der Welt“ wahrnehmen.

All das, was wir als böse in uns selbst wahrnehmen, all diese Wellen der Erfahrung, die noch nicht in der Tiefe zugelassen sind und aufsteigen und sich wieder auflösen dürfen, all diese Wellen, die eine Bedrohung für unser Selbstbild sind, werden wir auf sogenannte Feinde da draußen in der Welt projizieren. Und hinter dem Versuch, alle unsere Feinde auszulöschen, liegt der heimliche Versuch, all das Böse in uns selbst auszulöschen. Indem wir die Unreinheit in anderen zerstören, suchen wir in Wirklichkeit unsere eigene Reinheit. Wenn wir versuchen, das Dunkle in anderen zu zerstoren, dann suchen wir heimlich nach dem Licht. Ich will die Unvollständigkeit in dir zerstören, weil ich sie heimlich in mir selbst zerstören und endlich ganz werden möchte.

Unsere Feinde werden zu unseren Sündenböcken. Der Sucher braucht immer einen *Sündenbock* – ein Wort übrigens, das einen interessanten Ursprung hat. Denn in antiken Dörfern suchten sich die Dorfbewohner einen (Ziegen)-Bock, um ihn zu opfern, wenn sie sich ihrer Sünden entledigen wollten. Sie glaubten, dass der Bock auf magische Weise ihre Sünden in sich aufnehmen würde, und wenn sie ihn dann getötet hatten, dann würden ihre Sünden mit ihm sterben, sodass sie wieder „rein“ wären. Jemanden zum Sündenbock machen, ist eine Art und Weise, zu versuchen, sich psychologisch wieder reinzuwaschen – mit anderen Worten, sich von „Unsauberem“, von ungeliebten Wellen, zu befreien. Bei unserer Suche erzeugen wir ständig Sündenböcke. Denn wir suchen unsere Erlösung ständig im Außen, und im Extremfall versuchen wir sogar, andere zu zerstören, weil wir so glauben, Teile von uns zerstören zu können, mit denen wir nicht leben wollen.

Was ich in mir selbst nicht zulassen kann, das werde ich auch in dir nicht zulassen. Die Wellen, die ich in mir selbst zum Verschwinden zu bringen versuche, werde ich auch in dir bekämpfen. Adolf Hitler – der oft als einer der bösartigsten Menschen aller Zeiten bezeichnet wird – hat uns ein klassisches Beispiel für diese Sündenbocktheorie gegeben. Er verfolgte Homosexuelle, und gleichzeitig gibt es ziemlich starke Beweise dafür, dass er den Drang zur Homosexualität in sich selbst zutiefst bekämpfte. Er beschuldigte seine Feinde, die Juden, sexuell unrein zu sein, und gleichzeitig gibt es starke Beweise dafür, dass er sich heimlich sehr „unreiner" sexueller Fetische erfreute. Er sagte, das jüdische Blut sei giftig und ansteckend, und gleichzeitig gibt es Beweise dafür, dass er in seiner Jugend schreckliche Angst davor hatte, dass sein *eigenes* Blut giftig war. Glaubte Hitler wohl wirklich daran, dass die Zerstörung seiner Feinde ihm das geben würde, nach dem er sich wahrhaft sehnte? Es ist unglaublich, dieses Projektionsspiel – wie einfach es ist und wie viel Zerstörung es gleichzeitig verursacht, wenn man ihm erlaubt, auf globaler Ebene Amok zu laufen. Wir können uns in der ganzen Menschheitsgeschichte umschauen und nachweisen, wie die Tatsache, jemanden zum Sündenbock zu machen, nicht wirklich zum Frieden in irgendeiner Hinsicht führt. Unsere Feinde können nie wirklich zerstört werden, weil sie in uns selbst sind. Trennung beginnt bei dir und bei mir, hier in diesem Raum, und sie endet bei Folter und Völkermord.

Wie leicht ist es doch, diesen Mechanismus in anderen zu erkennen! Können wir ihn auch in uns selbst erkennen? Das ist die wahre Frage. Wen machst du zum Sündenbock? Was weist du in anderen zurück, das du heimlich in dir selbst ablehnst? Schwäche? Versagen? Angst? Homosexualität? Gewalt? Welche Gedanken und Gefühle lässt du in dir selbst nicht zu, um gegenüber der Welt dein Selbstbild aufrechtzuerhalten?

Nun, was ich hier zu sagen versuche, ist, dass es bei nichts, was ich hier erwähnt habe, darum geht, unfreundliches, gewalttätiges, zerstörerisches Verhalten zu rechtfertigen. Ich schlage einfach vor, dass wir einmal mehr in die Tiefe schauen und entdecken, woher ein solches Verhalten überhaupt kommt. Denn jemand, der zutiefst im Frieden mit seinem eigenen Erleben ist, jemand, der in jedem Gedanken, in jeder Empfindung, in jedem Gefühl das tiefste Angenommensein erkennt – glaubt ihr, dass ein solcher Mensch wirklich das Bedürfnis in sich fühlen würde, die Welt zu verprügeln? Spürt ein solcher Mensch wirklich das Bedürfnis, in dramatischer und extremer Weise Erlösung zu suchen? Kann jemand, der erkennt, dass jeder Aspekt seiner Wirklichkeit – jeder Gedanke, jedes Geräusch, jede Empfindung, jedes Gefühl – immer schon zutiefst zugelassen ist, zutiefst vom Leben angenommen ist, wirklich das Bedürfnis in sich spüren würde, auf eine verzweifelte Jagd nach Ganzheit zu gehen? Muss ein solcher Mensch wirklich die Welt um sich herum zerstören, damit er diese Ganzheit findet? Und gibt das Verletzen von anderen ihm wirklich das, wonach er sich zutiefst sehnt?

Wenn du erkennst, dass ein anderer Mensch in seiner Essenz du ist – gibt es dir dann irgendeine Befriedigung, ihn *absichtlich* zu verletzen? Und wenn du nicht länger ein falsches Selbstbild von dir verteidigen musst (ein Selbstbild, von dem du weißt, dass es nicht einmal anfangen kann zu erfassen, was du wirklich bist), wenn du nicht länger in einem anderen Menschen eine Bedrohung für dieses Selbstbild siehst – wirst du dann wirklich noch das Bedürfnis fühlen, ihn anzugreifen? Ist Gewalt wirklich notwendig, wenn du keine Angst mehr vor dem Menschen da vor dir haben musst?

Ich stelle mir vor, dass ein gewalttätiges, zerstörerisches oder absichtlich unfreundliches Verhalten *immer* ein Ausdruck des Suchens im Erleben eines Menschen ist. Gewalt und Konflikte beginnen als Suchen in meinem Erleben, und dann erst werden sie auf die Welt da draußen projiziert.

Denk einmal an all die Zeiten in der Vergangenheit, wenn du selbst etwas Gemeines, Unfreundliches, Grausames oder Gewalttätiges getan hast. Sei ehrlich: Woher kam dieser Drang, jemandem weh zu tun? Kam er von einem Ort, an dem du klar erkennen konntest, dass alles in deinem derzeitigen Erleben zutiefst in Ordnung war? Konntest du damals zutiefst in dir alles zulassen, was du gerade fühltest oder dachtest? Oder kam dieser Drang aus einem Ort des Verletztseins, aus einem Gefühl heraus, nicht in Ordnung zu sein, jetzt, in diesem Moment – von einem Ort also, an dem du das Bedürfnis gespürt hast, jemandem weh zu tun, damit du selbst dich wieder annehmen konntest und dir das beweisen musstest? Und hat dir das Verprügeln des anderen wirklich geholfen, damit du dich letztendlich besser gefühlt hast? Oder hat es dir nur eine vorübergehende Erleichterung verschafft? Gab es hinterher nicht vielleicht sogar ein *Schuldgefühl* – mit anderen Worten, hast du vorgegeben, jemand zu sein, der du gar nicht warst?

Wenn man es von diesem Standpunkt aus betrachtet, könnte man sagen, dass die Welt schlicht wie eine leere Leinwand ist, auf der wir unsere Sehnsuchtsaktivitäten ausagieren. Und wenn ich meine eigenen Erlebnisse bekämpfen muss, dann werde ich auch die äußere Welt – auf verschiedene Weise, manche sehr subtil, andere nicht so subtil – bekämpfen. Natürlich sind letztlich sowohl das, was wir die „innere", und das, was wir die „äußere" Welt nennen, nicht wirklich voneinander getrennt, denn die Welt und ich sind eins. Der Drang zur Gewalt resultiert daraus, dass man diese Intimität zwischen sich und der Welt nicht erkennt – und damit nicht erkennt, dass ich als der offene Raum im Kern untrennbar mit dem verbunden bin, was du bist. Er resultiert also aus diesem Nichterkennen der inhärenten Vollständigkeit und der Annahme jeder Erfahrungswelle. Indem ich Teile von mir als bösartig ablehne, bekämpfe ich dasselbe „Böse" in der Welt, in meinen verzweifelten Versuchen, ganz zu werden. Unbewusst versuche ich damit nur, das Böse in mir selbst zu zerstören. „Böse Menschen" – Diktatoren, Mörder, Vergewaltiger, Serienmörder, Terroristen – versuchen in Wirklichkeit, die Welt wieder ganz zu machen, sich selbst ganz werden zu lassen, und dies auf die einzige Art und Weise, die sie kennen. Auch wenn es seltsam klingt: Böse Menschen versuchen in Wirklichkeit, das „Böse" zu zerstören – nämlich in sich selbst. Deshalb lasst uns nicht noch mehr Böses erzeugen, indem wir sie bekämpfen, und lasst uns andererseits ihr Verhalten nicht rechtfertigen. Sondern lasst sie uns *verstehen*, lasst sie uns auf einer tieferen Ebene verstehen, als wir es je versucht haben, indem wir unsere Untrennbarkeit mit ihnen erkennen. Wer weiß? Vielleicht ist so ein Ende des Bösen möglich.

Die wahre Erkenntnis der Natur des Bösen zeigt sich, wenn wahre Vergebung einsetzt. Als Jesus gekreuzigt wurde, schaute er hinunter auf seine Peiniger und vergab ihnen. Vergebung ist möglich, wenn du erkennst, dass Menschen nicht gewalttätig und aggressiv sind und auch nicht deine Position bekämpfen, weil sie böse sind, sondern weil sie schlicht suchen und keinen anderen Weg gefunden haben, das zu bekommen, wonach sie suchen. Sie können die Ganzheit nicht erkennen, und deshalb gehen sie in die Welt hinaus und suchen die Ganzheit, indem sie alles *zerstören*, was sie als eine Bedrohung dieser Ganzheit empfinden – alles, von dem sie denken, dass es die Verantwortung dafür trägt, dass keine Ganzheit da ist. Da sie die Ganzheit und Vollkommenheit nicht erkennen, müssen sie hinausgehen und ihre Sündenböcke töten.

Als er am Kreuz starb, sagte Jesus: „Vater, vergib ihnen, denn sie wissen nicht, was sie tun." Mit anderen Worten: „Vergib meinen Feinden – denn sie können nicht *erkennen*. Sie wissen nichts von der Ganzheit. Sie wissen nicht, wer sie wirklich sind. Sie können den Ozean vor lauter Wellen nicht sehen. Sie haben sich selbst als getrennte Wesen definiert. Und so agieren sie unschuldig ihr Suchen aus. Sie denken, dass es ihnen Ganzheit bringen wird, wenn sie mich töten – und es klappt nicht. Denn sie sind ja schon ganz, aber sie können das nicht erkennen. Selbst wenn sie mich tausendmal töten würden, würde es ihnen nicht das bringen, wonach sie sich wirklich sehnen. Denn wonach sie sich wirklich sehnen, ist das, was ich wirklich bin – was sie wirklich sind. Ich bin das, was sie sind. Vielleicht werden sie es eines Tages erkennen."

Wer würdest du lieber sein – Jesus, der wusste, wer er wirklich war, und der die Tiefenakzeptanz seiner eigenen Erfahrung praktizierte, oder seine Folterknechte, die ihre wahre Natur nicht kannten und vollständig mit den falschen Bildern identifiziert waren und sich selbst zutiefst bekämpften? Wer würdest du lieber sein, der Täter oder das Opfer? Und wer ist eigentlich das wahre Opfer – derjenige, der andere aus einem Schmerz, der zutiefst nicht angenommen ist, verletzt, oder derjenige, der Schmerz erfährt, aber selbst in dieser Erfahrung noch weiß, wer er wirklich ist? Wer wird hier wirklich verletzt?

Es ist interessant zu bemerken, dass das Wort „vergeben" wörtlich „alles geben" bedeutet. Wenn man das erkennt, dann wird einem in demselben Moment die Ganzheit gegeben – mit anderen Worten, wenn ich erkenne, dass ich in diesem Augenblick immer noch ganz bin – trotz allem, was gerade geschieht oder geschehen ist, trotz allem, was jemand zu mir gesagt oder was er mir getan hat, und dass diese Erfahrung im Jetzt zutiefst angenommen ist – dann wird der andere Mensch sozusagen von seiner Last der Schuld befreit. Dann ist er nicht länger ein Feind, er ist nicht länger verantwortlich für meinen Verlust der Ganzheit. Eine weitere Welle kann deine Ganzheit nicht zerstören. Eine weitere Welle kann dich nicht mehr oder weniger zu einem Ozean machen. Niemand kann dir die Tiefenakzeptanz nehmen. Auf dieser Ebene ist jeder unschuldig. Und deshalb ist Vergebung auch nicht länger eine Frage des *Versuchs*, anderen zu vergeben. Es geht dabei darum zu erkennen, dass an diesem Ort tiefster Annahme jedem bereits vergeben *ist*. Jeder, einschließlich deiner selbst, hat bereits alles bekommen. Vergebung ist in das, was du bist, schon eingebaut. Nichts, was wirklich ist, kann dir genommen werden. Und wie der *Kurs in Wundern* lehrt: Nichts, was nicht wirklich ist, existiert.

Unseren Gurus vergeben

Wenn derjenige vor dir von seiner Last befreit ist – der Last, derjenige sein zu müssen, der dich ganz macht, und der Last, derjenige sein zu müssen, der deine Unvollständigkeit bedroht – dann wird er auch von seinem Guru-Status befreit, befreit von seiner fantasierten Macht, dich ganz zu machen. Wenn das geschieht, dann kannst du endlich erkennen, wer dieser Mensch wirklich ist. Der Machtkampf ist an dieser Stelle vorbei, und eine wahre, authentische, menschliche Begegnung wird wirklich möglich.

Wenn ich meine Bedürfnisse des Suchens nicht länger auf dich übertrage, dann bin ich frei, dich in deiner Unvollständigkeit zu erkennen. Ich kann dich erkennen, wie du bist. Ich kann deine menschlichen Fehler erkennen, dein Versagen, deine Schwäche, deine Traurigkeit, deinen Schmerz. Ich kann dich sogar dafür lieben, wie du bist, nicht als den, der du meiner Ansicht nach warst, oder als der, den ich brauchte. Ich kann dich in deinem Schmerz lieben, in deiner Trauer, in deinen Unvollkommenheiten, in all deiner Menschlichkeit. Jenseits der Rollen, jenseits der Geschichten sind deine Unvollkommenheiten so vollkommen!

Wenn der Sucher seinem Guru seine gesamte Last der Erwartungen auflädt, dann belädt er sich selbst mit denselben Erwartungen. Denn wenn wir etwas in einem anderen suchen – ob dieser Jemand nun ein Liebster, ein Freund, ein Therapeut, ein Elternteil, ein spiritueller Lehrer ist oder ein Guru, ob er ein Politiker ist, eine Berühmtheit oder eine Führungspersönlichkeit – dann geben wir ihm eine Macht, die er nie gehabt hat. Und wir fühlen uns durch diese Macht gebunden, an ihn oder sie gebunden, auf irgendeine Weise gefesselt, unfähig, einfach frei zu sein und wegzugehen, wann immer wir wollen. Dieser Mensch scheint irgendeine merkwürdige, rätselhafte Macht über uns zu haben.

Der Suchende ist stets durch das gebunden, was er sucht. Er fühlt sich unfähig, von seinem Guru wegzugehen, in Erwartung, dass er etwas bekommen wird, das, von dem er glaubt, dass es ihn heil und ganz macht. Manche Menschen verbringen Jahrzehnte damit, bei ihrem Guru herumzuhängen, in Erwartung, dass sie etwas bekommen, und sie glauben ganz ernsthaft und wahrhaftig, dass ihr Guru etwas besitzt, das sie nicht haben. Indem sie ihre ganze Aufmerksamkeit auf den Guru richten und auf seine Übertragung oder Offenbarung warten, verlieren sie das Vertrauen in ihre *eigene* Erfahrung. Sie warten ununterbrochen auf Bestätigung und leben auf Kosten der Autorität eines snderen. Selbst wenn der Guru missbräuchlich ist – verbal, körperlich oder emotional – dann bleibt der Suchende dennoch bei ihm, versucht verzweifelt, seine Zweifel zum Schweigen zu bringen, sich verzweifelt an der Hoffnung festzuhalten, dass es all das am Ende wert gewesen ist und dass er schließlich doch bekommt, weshalb er gekommen ist.

Ein Mann erzählte mir einmal, dass er mit Anfang 20 im Zimmer eines Freundes zufällig das Foto eines Inders sah. Bis zu diesem Moment hatte er mit Spiritualität nicht viel zu tun gehabt, er wusste nichts über spirituelle Wege, und er hatte den Mann auf dem Foto noch nie zuvor gesehen. Aber in dem Augenblick, als er das Foto sah – sagte der Mann – geschah etwas sehr Seltsames mit ihm. Es war fast, als ob von dem Foto eine Energie ausging. Er spürte eine Art Macht dort, eine Präsenz. Es war so magnetisch, so *anziehend*. In diesem Augenblick wurde der Mann auf dem Foto sein Guru, und er machte sich auf nach Indien, um ihn zu finden.

Der Mann sagte: „Es ist so seltsam. Ich habe zu der Zeit nach gar nichts gesucht. Ich war nicht auf der Suche nach Erleuchtung – überhaupt nicht. Die Macht ging wirklich von dem Foto aus. Sie hatte mit mir nichts zu tun. Sie war da, auf dem Foto. Hier, schauen Sie einmal."

Und er zeigte mir das Foto. Er trug immer noch eine zerknitterte Kopie des Fotos in seiner Brieftasche. Es war ein wundervolles Foto, ganz bestimmt. Der Guru sah sehr gelassen und freundlich aus, glücklich, im Frieden mit sich, sehr präsent. Ich bin ganz sicher, dass dieser Guru einige wundervolle Eingebungen mit anderen teilen konnte. Aber Macht? Ich fühlte keinerlei Macht, die von dem Foto ausging. Ich fühlte mich zu diesem Mann nicht mehr oder weniger hingezogen als zu irgendjemandem sonst. Er war nicht grundsätzlich anders als ich. Er war ganz einfach eine weitere wunderschöne Welle im kosmischen Ozean, ein Musikstück, das anders war, ja, aber nicht grundsätzlich anders als alle andere Musik. Wenn man nicht sucht, dann kann man sehen, was wirklich da ist, ohne jede Projektion.

Was dieser Mann beschrieb, der das Foto mit sich trug, war ein perfektes Beispiel für den Suchmechanismus. Er behauptete, dass er nicht gesucht hatte, als er über das Foto gestolpert war. Aber *jeder* Mensch ist ein Suchender, selbst wenn er es nicht merkt. Jede Welle sucht den Ozean. Dieser Mann hier hatte vielleicht nicht ausdrücklich Erleuchtung gesucht, aber er war ein Suchender, er suchte Liebe, Ganzheit, ein tiefes Angenommensein. Und er dachte, dass er in Form dieses Inders auf dem Foto endlich gefunden hatte, wonach er sich sehnte.

Jeder sucht die bedingungslose Liebe. Wenn wir sie von unseren Eltern, unseren Partnern oder unserer beruflichen Karriere nicht bekommen haben, dann suchen wir sie in Form eines spirituellen Gurus oder Heilers.

Die meiste Zeit bemerken wir natürlich gar nicht, dass wir überhaupt etwas suchen. Wir fühlen uns einfach von bestimmten Menschen angezogen, fühlen uns von ihnen gefesselt, ganz offensichtlich von ihrer Energie aufgesogen und glauben an ihre seltsame Macht über uns. Wir fühlen uns veranlasst, alles hinter uns zu lassen und nach Indien zu reisen, um einen Mann mit einem Lendenschurz zu besuchen. Wir bekommen weiche Knie, wenn eine Berühmtheit den Raum betritt. Wir werden ohnmächtig, wenn wir unseren Idolen in Fleisch und Blut begegnen. Wir unterwerfen uns machtvollen Führern und tun genau das, was sie uns sagen. Wir legen jedes kritische Denken, unsere ganze Intelligenz und unser Bauchgefühl beiseite, nur um ihnen zu gefallen. Wenn unsere Liebste den Raum betritt, wird uns schwindelig und wir tun alles, um ihr zu gefallen, sie glücklich zu machen, ihre Zuneigung zu gewinnen – selbst wenn es sich irgendwie nicht echt anfühlt, sich so zu verhalten. Der Suchende ist immer vom Objekt seiner Suche überwältigt. Aber diese Erfahrung einer äußeren Macht ist immer nur deine eigene Projektion, und sie basiert auf einem Fehlkonzept dessen, was wir wirklich sind.

Die Band „Everything But The Girl“ nahm einmal einen Song auf mit dem Titel „I Didn't Know What I Was Looking For Love Until I Found You“. Genau darum geht es: Ich wusste nicht, dass ich nach Liebe suchte, bis ich dich fand, und plötzlich wurdest du zum Ziel meiner Suche nach Liebe. Ich wusste nicht, dass ich nach Erleuchtung suchte, bis ich dieses Foto von dem Inder sah, und plötzlich projizierte ich das Ziel meiner Suche auf ihn. Aber die Liebste, der Geliebte hat keine Macht, ehe wir ihm oder ihr diese Macht geben, und auch der Guru hat keine Macht, wenn wir sie nicht auf ihn projizieren. Die Macht der Suche – Ganzheit – die wir „Erleuchtung“ oder „Liebe“ nennen, vielleicht auch „Ruhm“ oder „Genie“ oder „Kraft“, wird auf den Menschen projiziert, und dann vergessen wir, dass sie nur unsere Projektion ist und keine Macht, die irgendjemand auf der Welt in Wirklichkeit besitzen kann. Und dann gehen wir los in die Welt und suchen nach dieser Macht, wir wollen ihr nahe sein, wir wollen sie berühren, wir wollen sie erreichen, sie aufsaugen und dann verhindern, dass wir sie je wieder verlieren.

Jeder möchte dem Guru nahe sein. Jeder möchte der Berühmtheit nahe sein. Jeder möchte das Kleid eines Heiligen berühren oder des Papstes oder des spirituellen Lehrers. Wir fühlen uns auf seltsame Weise zu diesen Menschen hingezogen, und wir wissen nicht, warum. Wir blubbern dann nur Sätze heraus wie: „Der ist wirklich großartig! Er ist so präsent! Sie hat eine solche Energie! Sie strahlt irgendetwas aus! Er ist wie von einem anderen Stern!“

Dann spaziert er in den Raum, und wir werden ohnmächtig, wir werden vor unserer eigenen Projektion ohnmächtig! Und dann geht er an uns vorbei, und wir spüren seine Energie, aber es ist eigentlich unsere eigene Energie, die wir nur auf ihn projiziert haben. Er starrt vielleicht in unsere Augen, und es fühlt sich so an, als ob er uns „seine Präsenz überträgt“, und in Wirklichkeit erfährst du dich gerade im wahrsten Sinne des Wortes selbst – deine eigene Präsenz. Wenn wir Macht als etwas erfahren, das außerhalb von uns selbst liegt, dann ist es in Wirklichkeit unsere eigene Macht, die wir nach außen projizieren. In Wirklichkeit gibt es keine innere oder äußere Macht; es gibt nur die Macht des Lebens selbst, die kein Innen und kein Außen hat. Es gibt im Ozean kein Innen und kein Außen, es ist alles Wasser. Es gibt in diesem Moment kein Innen und kein Außen.

Einmal, bei einer Konferenz, sagte mir ein Erleuchtungssucher, dass er eine von mir ausgehende Energie erfahren habe. Er sagte, dass er „meine Präsenz“ durch die gesamte Halle hindurch gespürt habe. Da ich den Suchmechanismus kenne, konnte ich augenblicklich verstehen, was da passierte. In seiner Suche nach Erleuchtung hatte er sein Bild von einem erleuchteten Wesen auf mich projiziert (und er musste das, als Suchender, auch tun). Für ihn war ich also mit einer Macht ausgestattet, ich schien Präsenz auszustrahlen und eine Energiespur hinter mir herzuziehen, wohin auch immer ich ging.

Nun, ich weiß ziemlich genau, dass ich nicht strahle. Und ich hinterlasse auch keine Energiespuren, ich bin nicht in irgendeiner Weise ein besonderer Mensch, noch habe ich die Macht, irgendjemanden ganz zu machen. Wenn ich das von mir glauben würde, wie arrogant wäre ich dann doch! Aber ich entkräftete das Erleben des Mannes nicht. Stattdessen erinnerte ich ihn sanft daran, dass es seine eigene Energie, seine eigene Macht, seine eigene Präsenz war, die er „da draußen“ sah. Er sah das „Ziel seiner Suche“ außerhalb von sich selbst, damit er weitersuchen konnte. Es war sein eigener Wachtraum – nicht viel anders letztlich als einer der Träume, die er nachts hatte.

Nun ist nichts Falsches daran, sich zu jemandem hingezogen zu fühlen, weil du glaubst, dass dieser Mensch die Macht hat, dich ganz zu machen, dich zu erleuchten, dir deinen Schmerz zu nehmen. Aber die Schattenseite davon ist ganz offensichtlich: *Wir verlieren unsere eigene Macht.* Wir verlieren den Glauben daran, wer wir sind und was wir sind. Wir vertrauen unserer tiefsten Erfahrung nicht mehr. Und dann fangen wir an, unaufrichtig uns selbst und anderen gegenüber zu sein. Wir hören auf, sie als menschliche Wesen zu sehen, und fangen an, sie zu vergöttern. Wir fangen an, in ihrer Gegenwart vorsichtig zu sein. Wir gehen auf Zehenspitzen, versuchen, die richtigen Dinge zu sagen, die richtigen Dinge in ihrer Gegenwart zu fühlen, um nicht zurückgewiesen zu werden, aus dem Club ausgeschlossen zu sein. Wir fürchten sie ebenso, wie wir sie lieben. Wir versuchen, sie zu beeindrucken, ihre Gunst zu gewinnen. Und wir fühlen uns ohne sie verloren. Wir brauchen es, in ihrer Nähe zu sein, damit wir unseren „Kick" bekommen. Wir beginnen, ein Leben aus zweiter Hand zu führen, warten ständig auf andere Menschen, die uns in unserer lebendigen Erfahrung des Jetzt ganz machen sollen, und leben auf Kosten der Autorität anderer. Wir suchen überall nach dem tiefsten Angenommensein – außer an der einzigen Stelle, wo sie gefunden werden kann – im Hier und Jetzt.

Ich habe Menschen getroffen, die von Gurus oder Sektenführern missbraucht worden waren, und sie nahmen den Missbrauch hin, *obwohl sie auf irgendeiner Ebene genau wussten, dass das, was der Guru da tat, falsch war.* Sie lebten in der Hoffnung, dass der Guru schon wissen würde, was er tat, dass das alles zu ihrem eigenen Nutzen geschähe, dass dies alles irgendwann zu ihrer Erleuchtung führen würde. Sie unterdrückten ihre Zweifel oder brachten sie zum Schweigen, denn man hatte ihnen ja gesagt, dass alle Zweifel, alle Nichtübereinstimmung mit dem Guru, jegliche Kritik an seinen Methoden Zeichen von Schwäche wären, von Angst, von Ego.

Warum haben sie diese Situation nicht verlassen? Sie konnten es nicht – sie waren Sucher. Der Sucher kann nicht einfach eine missbräuchliche Situation verlassen – es steht zu viel auf dem Spiel. Egal, wie sehr du mich verletzt, ich brauche doch deine Liebe. Ich brauche deine Erleuchtung. Ich brauche deine Bestätigung. Und ich fürchte, sie zu verlieren. Das ist die dunkle Seite des Projektionsspiels: Wir verlieren unseren gesunden Menschenverstand, wir ignorieren unser Urteilsvermögen, wir unterdrücken unsere Intelligenz, wir ignorieren unser Bauchgefühl und unsere Intuition, wir bringen unsere Zweifel zum Schweigen, von denen viele sehr berechtigt sind – und all das, weil wir unsere Ganzheit haben wollen. Und am Ende gehen wir gegen unsere Wahrheit des gegenwärtigen Augenblicks an, nur weil wir an eine abstrakte Wahrheit in der Zukunft glauben.

In unserem Suchen verlieren wir immer den Glauben an unsere eigene Fähigkeit, den gegenwärtigen Moment wahrzunehmen, und dann suchen wir schließlich diesen Glauben außerhalb von uns selbst. Wir fangen an, in Hoffnung auf eine Errettung in der Zukunft zu leben – die niemals kommt.

Ich habe bemerkt, dass die Wut, die Menschen oft gegenüber ihren missbräuchlichen Gurus haben (oder gegen ihre Eltern oder ihren Partner) sofort aufhört, wenn sie erkennen, dass sie in Wirklichkeit *immer* die Möglichkeit hatten, wegzugehen. Sie hatten nur immer *das Gefühl*, dass sie es nicht könnten, weil sie etwas von dem Guru brauchten. In Wirklichkeit war es nicht der Guru, der ihnen diese Freiheit nahm – sie verweigerten sie sich selbst, weil sie auf etwas hofften, was vom Guru kommen sollte. Wenn sie aufhörten, auf etwas zu hoffen, dann konnten sie erkennen, wie der Guru wirklich war – ein menschliches Wesen mit einigen wunderbaren Erkenntnissen, die er oder sie teilen konnte, aber gefangen in seiner Identität als „erleuchtetes, egoloses Wesen", im Kampf mit der Welt, voll Wut über andere Menschen und ihr Ego, unfähig, sein eigenes wütendes Ego zu erkennen. Der Gott wurde wieder zu einem menschlichen Wesen, und der Sucher war befreit. Die Wahrheit befreit immer. *Nur* die Wahrheit befreit.

Ich mag sehr, was Krishnamurti dazu sagt: „Wenn du niemandem folgst, dann fühlst du dich sehr einsam. Okay, dann sei einsam. Warum hast du Angst davor, allein zu sein? Weil du dann mit dir selbst konfrontiert bist, so wie du bist, und du merkst dann, dass du leer bist, ohne Antrieb, blöd, hässlich, schuldig und unruhig – ein unbedeutendes, schäbiges, zweitrangiges Wesen. Konfrontiere dich mit dieser Tatsache, schau ihr ins Gesicht, lauf nicht vor ihr weg. In dem Augenblick, in dem du davor wegläufst, fängt die Angst an."

Wir folgen anderen, wir möchten, dass sie uns ganz machen, weil wir *uns nicht mit unserer Unvollkommenheit konfrontieren wollen.* Wir hoffen, dass jemand anders – ein Geliebter, ein Guru, eine Flasche Wodka – uns unsere Unvollkommenheit wegnehmen wird. Den Guru loszulassen bedeutet, diese Hoffnung loszulassen, diesen Ausweg, den er verspricht, aufzugeben – und uns stattdessen mit dem zu konfrontieren, was wir wirklich sind. Das bedeutet, sich auch mit all den Wellen in uns zu konfrontieren, die wir ablehnen, all die Wellen, die wir als dunkel oder bösartig oder todbringend bezeichnen. Durch eine solche Auffassung kann große Angst entstehen.

In Wirklichkeit ist es jedoch die schönste Sache der Welt, zu erkennen, dass niemand jemand sein kann, den du brauchst oder der für dich da sein soll. Niemand hat die Macht, dich ganz zu machen. Niemand kann das für dich tun. Niemand kann das für dich sein.

Jeder ist unschuldig daran, dir nicht die Ganzheit geben zu können, die du brauchst. Die Gurus sind dann befreit davon, etwas bereitstellen zu müssen, was sie nie bereitstellen konnten. Und dann stehst du da, befreit von ihrer Macht, befreit von der Notwendigkeit, ihnen gedankenlos zu folgen, konfrontiert mit deiner gegenwärtigen Erfahrung, die der wahre Guru ist. Ja, der Guru ist die gegenwärtige Erfahrung, der dir niemals etwas versprechen wird, das er nicht einhalten kann, der dich niemals in die Irre führen wird, dich niemals enttäuscht, dich niemals verletzt, dich niemals missbraucht und dich niemals jemals verlässt. Sie ist nicht auf deine Bestätigung angewiesen, und du brauchst auch nicht für ihre Liebe zu kämpfen. Sie ist immer da und immer umsonst verfügbar.

Indem du über die Geschichte hinaussiehst, wirst du erkennen, dass jedem vergeben ist, im wahrsten Sinn des Wortes. Alle diese Menschen, die dich enttäuscht haben, weil sie deine Erwartungen nicht erfüllten – ihnen allen ist vergeben: Vater, Mutter, Schwester, Bruder, Freund, Geliebter, spiritueller Lehrer. Sie konnten dich nicht ganz machen – sie waren zu sehr damit beschäftigt, sich selbst ganz zu machen. Sie waren vollkommen sie selbst. Sie waren nicht das, was du als Vollkommenheit brauchtest. Sie machten dich nicht auf vollkommene Weise ganz. Und *Gott sei Dank machten sie dich nicht ganz*, denn sie brachten dich auf diese Weise zurück zu deiner Erkenntnis, dass niemand dich ganz machen kann, was dich zurückbrachte zu der Möglichkeit, dass vielleicht niemand dich ganz machen kann, weil du bereits ganz bist.

Alles, was dann übrigbleibt, ist Dankbarkeit – für die Menschen, die du liebst, für die Menschen, deren Gegenwart du nicht ausstehen kannst, für die Menschen, die dich zu Tode langweilen, für jeden, der jemals in deinem Leben gewesen ist, für jeden, der es wieder verlassen hat. Jeder spielt auf vollkommene Weise seine Rolle. Sie kommen wie gerufen, sie gehen exakt zum richtigen Zeitpunkt.

Das Spiel ist auf perfekte Weise choreographiert. Und all das ist eine gigantische Einladung, den Suchmechanismus zu durchschauen und heimzukommen – um zu erkennen, wirklich zu erkennen, was da ist, jenseits dessen, was du dir vorstellst, was da sein sollte, jenseits dessen, was du dir erträumt hast, was da sein sollte, jenseits dessen, was du denkst, was da sein sollte oder nicht. Du kannst dir vorstellen, dass das Universum jedes Mal, wenn die wahre Wirklichkeit des gegenwärtigen Moments erkannt wird, einen Seufzer der Erleichterung ausstößt.

Also gibt es keine zwei Suchende in einer Beziehung mehr, keine zwei Wellen, die versuchen, den Ozean durch den jeweils anderen zu erreichen. Es gibt keine zwei Menschen mehr, die einander benutzen, um selbst ganz zu werden. Es gibt kein Tauziehen mehr, keinen Kampf der Selbstbilder. Nun sind es zwei Menschen, die einander so erkennen, wie sie wirklich sind, die einander in all ihren Fehlern, Unsicherheiten und Falschheiten sehen und die nicht länger versuchen, einander zu reparieren, einander zum perfekten Partner zu machen und so ihr Bild vom „perfekten Partner" zu erfüllen. Nun sind es zwei Menschen, die klar erkennen, wer da vor ihnen steht.

Zwei Menschen, die endlich aufrichtig sein können – im wahrsten Sinn des Wortes. Denn aufrichtig sein bedeutet, „die Wahrheit ohne Erwartung" sagen, ohne auf ein bestimmtes Ergebnis hin zu leben, ohne zu versuchen, den anderen auf irgendeine Weise zu verletzen oder zu manipulieren. Aufrichtigkeit bedeutet, die Wahrheit zu sagen und bereit zu sein, alles zu erfahren, was dann folgt. Es bedeutet, die Wahrheit zu sagen, nicht mit der Absicht, etwas zu verändern oder den anderen zu reparieren, sondern einfach, weil die Wahrheit das ist, wonach ich am meisten Sehnsucht habe. Wonach ich am meisten Sehnsucht habe, ist, dass ich die Last loslassen will, versuchen zu müssen, ein falsches Selbstbild in deiner Gegenwart aufrechterhalten zu müssen. Letztlich brauchen wir keinen Grund, die Wahrheit zu sagen, zuzugeben, was wirklich ist. Die Wahrheit ist ihre eigene Belohnung.

Die Wahrheit dieses Augenblicks aussprechen

Wir sind nun an einem Punkt angekommen, an dem wir uns anschauen können, wie eine aufrichtige Kommunikation aussieht und wie einfach sie ist, wenn du nicht länger suchst – in anderen Worten, wenn du die tiefe Annahme in dem

Moment spürst und wenn du aus diesem Grund nicht länger auf ein Angenommensein, eine Bestätigung, die Liebe eines anderen angewiesen bist. Aufrichtige Kommunikation ist das Leichteste der Welt, wenn du bereit bist, ein gescheiterter Suchender zu sein – wenn du bereit bist, *alles in diesem Augenblick zu erleben*; wenn du bereit bist, all die Wellen anzunehmen, die in dir aufsteigen, ganz gleich, wie ungemütlich dies sein kann, wenn du bereit bist, die Beziehung (als *Geschichte* der Beziehung) aufzugeben und *wirklich in diesem Moment in Beziehung zu treten*, wenn du bereit bist, das Bild aufzugeben und derjenige zu sein, der du wirklich bist.

Ich traf einmal eine Frau, deren Ehemann ziemlich krank war, und obwohl sie ihn sehr liebte und sich wirklich zutiefst um ihn sorgte, fühlte sie sich unsicher, ob sie wirklich nach vielen Jahren seiner Untreue weiterhin seine Ehefrau bleiben wollte. Er hatte starke körperliche Schmerzen, und obwohl sie tiefes Mitgefühl mit ihm hatte, spürte sie gleichzeitig, dass die Dinge nicht mehr so weitergehen konnten, wie sie es bisher in ihrer Liebesbeziehung getan hatten. Sie verbrachte schlaflose Nächte damit, sich den Kopf zu zerbrechen, wie all das geschehen konnte.

Diese Frau war ihr ganzes Leben lang eine spirituelle Sucherin gewesen, und eins der Dinge, die sie im Verlauf ihres spirituellen Weges erkannt hatte, war, dass es wichtig war, alles anzunehmen. Sie versuchte also verzweifelt, ihren Ehemann anzunehmen, wie er war, einschließlich seiner Untreue, aber sie konnte es einfach nicht mehr, ganz gleich, wie sehr sie es versuchte. Sie hatte eine Menge Wut in sich, weil er sie jahrelang so behandelt hatte. Und auf einer tieferen Ebene fühlte sie sich verletzt, verraten und ungeliebt. (Vieles von unserem Gefühl von Verletztsein ist schlicht eine weitere Art, uns nicht geliebt zu fühlen.) Viele Jahre lang hatte sie ihr Leben auf Warteschleife gelebt und darauf gewartet, dass sie endlich von ihm geliebt würde, darauf gewartet, dass sie endlich angenommen würde, darauf gewartet, dass er sich wirklich entschuldigen würde, sich verändern würde und der Mensch werden würde, der er nach ihrer Meinung endlich werden sollte. Sie hatte ihr ganzes Leben damit verbracht, mit einem Traum von ihm zu leben, sich Hoffnungen zu machen, und nun fing der Traum der Hoffnung an zu sterben.

Die Wahrheit war, dass sie in diesem Moment trotz all ihrer spirituellen Eingebungen im Laufe der Jahre ihren Ehemann nicht annehmen konnte. Die Nichtakzeptanz war eine riesige Ohrfeige für ihre spirituelle Identität. Als erfahrene spirituelle Sucherin spürte sie, dass etwas mit ihr nicht stimmte, weil sie die Situation immer noch nicht annehmen konnte. Sie war gescheitert, sowohl sich selbst als auch ihren Ehemann anzunehmen. Sie war eine gescheiterte Sucherin, und dieses Scheitern war für sie sehr schwer zuzugeben. Als sie mich aufsuchte, war diese Frau am Rande eines Nervenzusammenbruchs.

Die Annahme, nach der sie wirklich suchte, würde jedoch nicht dadurch kommen, dass sie *versuchte*, ihren Ehemann anzunehmen (das hatte sie nämlich schon jahrelang getan), sie würde vor allem auch nie kommen, indem sie sie *bei* ihrem Ehemann *suchte* (darauf hätte sie den Rest ihres Lebens warten können). Das Angenommensein, das sie in Wirklichkeit suchte, war die Tiefenakzeptanz – das Angenommensein, dass sie ihrem Wesen nach der weite, offene Bewusstseinsraum war, der alle Gedanken und Gefühle, wie sie kamen und gingen, bereits zugelassen hatte. Sie forderte von ihrem Ehemann etwas, das er ihr niemals geben konnte, und weil er es ihr nicht gegeben hatte, waren ihre Frustration, ihre Wut und ihre Enttäuschung über ihn bis zu einem unerträglichen Maß angewachsen.

Die Frage, die du dir stellen musst, ist die: *Was ist in diesem Augenblick meine Wahrheit?* Mit anderen Worten: *Was fühle und denke ich in diesem Moment wirklich? Kann ich einfach zugeben, was in meinem derzeitigen Erleben auftaucht? Kann ich anfangen, diese Gedanken, diese Empfindungen, diese Gefühle zuzugeben, ganz gleich, wie sehr ich sie auch nicht zugeben will, ganz gleich, wie sehr sie mein Selbstbild bedrohen? Kann ich zulassen, dass erkannt wird, dass das, was ich zugebe, bereits in das Erleben des Jetzt eingelassen worden ist? Kann es einfach bemerkt werden, jetzt, in diesem Moment, dass diese Wellen bereits als Teil des Ozeans zugelassen sind – dass das, was ich bin, schon als Teil dieses Augenblicks angenommen worden ist, dass also die Annahme, die ich suche, bereits da ist?*

Wenn ich diesen Augenblick wahrhaftig annehmen soll, wie meine spirituellen Lehren mir sagen, dann muss ich *alles* annehmen – schlicht und einfach alles – das in diesem Moment aufkommt. Und dieses Alles könne jeglichen *Widerstand* und jegliches *Nichtannehmen* einschließen, das gerade jetzt erscheint. Vom Gesichtspunkt des Ozeans aus sind alle Wellen angenommen, einschließlich derjenigen, die wir nicht mögen oder in diesem Moment nicht wollen. Akzeptanz muss dabei nicht hübsch aussehen oder sich so anfühlen. Wahre Annahme geht über all unsere Vorstellungen, wie Annahme aussehen sollte, hinaus. Wahre Annahme ist das, was du deinem Wesen nach bist – es ist das, was diesem Moment erlaubt, genauso zu sein, wie er ist. Selbst das Unannehmbare ist von dem, was du bist, angenommen. Diese Akzeptanz ist radikal.

Erinnere dich:

Zuzulassen, was im gegenwärtigen Erleben aufkommt – mit anderen Worten, das augenblickliche Vorhandensein dieser Gedanken, dieser Empfindungen, dieser Gefühle einfach und mühelos zu bemerken – bedeutet, zu bemerken, dass diese Gedanken, diese Empfindungen und Gefühle schon in diesen Moment *hineingelassen, zugelassen worden sind*, und zwar von dem, was du bist, selbst wenn du das nicht *zulassen* willst, weil es dein Selbstbild bedroht!

Also, in diesem Augenblick: Was ist denn meine Wahrheit? Meine Wahrheit ist, dass ich diesen Moment nicht zulassen kann. Ich lasse das zu, selbst wenn es mein Selbstbild bedroht. Ich denke vielleicht, ich sollte in der Lage sein, alles anzunehmen, denn ich weiß ja, dass die spirituellen Lehren mir sagen, ich soll alles annehmen. Aber meine Wahrheit ist, dass ich in diesem Moment etwas einfach nicht annehmen kann. So ist das. Ich muss die Wahrheit sprechen. Ich muss meine Nichtannahme zulassen.

In diesem Augenblick bin ich unfähig, meinen Ehemann, meine Ehefrau, meinen Freund, meinen Chef, meine Mutter, meinen Vater, meinen Guru anzunehmen. In diesem Augenblick bin ich nicht in der Lage, sein Verhalten anzunehmen oder das, was sie zu mir gesagt haben oder was sie mir getan haben. In diesem Augenblick bin ich nicht in der Lage, sie als das anzunehmen, was sie sind. Vielleicht werde ich morgen in der Lage dazu sein. Vielleicht im nächsten Jahr. Vielleicht auch nie. Ich weiß es nicht. Alles, was ich weiß, ist, dass ich sie jetzt, in diesem Moment, nicht annehmen kann. Ich lasse die Wahrheit dieses Augenblicks zu. Ich lasse zu, was ist.

Wahre Freiheit besteht darin, zu erkennen, dass meine gegenwärtige Nichtannahme vom Leben selbst in diesem Moment vollständig angenommen ist. Ich *lasse* meine Nichtannahme (oder meinen Schmerz oder meine Angst oder meine Traurigkeit oder meine Wut oder meine Langeweile oder was immer gerade in mir entsteht) *zu* und entdecke, dass dies in die Erfahrung des Jetzt schon eingelassen, *zugelassen worden ist*. Es ist so, wie es ist, und das wird vom Leben selbst umarmt. Das ist wahre Annahme. Ich habe so lange gesucht – eine Annahme, die tiefer ist als jede Annahme, die du mir bieten könntest, tiefer als jede Annahme, die ich in der Welt von Zeit und Raum entdecken könnte.

Wenn ich deine Annahme nicht mehr suche, was gibt es dann dabei zu befürchten, wenn ich ganz aufrichtig zu dir bin? Ich würde diese Annahme damit nicht verlieren. Selbst wenn du zurückweist, was ich sage, selbst du das in diesem Moment nicht hören kannst, selbst wenn du vollkommen anderer Meinung bist, werde ich dieses Angenommensein nicht verlieren. Diese Annahme wird sogar noch da sein, wenn ich von dir zurückgewiesen werde. Sie hält mich, zu jeder Zeit, selbst mitten in einem Konflikt.

Und deshalb, aus dem Anerkennen heraus, dass meine Wahrheit von dem, was ich bin, vollständig angenommen ist, in dieser vollständigen Annahme der lebendigen gegenwärtigen Erfahrung, *bin ich jetzt frei, sie dir ohne Angst zu sagen*. Meine Wahrheit mag für dich schwer anzuhören sein, aber es ist meine Wahrheit, und dafür kann ich mich nicht entschuldigen. Ich kann mich nicht für die Wellen entschuldigen, die im Ozean bereits zutiefst angenommen sind. Ich habe keine Kontrolle über diese Tiefenakzeptanz. Ich habe keine Kontrolle über den Ozean.

Also, die Frau könnte entdeckt haben, dass sie ihrem Ehemann vielleicht Folgendes zu sagen hatte: „Es macht mich traurig, dich mit all deinen Schmerzen zu sehen. Ich liebe dich wirklich. Aber gerade jetzt kann ich unsere Beziehung, so wie sie ist, nicht mehr annehmen.“ Das wäre ein aufrichtiges, liebevolles, kraftvolles Statement, gesprochen ohne Angst. Es wäre ein Statement der Tatsachen – nicht eine Erpressung, keine Beleidigung, kein Versuch der Manipulation, denn sie hätte keine Angst mehr davor, die Akzeptanz zu verlieren.

Wenn du einmal erkannt hast, was in deinem Erleben vor sich geht, wenn du einmal erkannt hast, dass du suchst und dass du das gerade jetzt auch tust und an dieser Stelle ehrlich und aufrichtig mit dir selbst bist, dann wird Kommunikation mühelos. Dann gibt es keine Notwendigkeit mehr, daran zu arbeiten, wie man kommunizieren sollte. Kommunikation wird dann eine Sache des einfachen Aussprechens, was du erkennen kannst. Es bedeutet, die Wahrheit über das zu sagen, was wirklich für dich gerade geschieht, in deinem Erleben – ohne

Erwartungen. Was könnte einfacher sein als das? Klare und einfache Kommunikation fließt auf natürliche Weise aus der Erkenntnis der tiefen Akzeptanz des gegenwärtigen Erlebens.

Ich fragte die Frau: „Was würdest du deinem Ehemann sagen, wenn du keine Angst mehr vor seiner Antwort hättest – oder nicht mehr versuchen würdest, ihn zu manipulieren oder darauf zu warten, dass er dich annimmt, dich liebt oder sich sogar bei dir entschuldigt?" Sie sagte mir, dass sie, abgesehen davon, dass sie wirklich eine tiefe Liebe zu ihm spürte – nicht bestreiten könnte, dass sie den Drang verspürte, ihn zu verletzen, ihn auf irgendeine Weise für das zu bestrafen, was er ihr angetan hatte. Und darunter konnte sie eine tiefe Traurigkeit und Enttäuschung spüren – dass er nicht der Ehemann gewesen war, den sie erwartet hatte, dass er nicht derjenige gewesen war, der sie ganz gemacht hatte, dass sie nicht *kontrollieren* konnte, was er für sie fühlte. Und ganz unten konnte sie ein Gefühl von Verlorensein und Gefühle von Hilflosigkeit dem Leben gegenüber spüren, wie wir das alle tun, wenn wir uns lange genug mit unserem Leiden beschäftigen und es seine Geheimnisse enthüllt.

Ohne die tiefste Annahme ihres gegenwärtigen Erlebens könnte sie schnell eine Identität als „die Ungeliebte" oder „die Hilflose" oder „die gescheiterte Ehefrau" annehmen und ihren Ehemann bekämpfen. Aber mit der Tiefenakzeptanz gab es nun keinen Grund mehr für solche Geschichten. Tiefenakzeptanz zerstört immer unsere falschen Geschichten. Der Schmerz, die Traurigkeit, die Enttäuschung, die Hilflosigkeit – sie alle waren *angenommen*. Sie waren *zugelassen*.

Diese Gefühle zuzulassen fühlte sich nicht sehr spirituell oder liebevoll oder freundlich an, und es zerstörte das Selbstbild der Frau als hochentwickeltes, spirituelles Wesen. Aber es war ihre Wahrheit, jetzt, in diesem Augenblick. Wenn wir alle Vorstellungen darüber, wie dieser Augenblick sein sollte oder sich anfühlen sollte, fallenlassen, dann sind wir frei, die Wahrheit zuzulassen. Es ist die Wahrheit, die uns von der Last befreit, als ein lebendiges Bild herumzulaufen. Kommunikation ist dann so leicht wie das In-Worte-Fassen des gegenwärtigen Augenblicks.

„Gerade jetzt fühle ich mich traurig und enttäuscht von dir und auch von mir. Ich kann nicht abstreiten, dass es in mir auch eine ziemliche Wut gibt. Ich weiß, dass ich dich nicht verletzen will, aber ich kann nicht bestreiten, dass da Wut in mir ist. Und gleichzeitig bin ich traurig darüber, dass du jetzt so starke Schmerzen hast, und ich bin auch traurig, dass unsere Beziehung sich nicht so entwickelt hat, wie ich es einmal gehofft und erträumt habe. Aber ich spüre immer noch in diesem Augenblick eine große Liebe für dich. Ich möchte nicht, dass du dich veränderst, wirklich nicht. Ich möchte nur aufrichtig zu dir sein und dir sagen, wie ich mich heute fühle. Ich möchte nicht mehr vorgeben, jemand zu sein, der ich nicht bin. Ich habe Jahre damit verbracht, auf etwas zu warten, das du mir geben solltest, was du mir aber gar nicht geben konntest."

Es mag nicht freundlich klingen, solche Sachen zu sagen, aber diese Frau war an einen Punkt gekommen, wo die Dinge nicht mehr in derselben Art und Weise weitergehen konnten, wie sie bisher gewesen waren. Und sie konnte nicht darauf warten, dass ihr Ehemann derjenige sein sollte, der sich verändert. Die Dinge waren steckengeblieben, und Gefühle hatten sich in ihr festgesetzt, und der einzige Weg, das zu durchbrechen, bestand darin, wirklich ehrlich und aufrichtig zu sein. Das Einzige, was die Frau tun konnte, war, alles zu sagen, und zwar ohne Entschuldigung und ohne jede Erwartung. Sie würde dann die Wahrheit des Augenblicks in sich zulassen. Das bedingungslose Ja zu dem, was du bist, erlaubt auch ein klares und aufrichtiges Nein.

Ich kann mir keine Situation vorstellen, in der vollständige Aufrichtigkeit nicht zu einer offeneren, realistischen Beziehung führt. Selbst wenn diese Aufrichtigkeit Veränderungen zur Folge hat, die sich anfangs ungemütlich anfühlen, selbst wenn sie sich unfreundlich anfühlt, selbst wenn sie den Status quo bricht und alte Muster zerstört, dann ist Aufrichtigkeit in der Art und Weise, wie ich sie beschrieben habe, niemals falsch.

Indem sie sagte: „Ich liebe dich *und* ich kann dich im Augenblick nicht annehmen", würde die Frau nicht versuchen, die Bestätigung, Akzeptanz oder Liebe ihres Mannes zu gewinnen. Sie würde nichts zurückhalten oder aus Angst, seine Liebe oder seine Akzeptanz zu verlieren, angreifen. Sie würde nicht vorgeben, dass alles in Ordnung sei, nur damit sie ihr Selbstbild einer Erleuchteten oder spirituellen Frau aufrechterhalten konnte. Sie würde einfach aussprechen, was in ihr war, aufrichtig und in authentischer Weise – all das, was zu diesem Zeitpunkt in dem Raum, der sie war, hochkam. Sie würde echt sein – so echt wie ein Mensch in einem Augenblick nur sein kann.

Auf diese Weise wird brutale Ehrlichkeit zu einem Ausdruck von Liebe. Brutale Ehrlichkeit ist nie eine Bedrohung der Liebe – sie *ist* Liebe. Wenn Liebe durch diese Art authentischer, liebevoller Aufrichtigkeit bedroht werden kann, dann ist sie nicht die Art Liebe, nach der du dich wirklich sehnst.

„Ich sage dies nicht, um dich zu verletzen, sondern weil ich dich liebe und weil ich aufrichtig zu dir sein will. Wenn es mir egal wäre, dann würde ich nicht so brutal ehrlich zu dir sein. Ich weiß auch nicht, wo das jetzt hinführen wird. Ich habe keine Antworten. Ich weiß nicht, was wir tun sollten. *Ich weiß es wirklich nicht.* Aber ich bin offen, das mit dir herauszufinden."

Könnt ihr erkennen, dass es wirklich keine Mühe macht, dieses Erleben des gegenwärtigen Moments zuzulassen? Es gibt da keine Geschichte, die ich aufrechterhalten muss, kein Selbstbild, das ich verteidigen müsste, nichts, das ich durcharbeiten muss. Wenn ich so die Wahrheit sage, dann kann ich sie nicht „falsch verstehen". Es ist ein müheloses Aussprechen dessen, was in dem Ozean, der ich bin, vorgeht. Es ist ein einfacher Bericht über die Wellen, die schon da sind, ausgesprochen ohne die Hoffnung auf ein spezifisches Ergebnis.

Kommunikation ist leicht, aber weil wir suchen, scheint sie unendlich schwierig zu sein.

Das ist der Grund, aus dem ich ständig sage, dass es keine „Anweisung" gibt, wie man kommunizieren sollte. Klare, aufrichtige Kommunikation fließt mühelos aus einem Ort tiefsten Angenommenseins. Wenn du die Liebe eines anderen nicht mehr erstrebst oder seine Annahme oder seine Bestätigung, dann kannst du dir leisten, die Wahrheit dieses Augenblicks zu sagen, die die Wahrheit dessen ist, was du wirklich bist. Darin liegt keinerlei Risiko. Du kannst anfangen zu erkennen, dass das wahre Risiko darin besteht, diese Wahrheit *nicht* zu sagen – du riskierst damit ein Leben in Unaufrichtigkeit, Zurückhaltung, Abgeschnittensein und stiller Verzweiflung. Du lebst als Bild, und du fühlst dich von demjenigen, den du liebst, entfernt.

Was für eine Last das ist – all diese Geschichten über uns aufrechtzuerhalten, Menschen zu manipulieren, um das zu bekommen, was wir wollen, Machtspiele spielen zu müssen, miteinander um Ganzheit kämpfen zu müssen – eine Ganzheit, die niemals da sein wird! Wie anstrengend es ist, *nicht* zu vergeben! Ein so großer Teil unseres Leidens ist unserer eigenen Unaufrichtigkeit in Beziehungen geschuldet – wenn wir das nicht aussprechen, was wir sagen müssten, wenn wir nicht sagen, was wir wirklich fühlen, wenn wir nicht sagen, was wir wirklich wollen und stattdessen kluge und verschachtelte Geschichten erfinden, um jemanden herumzukriegen oder freundlich zu stimmen oder um ihn daran zu hindern, uns zu verlassen. Es ist eine solche Last, die wir zu tragen haben, diese Spaltung in unserem Erleben zwischen dem öffentlichen und dem privaten Selbst, zwischen dem, wer oder was ich wirklich bin, und dem, was ich aus mir mache, damit ich deine Zustimmung bekomme. Es ist ein kontinuierliches Schauspiel, eine Rolle, in die ich so viel Anstrengung hineinstecke, um sie aufrechtzuerhalten.

Die wahre Bedeutung des Wortes Schuld ist „Last" oder „Schulden". Wenn wir etwas von einem anderen erwarten und die Wahrheit unseres gegenwärtigen Erlebens nicht sagen, damit wir es bekommen, dann fühlen wir uns auf irgendeiner Ebene schuldig. Mit anderen Worten, du weißt, dass deine Unaufrichtigkeit eines Tages entdeckt werden wird. Metaphorisch gesprochen müssen die Schulden, die du gemacht hast, bezahlt werden. Als Kind und als junger Erwachsener war ich in meinen Beziehungen so unaufrichtig, es gab eine solche Spaltung zwischen meinem öffentlichen und meinem privaten Selbst, dass ich herumwanderte und mir an manchen Tagen richtig schlecht war. Ich war in solcher Angst, dass meine Deckung irgendwann auffliegen würde. Ich fühlte mich im wahrsten Sinn des Wortes schuldig, obwohl ich eigentlich doch gar nichts „Falsches" getan hatte.

Weil ich heutzutage nichts mehr von anderen erhoffe, bin ich jetzt vollkommen frei, mit anderen Menschen aufrichtig zu sein. Das ist eine solche Erleichterung – ohne Schuld zu leben. Und weil ich mich liebe – mit anderen Worten, weil ich erkenne, dass jeder Aspekt meines Erlebens zulässig ist und vom Leben umfangen wird – kann ich dieses Erleben aufrichtig und ohne Angst vor Zurückweisung, ohne Angst vor einem Liebesverlust kommunizieren. Und auf diese Weise kann ich euch lieben und mich mit euch verbinden, selbst wenn wir nicht übereinstimmen, und selbst wenn mir das, was ihr tut oder sagt, *wehtut.*

Aufrichtigkeit ist *Verbundenheit.* Wenn ich wirklich aufrichtig mit dir bin, wenn ich wirklich die Wahrheit sage und nicht länger als eine Fassade mit dir lebe, dann fühle ich mich nicht mehr von dir getrennt. Und auf diese Weise muss ich mich nicht mehr nach einer Verbundenheit mit dir in einer Zukunft *sehnen* und auch keine *Angst haben*, dass ich diese Verbundenheit verliere, denn ich bemerke, dass ich in diesem Ort der tiefsten Akzeptanz allzeit und schon jetzt mit dir verbunden bin.

Hier in dem tiefsten Angenommensein müssen wir nicht versuchen, uns über eine Geschichte unserer Beziehung zu verbinden, denn wir sind bereits jenseits dieser Geschichte und schon jetzt verbunden.

Die Wahrheit des anderen anhören

Manchmal kommen Menschen zu mir und sagen: „Jeff, ich verstehe wirklich, was du sagst – es geht darum, präsent zu sein, das wahrzunehmen, was ist, und einfach zuzugeben, was wahr ist. Aber in der Hitze des Augenblicks, zum Beispiel, wenn jemand unfreundlich zu mir ist oder wenn mich ein Arbeitskollege kritisiert oder wenn meine Partnerin sich über irgendetwas beklagt, was ich getan habe, dann ist das alles weg, und ich vergesse, wie ich den gegenwärtigen Augenblick zulassen soll, und ich verfange mich erneut in meinem Traum und in meinem Suchen."

Die Schönheit anderer Menschen besteht darin, dass wir sie nicht kontrollieren können. Egal, wie aufrichtig wir sind, egal, wie freundlich und liebevoll wir sind, wie verständnisvoll oder hilfsbereit oder erleuchtet wir zu sein denken, wie tief wir scheinbar in der Akzeptanz verwurzelt sind – Menschen regen sich immer noch über uns auf. Sie werden immer noch wütend; sie verstehen uns immer noch falsch, sie wollen immer noch, dass wir anders sind oder anders werden, sie denken immer noch, dass wir falsch oder nicht in Ordnung sind, sie denken immer noch, dass wir die Dinge nicht klar sehen und dass wir nicht so leben, wie wir leben sollten. Die Menschen werden nie aufhören, uns ihre Geschichten zu erzählen und ihre eigenen Ansichten über die Welt und über uns mit uns zu teilen. Das ist entweder eine schreckliche Sache („Die Hölle, das sind die anderen" , wie Jean-Paul Satre in *Geschlossene Gesellschaft* schrieb), oder eine echte Gelegenheit, wirklich zu erkennen, was wir noch immer bekämpfen, welche Erfahrungswellen wir immer noch nicht in uns eingelassen haben.

Egal, für wie erleuchtet du dich hältst, andere Menschen werden weiterhin ihre Vorstellungen auf dich projizieren. Du wirst das nicht verhindern können! Du kannst sie dann entweder bekämpfen und dein Selbstbild verteidigen, oder du kannst anfangen zuzuhören – wirklich zuzuhören – und dann vielleicht verstehen, warum sie dich in der Art sehen, wie sie es tun. Vielleicht würdest du dich in derselben Weise sehen – wenn du das gesehen hättest, was sie gesehen haben, das gehört hättest, was sie gehört haben, das erlebt hättest, was sie erlebt haben. Wenn du die Welt mit ihren Augen sehen würdest, dann würdest du vielleicht genau auf dieselbe Art und Weise denken und fühlen, wie sie es gerade tun. Du weißt es wirklich nicht.

Es ist eine Sache, *deine* Wahrheit zu sprechen – aber vielleicht ist das der leichtere Teil! Der schwerere Teil besteht darin, die Wahrheit *eines anderen* zu hören, seine Antwort wirklich zu hören, seine Ansichten oder seine Perspektive nachzuvollziehen, besonders, wenn es dabei um *dich* geht, und dann den Ort in dir zu finden, an dem dieser Standpunkt okay ist – wo es okay ist, dass er denkt, was er denkt, wo es okay ist, dass sie fühlt, was sie fühlt, in diesem Augenblick, selbst wenn du zutiefst anderer Meinung bist und selbst wenn genau jetzt du keineswegs verstehst, wie sie überhaupt dazu gekommen ist, sich so zu fühlen, wie sie es tut.

Authentische Kommunikation hat nichts damit zu tun, dass du mit jedem jederzeit übereinstimmen musst, oder damit, dass der andere immer Recht hat und du Unrecht. Keine dieser Möglichkeiten ist realistisch, und sie rühren wahrscheinlich vom Suchen her – aus dem Bedürfnis, gemocht zu werden, Bestätigung zu bekommen, angenommen oder geliebt zu werden. Echte Kommunikation hat sehr viel damit zu tun, den Standpunkt eines anderen zu hören – wirklich zu hören und ihm da zu begegnen, wo er ist. Und dann, nachdem du diese gemeinsame Ebene gefunden hast, nachdem du ihm „in seiner Welt" begegnet bist, wie ich das gerne nenne, dann hast du immer noch die Freiheit, deine Stimme ertönen zu lassen. Aber du wirst dann nicht mehr zu ihm als zu einem Feind sprechen. Du bist nicht länger in einer Welt, die von seiner getrennt ist. Du begegnest ihm in seiner Welt, in seinem Standpunkt, und du gehst dann von dort aus mit ihm weiter.

Was aber tust du, wenn dein Partner kommt und dir sagt, dass er findet, dass du irgendwann einem seiner Freunde gegenüber unfreundlich warst? Oder wenn er sagt, dass er manchmal die Fantasie hat, mit anderen Frauen etwas anzufangen? Oder wenn er sagt, dass er ärgerlich darüber ist, dass du das Haus nicht genug saubermachst? Oder wenn er dir erzählt, dass du nicht die Frau bist, die er haben will? Wie reagierst du in der Hitze solcher Momente?

Die Hitze solcher Momente ist es, auf die es beim spirituellen Erwachen ankommt.

An Punkten wie diesen fangen viele Konflikte in Partnerschaften an: Du sagst mir etwas und das verletzt mich auf irgendeiner Ebene. Du sagst, wie du dich fühlst, wie du mich siehst, du machst deinen Standpunkt klar, deine Perspektive, deine Überzeugung. Und das verletzt mich. Es macht mir Angst oder es macht mich wütend oder es gibt mir einfach nur ein unbehagliches Gefühl oder ich fühle mich wie ein Versager. Im selben Moment habe ich dann Lust, dich ins Unrecht zu setzen, dich davon abzuhalten, so zu denken und zu fühlen, wie du es tust, dein Erleben zu korrigieren, dich zu verändern und dich zu kontrollieren. Wenn ich mich durch das, was du gesagt hast, verletzt genug fühle, dann könnte es sogar sein, dass ich mit einem Gegenangriff antworten möchte, um dich ebenso zu verletzen, wie du mich verletzt hast – vielleicht in einer sehr klugen und subtilen Weise, damit es nicht so aussieht, als würde ich versuchen, dich zu verletzen.

Oder ich bin so verletzt, dass ich mich völlig von dir zurückziehe. Ich sage dir dann, dass ich nie wieder mit dir sprechen will, als eine Art Bestrafung. Ich drohe damit, zu gehen, die Beziehung zu beenden. Aber was ich eigentlich möchte, was endlich vorbei sein soll, ist nicht die Beziehung, sondern mein eigener Mangel an tiefer Akzeptanz *in* der Beziehung. Was ich wirklich verlassen will, ist die Unehrlichkeit, die Fassade, das Aufrechterhalten von Bildern, den Mangel des In-Beziehung-Tretens im gegenwärtigen Moment. Wir können eigentlich nie wirklich eine Beziehung verlassen, denn wir stehen immer auf die eine oder andere Art in Beziehung, ob wir nun die Geschichte erzählen, dass wir „in Beziehung" sind oder nicht.

Wenn du mir etwas sagst und es weh tut und ich mich zurückgewiesen und ungeliebt in diesem Verletztsein fühle, dann könnte ich mich verführt fühlen, von diesem Gefühl des Verletztseins weglaufen zu wollen, mir selbst nicht zu erlauben, es zu fühlen und stattdessen sofort dazu überzugehen, mich zu verteidigen, indem ich mich von dir zurückziehe oder dich auf irgendeine Weise angreife. Es ist so verführerisch, einen „Schritt auszulassen" – mit anderen Worten, den

Schritt auszulassen, das Verletztsein wirklich zu fühlen und es wirklich in der Tiefe zuzulassen, und stattdessen sofort dazu überzugehen, sich zu verteidigen oder anzugreifen. Wir erlauben uns oft nicht, das Gefühl des Verletztseins zu fühlen, das sich beispielsweise als eine Übelkeit im Magen, eine Enge in der Brust oder ein Zusammenziehen im Hals zeigen kann, und wir versuchen ihm auszuweichen.

Ich fühle mich bedroht von dem, was du zu mir sagst – mit anderen Worten, die Bedrohung des Ego-Todes steigt auf – und deshalb gehe ich so schnell wie möglich dazu über, dein Erleben für *ungültig zu erklären*, um die Bedrohung zu neutralisieren. Deine Gedanken über mich sind natürlich völlig falsch. Deine Gefühle zählen nicht. Dein Standpunkt ist wirklich daneben. „Ich kann nicht glauben, dass du wirklich so denkst! Ich kann nicht glauben, dass du wirklich so fühlst! Wie kannst du es wagen! Du bist doch krank!", sagen wir dann. In unserer Eile, uns zu verteidigen, kommen wir dahin, dass wir uns verschließen oder uns auf irgendeine Weise zurückziehen. Verteidigung ist die erste Stufe des Krieges, wie Byron Katie uns erinnert.

Die Wahrheit ist, ob du das nun magst oder nicht, ob du damit übereinstimmst oder nicht: Der andere denkt und fühlt *tatsächlich* so, wie er es in diesem Moment tut. Vielleicht gefällt es dir nicht, aber das ist sein Erleben im Augenblick. Vielleicht fühlt er sich morgen ganz anders, und vielleicht ist es in einer Woche genau das Gegenteil. Aber jetzt fühlt er sich so. Kann es wirklich okay für ihn sein, das zu erleben, was er genau jetzt erlebt? Kann es okay sein, nur einen einzigen Moment lang, dass du das nicht sofort korrigierst oder für falsch erklärst? Kann es okay für dich sein, dass du dich in diesem Moment verletzt *fühlst*, und es einfach so lässt, nichts damit machst, ganz gleich, wie sehr dein Ego dagegen rebelliert?

Ein Konflikt endet an der Stelle, wenn du jemand anderem von einem Ort zuhören kannst, an dem du dich nicht verteidigst, sondern dich zutiefst annimmst und liebst – von einem Ort, der jenseits von „Ich habe Recht und du hast Unrecht" liegt. Einem Ort, an dem du vollständig ehrst und zulässt, was in diesem Moment der lebendige Ausdruck des Lebens des anderen ist, ganz gleich, wie absurd oder unfreundlich die andere Ansicht klingen oder sich für dich anfühlen mag. Der Konflikt endet, wenn du offen bleiben kannst, als derjenige wahrgenommen zu werden, der im Unrecht ist, selbst wenn du ziemlich sicher bist, dass du derjenige bist, der im Recht ist. Der Konflikt endet, wenn du aufhörst, vorzugeben, dass du alle Antworten besitzt und stattdessen zuhörst, wirklich zuhörst.

Was bedeutet es, das Erleben eines anderen zu ehren? Kann ich in der Tiefe zulassen, dass du genau jetzt das denkst, was du denkst und fühlst, was du fühlst? Kann ich zulassen, dass du dein Erleben auf freie und offene Weise mir gegenüber zum Ausdruck bringst? An welchem Punkt mache ich das, was du sagst, was du denkst und was du fühlst, zu etwas, was nicht okay ist? An welchem Punkt fange ich an, dich zu bekämpfen?

Wenn du mir sagst, dass mein Haar violett aussieht, dann verletzt mich das nicht. Ich weiß genau, dass das, was du sagst, nicht der Wahrheit entspricht. Wenn du mir sagst, dass ich ein Narr bin, weil ich fünf Beine habe, dann verletzt mich das nicht, weil ich erkennen kann, wie absurd das ist, was du sagst. Aber wenn du etwas sagst, das mein Selbstbild bedroht, das ich von mir habe, nun, dann werde ich etwas Wahres an dem erkennen, was du sagst. Erinnert euch daran, was ich vorhin über negative Gedanken sagte und darüber, was geschieht, wenn wir versuchen, ein festes Bild von uns aufrechtzuerhalten. Nun, wenn dieses Bild bedroht wird, dann ist da die Möglichkeit, dass ich mich verletzt fühle.

Du sagst etwas zu mir, und ich habe das Gefühl, dass du mich auf irgendeine Weise angegriffen hast. Du sagst mir, dass ich Unrecht habe, dass du ärgerlich über etwas warst, das ich gesagt habe, dass du mich nicht so siehst, wie ich mich sehe, dass ich unzuverlässig bin, nicht intelligent, nicht erleuchtet, dass ich etwas nicht so getan habe, wie ich es tun sollte. Ich fühle mich von dem, was du sagst, verletzt. Ich will nicht „der Unzuverlässige" sein oder der „nicht Erleuchtete" und auch nicht „der, der Unrecht hatte" oder „der Gescheiterte". Ich weise diese Bilder also zurück. So bin ich nicht. Sie haben keinen Platz in dem, was ich bin. Ich kann sie in mir nicht zulassen.

Ich habe dann das Gefühl, dass du, wenn du mich wirklich lieben würdest, das nicht gesagt hättest, was du gesagt hast. Du würdest mich so sehen, wie ich wirklich bin, und nicht deiner Geschichte über mich glauben. Ich fühle mich also ungeliebt, ungewollt, nicht wertgeschätzt oder von dir missverstanden, und beinahe zeitgleich setzt ein Kampf-oder-Flucht-Reflex ein. Der arme alte Körper kennt ja den Unterschied nicht zwischen einer wirklichen Bedrohung (zum

Beispiel, dass ein Tiger auf mich zu läuft, der seine Zähne bleckt und sich bereitmacht, mich körperlich anzugreifen) und einer psychologischen Bedrohung (einem metaphorischen, bilderfressenden Tiger, der auf mich zuläuft, voll Hunger, all meine Selbstbilder zu verschlingen). Die Bedrohung, gleich körperlich zu sterben, und die Bedrohung, seine Identität zu verlieren, fühlen sich manchmal gar nicht so verschieden an. Wir rennen also vor dem Tiger weg, der unseren Körper bedroht, und wir rennen geistig vor dem Tiger weg, der unser Selbstbild bedroht. Worin besteht der Unterschied? Wir greifen den Tiger körperlich an, und wir greifen das Selbstbild des metaphorischen Tigers an, wir versuchen es in Stücke zu reißen. Worin besteht nun aber der Unterschied?

Die meisten von uns werden nur sehr selten körperlich angegriffen. Der Hauptteil unseres Leidens kommt daher, dass unsere Identität angegriffen, verletzt, bedroht oder auf irgendeine Weise zerbeult wird, und von unseren Reaktionen auf solche Angriffe. Wir verhalten uns dann, *als ob* wir körperlich angegriffen worden wären. In Verteidigung unserer Selbstbilder, in Verteidigung unserer kostbaren Erzählungen über uns bekämpfen wir einander dann.

Die Frage ist, wenn wir uns davon verletzt fühlen, was jemand zu uns gesagt hat: *warum* tut es so weh? Und *warum* werden wir so wütend? Was versuchen wir zu verteidigen? Welches Selbstbild wird hier bedroht? Welche unerwünschten Gedanken oder Gefühle tauchen in dem Raum auf, der du bist? Achte an diesem Punkt sehr schnell auf den Drang, diese Wellen nicht zu fühlen – zusammen mit dem Drang, dich zu verteidigen oder anzugreifen.

Kann ich in der Hitze dieses Augenblicks – statt sofort loszurennen, um ein bedrohtes Selbstbild von mir zu verteidigen – den Ort finden, an dem alles, was hochkommt, einfach nur zutiefst angenommen ist? Kann ich einfach diesen Augenblick als eine riesige Einladung sehen, in die Tiefenakzeptanz einzutauchen? Die Gefühle des Ungeliebtseins, die Möglichkeit, dass du recht hast und was das über mich sagt, die Furcht, dass du mich zurückweist, selbst die Angst, dass dies das Ende der Beziehung bedeutet und dass du mich verlassen wirst – kann ich all das einfach in diesem Augenblick zulassen? Die Enge in der Brust, das Gefühl, dass du gerade, metaphorisch betrachtet, einen Boxhieb in den Magen bekommen hast, das zusammengezogene Gefühl im Hals, das Gefühl, dass deine ganze Welt zeitweise auseinanderfällt – können all diese Wellen des Erlebens zugelassen werden, zutiefst angenommen sein, jetzt, in diesem Moment?

Vergiss mal, dass du sie vielleicht morgen annehmen könntest, vergiss mal, dass du sie vielleicht gestern angenommen hättest – oder eben nicht. Kannst du sie jetzt zulassen? *Jetzt* ist der Moment – und nur der zählt.

Selbst wenn du etwas sehr Herausforderndes zu mir gesagt hast, selbst wenn ich mich zutiefst verletzt fühle, beleidigt, zurückgewiesen, ungeliebt – kann ich mitten in diesen Gefühlen das tiefste Angenommensein entdecken? Kann ich mir schlicht erlauben, mich verletzt zu *fühlen*, meinen Schmerz zu *fühlen*, meine Traurigkeit zu *fühlen*, meine Wut zu *fühlen*, mich ungeliebt zu *fühlen*, mich hilflos zu fühlen, mich ohnmächtig in deiner Gegenwart zu fühlen und daran nichts zu ändern, nur einen einzigen Augenblick lang? Kann ich dieses Verletztsein vollkommen in mir selbst zulassen, nur für einen einzigen Moment? Kann ich den Ort finden, an dem das Verletztsein bereits angenommen ist?

Wenn wir vollständig zulassen, dass wir uns verletzt *fühlen* – wie sehr dieses Zugeben auch gegen unseren gesunden Menschenverstand verstößt und unser Ego-Gefühl des Stolzes bedroht – wir hören auf, verletzt zu sein. Mit anderen Worten: Das Verletztsein, wenn es zutiefst angenommen wird, zerstört die Geschichte, dass ich „der Verletzte" bin.

Beziehungskonflikte fangen an, wenn das Verletztsein *nicht* zutiefst angenommen wird und wenn ich stattdessen in mein Selbstbild des Verletzten gehe, in das Opfer des Verletztseins. Als der Verletzte werde ich dich dann unausweichlich zu demjenigen machen, „der mich verletzt hat", und ich werde unausweichlich anfangen, dich dafür auf irgendeine Weise zu bestrafen – dich anzugreifen oder mich auf irgendeine andere Art und Weise gegen deine Bedrohung zu verteidigen. Und als dein Opfer werde ich anfangen, dich zu fürchten.

Wenn dagegen der Schmerz und die Verletzung zutiefst zugelassen werden, dann sind sie nicht das *Ende* der Beziehung. Stattdessen können sie zum Teil der Beziehung werden. Sie können uns sogar noch näherbringen. Wir können zum Beispiel den Ort entdecken, an dem wir uns selbst in unserem gegenseitigen Schmerz lieben können. Wenn er zutiefst angenommen wird, dann ist Schmerz nicht das Ende unserer Liebe. Er steht unserer Liebe nicht entgegen. Er ist in unsere Liebe zugelassen. Unsere Liebe ist groß genug, jede Menge Verletzung zu umschließen, jede Intensität des Schmerzes. Und so bleiben wir weiter in Beziehung, bleiben weiter zusammen, selbst in Gegenwart des Verletztseins.

Ja, und das ist der Schlüssel, mit dem man alle Beziehungskonflikte durchbrechen kann: *Wenn ich in diesem Augenblick mit dir verbunden bleiben will, dann muss ich jede Verletzung, die auftaucht, zutiefst in mir zulassen.* Das geht natürlich gegen all unsere Konditionierung, die uns sagt, dass wir uns *gegen* jede Verletzung schützen sollen. Aber der Ort, an dem ich mich vor der Verletzung abschotte, der Ort, an dem ich sie jetzt, in diesem Moment, nicht in mir zulasse, ist genau der Ort, an dem ich mich gegen dich verschließe. Wenn ich mich vor der Verletzung abzuschotten versuche, dann schotte ich mich vom Leben selbst ab. Und wenn ich vom Leben abgeschottet bin, dann bin ich auch von dem abgeschottet, der da vor mir steht, der auch das Leben selbst ist.

Wenn ich dich lieben will – dich wirklich lieben will – dann muss ich den Ort in mir finden, an dem ich das Verletztsein auch lieben kann. Ich muss den Ort in mir entdecken, an dem das Verletztsein bereits geliebt ist. Wenn ich ein offenes Herz haben will, wenn ich dir gegenüber wirklich radikal offen sein will, dann muss ich mich dem Schmerz auch vollkommen öffnen. Das ist der Deal. Sonst werde ich zum „Verletzten" – oder zum Ungeliebten oder zum Hilflosen oder zu dem, der Schmerzen erleidet. Ich verschließe mich vor dir, und mein Herz ist verschlossen. Als „der Verletzte" kann ich nicht wirklich lieben. Ich kann lediglich versuchen, so zu tun, als ob.

Liebe ist aber nicht etwas, was du tust, sie ist das, was du bist. Sie ist auf ganz natürliche Weise da, wenn die Verletzung in diesem Augenblick zutiefst angenommen ist. In der Tiefenakzeptanz erkenne ich, dass ich überhaupt nicht „der Verletzte" bin. Mein Selbstbild als „der Verletzte" wird von der Verletzung selbst gekreuzigt. Die Verletzung, wenn sie zutiefst zugelassen wird, zerstört mein Selbstbild als „der Verletzte". Und ich kann mich in den weiten, offenen Raum entspannen, in dem jedes Verletztsein aufkommen und wieder verschwinden kann. Ich bin groß genug, um alle Verletztheit in mir zuzulassen. Wer ich bin, kann niemals von dir oder von irgendjemand sonst verletzt werden. An diesem Ort bist du nicht länger derjenige, der mich verletzt, ich bin nicht länger dein Opfer, und auf diese Weise können wir uns endlich begegnen. An diesem Ort kannst du niemals mein Feind sein. Hier brauche ich dich nie zu fürchten.

Und kann ich auf diese Weise einfach da sein, mit meinem ganzen Verletztsein, das aufkommt, wenn du mir deine Wahrheit mitteilst?

Ich muss ehrlich zu mir sein. Was in meinem gegenwärtigen Erleben hochkommt, kann auch ein Drang sein, eine Reaktion auf die Verletzung, ein Wunsch, zurückzuschlagen. Kann dieser Drang auch zugelassen werden, wenn er doch da ist? Ich werde nicht vorgeben, dass er nicht da ist. Hier geht es um radikale Aufrichtigkeit meinem Erleben gegenüber. Das Gefühl von Verletzung ist da, und der Drang, dich auch zu verletzen, ist da. Kann ich dann einfach mit dem Gefühl des Verletztseins da sein *und* mit dem Drang, dem Verletztsein zu entrinnen? Das kann ein wundervoller Moment sein, ohne jede Erwartung einfach achtsam zu bleiben.

Ich kann dann anfangen zu bemerken, dass sowohl mein Verletztsein wie auch mein Drang, dem Verletztsein zu entrinnen, in dem Raum, der ich bin, zugelassen sind. Sowohl das Gefühl meines Verletztseins wie auch meine Unfähigkeit, dieses Verletztsein vollkommen zuzulassen, sind von der Tiefenakzeptanz des Lebens bereits umfangen worden. Das ist radikale Vergebung, nicht wahr?

Kann ich diese tiefste Akzeptanz spüren, hier, genau jetzt, in diesem Augenblick, an dem ich mehr als je zuvor den Drang in mir spüre, einen anderen Menschen zu verletzen? Kann das Ende des Kämpfens genau hier geschehen, an diesem Punkt, an dem auch ein Krieg ausbrechen könnte? Kann so ein Drang schlicht als eine weitere Welle in dem Ozean gesehen werden, die von dem Ozean, der ich bin, bereits angenommen ist?

Das kann wirklich eine ziemlich merkwürdige Sache sein – einen Drang, jemanden zu verletzen, zuzulassen – besonders, wenn wir an einem Selbstbild von uns festhalten wollen, ein guter Menschen zu sein oder ein freundlicher Mensch oder ein liebender Mensch oder ein reines, vollkommenes, gewaltloses, spirituelles Wesen, das niemals „negative" Dinge gegenüber irgendjemandem fühlt!

Uns ist beigebracht worden, dass wir niemandem gegenüber negativ fühlen sollten. Uns ist beigebracht worden, dass wir nur freundliche Gefühle hegen sollten und nur gute Gedanken denken. Wir fürchten, dass wir dem Drang letztlich auch *nachgeben* würden, wenn wir ihn in uns zulassen. Aber diese Konditionierung ist falsch, wenn sie an der Realität geprüft wird. Ein Drang, der unterdrückt, verleugnet oder weggeschoben wird, wird dazu tendieren, immer größer und größer zu werden. Ein Drang, der verleugnet wird, wird *drän-*

gend werden, und irgendwann wird er sich so anfühlen, als ob wir keine Wahl hätten und ihm nachgeben müssten. Aber wenn wir einen Drang zutiefst in uns zulassen, wenn wir dem Drang erlauben, da zu sein – ihn nicht zurückweisen, nichts mit ihm machen, ihn nicht beurteilen, sondern ihn einfach annehmen als das, was er ist, ohne Erwartungen, nicht einmal mit der Erwartung, dass er sich auflösen soll – dann bedeutet das, dass wir das Drängen aus dem Drang herausnehmen. Das bedeutet nicht, dass der Drang weggeht, aber er droht nicht mehr dich zu überwältigen, sozusagen. Er fühlt sich nicht länger gefährlich an oder bedrohlich. Du bist nicht länger mit ihm identifiziert. Oft sind die gewalttätigsten Menschen die, die emotional am meisten unterdrückt sind. Sie versuchen so sehr, ihre Gefühle und Triebe *unten* zu halten – Gefühle von Traurigkeit, von Ohnmacht, von Angst, von Scheitern, von Bedeutungslosigkeit – und weil sie sie unterdrücken, brechen diese Gefühle und Triebe dann auf andere, zerstörerische Weise hervor.

Wir kommen also dazu, zu erkennen, dass die seltsamsten und stärksten Triebe in dem, was wir sind, zugelassen sind. Die intensivsten Wellen sind in diesem Ozean schon zugelassen. Es gibt keinen Erfahrungsteil, den der Ozean nicht liebt. Wir werden im nächsten Kapitel sehen, wie diese Erkenntnis uns helfen kann, Süchte aufzubrechen und selbst inmitten der stärksten Gelüste Freiheit zu finden.

Denkt daran, dass Akzeptanz nicht bedeutet, dass der Schmerz oder das Verletztsein *weggeht*. Ich glaube, dass dies ein riesiger Fehler ist, den Menschen machen. Sie erwarten, dass – wenn sie einmal diese Tiefenakzeptanz entdeckt haben – alles Verletztsein und aller Schmerz und alle seltsamen Triebe auf magische Weise verschwinden. Und wenn all diese Dinge nicht verschwinden, dann fühlen sie sich noch mehr verletzt und verwirrt und als noch größere Versager als jemals zuvor. Wenn die tiefste Akzeptanz es nicht bringt, dann müssen sie doch zutiefst versagt haben! Aber die Vorstellung, dass irgendeine Welle verschwinden sollte, ist nur das, was der Suchende will. Und das ist ebenfalls okay, wenn es denn geschieht. Das Gefühl nämlich, ein Versager zu sein, es nicht zu schaffen, dass Wellen verschwinden, darf ebenso hier sein und auftauchen!

Also, Verletztsein kann auftauchen. Und es kann den Drang geben, dieses Verletztsein loswerden zu wollen, den Drang, den anderen ebenfalls zu verletzen und loszuschlagen. Und es kann den Wunsch geben, dass all das verschwinden soll. All das ist hier erlaubt, in diesem Augenblick. Alles, was in diesem Moment geschieht, ist zutiefst erlaubt. Keine Welle kann dich verletzen – selbst wenn die Welle weh tut. Ich höre nie auf, mich über die allumfassende Natur der Bewusstheit zu wundern. Sie ist auf so radikale Weise liebevoll, so bedingungslos in ihrem Umarmen, dass es niemals einen einzigen Gedanken, kein einziges Gefühl, keine Empfindung, keinen Geruch, kein Geräusch gibt, das sie zurückweist. Sie lässt sogar die Zurückweisung in sich zu. Liebe deinen Feind – ja, wirklich.

Und deshalb, im Namen der wahren Liebe, lasse ich alle Vorstellungen darüber fallen, was Liebe ist. Ich lasse alle Vorstellungen darüber fallen, wie ich über dich denken oder nicht denken oder fühlen sollte. Ich erkenne, dass ich der weit offene Raum bin, in dem alle Gedanken und Gefühle zutiefst zugelassen sind und kommen und gehen dürfen, sowohl, wenn ich nicht mit dir zusammen bin, als auch, wenn ich mit dir zusammen bin – ich bin immer dieser selbe, bedingungslos annehmende, offene Raum. Wenn Freude, Seligkeit, Erregung und warme, angenehme Gefühle in deiner Gegenwart in mir aufkommen und wieder verschwinden, dann ist das wundervoll. Ich liebe dich, auch mitten in solchen Gefühlen. Aber bei wahrer Liebe geht es nicht nur darum, die guten Dinge zu fühlen. Es geht nicht nur um die warmen, flockigen, genüsslichen, romantischen Gefühle. Das ist eine furchtbar begrenzte Vorstellung über die Liebe. Liebe ist groß genug, alles zu umfassen. Wenn Frustration, Verwirrung, Abneigung, Verletzung, Wut, Traurigkeit, Schmerz, Last, Langeweile und sogar Verzweiflung, Ekel und Hilflosigkeit in mir in deiner Gegenwart kommen und gehen dürfen, dann glaube ich, dass diese Wellen auch in dem, was ich bin, zutiefst zugelassen sind. Sie sind keine Bedrohung der Liebe, sie sind ein Ausdruck *von* Liebe – ganz gleich, wie seltsam sich dies für den konditionierten Verstand auch anhört. Und auf diese Weise kann ich auch auf radikale Weise offen dir gegenüber bleiben. Ich kann weiter zu dir in Beziehung stehen, selbst mitten in den schmerzlichsten oder ungemütlichsten Gefühlen. Warum nur sehen wir Beziehungen als eine Art beschützender Blubberblase, in der bestimmte Wellen des Ozeans nicht zugelassen sind? Was müssen wir eigentlich wirklich auf diese Weise schützen? Eine Vorstellung aus zweiter Hand darüber, wie eine Beziehung aussehen sollte? Warum begrenzen wir unsere Liebe auf diese Weise? Eine Beziehung ist ebenso wie das, was wir in Wirklichkeit sind, ein Ozean, groß genug, um *jede einzelne* Welle zuzulassen.

Versucht einander an diesem Ort der Tiefenakzeptanz zu begegnen, heute und für den Rest eures Lebens. Denn dies könnte euer letzter gemeinsamer Moment sein, und ihr werdet vielleicht keine weitere Chance bekommen. Braucht ihr wirklich eine Zukunft, um euch *jetzt* miteinander zu verbinden?

Eins der Dinge, die ich am liebsten tue, ist, mich mit meinem älter werdenden Vater zusammenzusetzen. Es ist wundervoll, einfach nur in einem Ort tiefsten Nichtkennens mit ihm zusammenzusitzen, einem Ort, an dem ich nicht weiß, was ich sagen oder tun soll. Ich sitze da, ohne Erwartung, ohne zu versuchen, ihn zu reparieren, ohne zu versuchen, sein oder mein Erleben irgendwie zu manipulieren. Ich höre einfach zu, ohne zu versuchen, die Dinge in diesem Moment besser zu machen, ohne die Rolle desjenigen zu spielen, der „weiß". Als weiter, offener Bewusstseinsraum bin ich einfach für ihn verfügbar, offen für alles, was geschehen kann, wenn wir zusammen sind. Und wenn ich so mit ihm zusammensitze, bemerke ich eine tiefe und grundlegende Annahme jeder einzelnen Welle von Frustration oder Traurigkeit oder Unbehagen, die in meinem Ozean des Erlebens auftaucht. Sein Schmerz, mein Schmerz – da gibt es überhaupt keinen Unterschied. Manchmal vergesse ich sogar, ob er es ist oder ich, der im Schmerz ist.

Das scheint mir das zu sein, um was es im Kern bei einer wahren Beziehung geht: Es geht um Begegnung – wirkliche Begegnung – in diesem Augenblick, ohne jede Hoffnung, ohne Zukunft, ohne Erwartung, ohne eine Geschichte. Dir selbst von Angesicht zu Angesicht zu begegnen. Ich mag wirklich, was der spirituelle Lehrer Nisargadatta Maharaj sagt: „Mit der Auflösung des persönlichen Ich verschwindet auch das persönliche Leid." Aber entscheidend ist, was er auch sagt: „Was bleibt, ist eine große Traurigkeit voll Mitgefühl." Ja, die Abwesenheit eines getrennten Selbst ist keine kalte Distanziertheit und die Zurückweisung der Welt, sondern Sorge und Intimität der unvorstellbarsten Sorte. Denn wenn du nicht mehr in Angst vor dem Leben lebst, warum solltest du dich dann an jemanden hängen wollen oder müssen oder irgendjemanden ausblenden?

Die Welt kann man nicht verstehen,
aber man kann sie umarmen.
Martin Buber

Süchte

Wir Menschen scheinen in der Lage zu sein, nach praktisch allem süchtig zu werden. Wir können süchtig nach Drogen werden, nach Zigaretten, Alkohol, Spielen, nach Schmerzmitteln, nach Shoppen, nach dem Internet und nach Computerspielen, nach extremen und gefährlichen Sportarten, nach Essen. Wir können süchtig nach Beziehungen werden, danach, ständig mit anderen Menschen zusammen sein zu müssen, mit ihnen über unsere Handys ständig, 24 Stunden am Tag in Kontakt zu sein, danach, ununterbrochen jeden, den wir kennen, über Facebook und Twitter auf dem Laufenden über unser Leben halten zu müssen, um sicherzustellen, dass wir existieren und auch weiterhin existieren. Wir sind süchtig nach Spiritualität geworden – nach dem Nonstop-Lesen spiritueller Bücher, nach unseren spirituellen Lehrern und Gurus, danach, endlose Seminare und Satsangs zu besuchen. Wir sind nach unseren Karrieren süchtig geworden – wir arbeiten jeden Tag immens viele Stunden lang und tun dabei Dinge, die uns nicht wirklich Spaß machen. Und es ist nicht immer so, dass wir wirklich so viel Geld brauchen, wie wir arbeiten, wir arbeiten wegen abstrakter Konzepte wie Status, Prestige, Pflicht, Sicherheit – Dinge, an die wir glauben sollen, weil praktisch jeder andere auch daran zu glauben scheint. Haben wir jemals hinterfragt, ob und warum *wir* daran glauben?

Wir sind süchtig nach materiellen Dingen, nach Substanzen, nach Glaubenssystemen, nach anderen Menschen, aber an der Wurzel von all diesen Süchten steckt unsere Hauptsucht: *Unser Sucht nach uns selbst.* Wir sind süchtig nach der Geschichte unseres „Ich“. Wir sind süchtig danach, unser Selbstbild aufrechtzuerhalten und es bis zum Tode zu verteidigen, wir arbeiten ununterbrochen an diesem Bild, verbessern es, vergleichen es mit anderen, setzen es in Gegensatz zu anderen Selbstbildern, um das perfekte Selbstbild zu erschaffen, vervollkommnen dieses Selbstbild, bevor wir sterben, und stellen sicher, dass dieses Selbstbild von anderen selbst nach unserem Tode noch aufrechterhalten wird. In diesem Sinn sind wir alle süchtig, ob wir das nun mögen oder nicht, ob wir nun eine klinische Diagnose der Sucht haben oder nicht.

Ist es möglich, über die Vorstellung der Sucht als eine Erkrankung hinauszukommen, all unsere vorgefassten Meinungen fallenzulassen und mit neuen Augen auf das zu schauen, was sich wirklich auf tiefster Ebene da abspielt? Ich möchte gerne über die körperlichen, soziologischen und psychologischen Erklärungsmodelle hinausgehen und erkennen, was auf tiefster Ebene wirklich geschieht, wenn jemand immer wieder scheinbar ohne jede Kontrolle und oft sogar gegen seinen eigenen Willen zu Verhaltensweisen, Menschen, Orten oder Substanzen hingezogen wird, die ihm letztlich nicht guttun, die ihn im wahrsten Sinne des Wortes nicht *heilen* können. Wonach sucht er wirklich?

Sucht wird oft als die Unfähigkeit verstanden, mit etwas aufzuhören. Im Extremfall spricht man davon, wenn du das Gefühl hast, dass du etwas tun musst, nur damit du überhaupt funktionieren kannst, einfach weitermachen kannst, dich einfach okay fühlen kannst, und zwar *trotz* aller Nebenwirkungen und Folgeerscheinungen.

Es ist wahrscheinlich wahr zu sagen, dass niemand *absichtlich* losgeht, um nach irgendetwas süchtig zu werden. Eine Zigarette, ein Drink oder eine Droge können ganz am Anfang unangenehm, sogar eklig sein. Viele Süchtige sagen, dass sie ihre erste Erfahrung mit der Droge absolut scheußlich fanden, aber sie wollten sie einfach ausprobieren, mit der Gefahr spielen, dazugehören oder sich als Teil der Gruppe fühlen. Manche Menschen durchbrechen dieses erste Ausprobieren und fangen an, die Substanz (oder das Objekt, den Menschen oder die Erfahrung) regelmäßiger zu nutzen. Und da ihr System diese Substanz mehr und mehr toleriert, müssen sie davon mehr und mehr einnehmen, damit sie das erwünschte Ergebnis erzielen. Im Extremfall kann die Sucht nach der Droge allumfassend werden und ihr ganzes Leben bestimmen, ihre Karriere zerstören, ihre Beziehungen und ihre Gesundheit.

Ich habe nicht das Gefühl, dass Psychiater, Psychologen, Soziologen oder irgendwelche anderen Forscher wirklich im Tiefsten verstanden haben, *warum* manche Menschen süchtig werden und andere nicht. Es gibt viele Theorien über Sucht, aber nicht viel Verständnis der tiefsten Ursachen. Zum Beispiel trinken unendlich viele Menschen auf der Welt Alkohol. Dennoch sind vergleichsweise wenige wirkliche Trinker, und noch weniger sind wirklich süchtig. Warum werden manche Menschen süchtig und andere nicht? Die Literatur macht uns glauben, dass es bestimmte Risikofaktoren gibt, die mit Sucht in Zusammenhang gebracht werden – so zum Beispiel einen Missbrauch in der Kindheit, Vernachlässigung als Kind, geistige Krankheiten, Armut, Stress, Bildungsmangel – und es wird gesagt, dass es auch genetische Einflüsse gibt. Es wird gesagt, dass Sucht erblich sein könnte, dass manche Menschen einfach eine Veranlagung dazu haben, süchtig zu werden, und dass man nicht viel dagegen tun kann. Manche Menschen sehen Sucht als eine Krankheit oder eine Störung im Gehirn, und manche sagen sogar, dass sie etwas ist, das man nie wirklich ablegen kann, dass man lernen muss, damit zu leben, für den Rest seines Lebens. Einmal süchtig, immer süchtig, sagen manche. Manche Menschen sind geradezu mit ihrer Sucht identifiziert. Sie halten auch an ihrem Selbstbild als süchtige Persönlichkeiten fest.

Ich möchte hier niemandem widersprechen. Ich möchte nur etwas tiefer schauen, dahin, wo du vielleicht bisher noch nie hingeschaut hast.

Nun, bevor wir damit weitermachen, möchte ich etwas klarstellen: Ich schlage hier nicht vor, dass du, wenn du dich als Süchtiger fühlst, sofort alle Dinge fallenlässt, die du machst, um dich von deiner Sucht zu heilen. Ich will einfach die Dinge aus einer anderen Perspektive betrachten – und diese Perspektive soll nicht das *ersetzen*, was du schon tust. Ich möchte hier niemanden ermutigen, eine Reha-Klinik zu verlassen oder eine Therapie, eine Selbsthilfegruppe oder ein Zwölf-Schritte-Programm. Mach weiter mit dem, was du tust, wenn das für dich gut ist und funktioniert. Aber vielleicht kannst du hier mit neuen Augen auf das schauen, was auf der tiefsten Ebene dabei vor sich geht, und du kannst dabei vielleicht eine Freiheit entdecken, die dein Programm, in dem du bist, dir nicht schenkt.

Wir können über die Risikofaktoren für Sucht sprechen. Wir können dafür psychologische und physiologische Erklärungen geben. Wir können dabei sozusagen das Verhalten eines Süchtigen von innen und außen genauer betrachten. Aber was geschieht wirklich, auf der Ebene des Erlebens des gegenwärtigen Moments, wenn ich die Hand nach dem nächsten Glas ausstrecke? Was versuche ich auf tiefster Ebene damit zu tun? Wie ist wirklich die *Erfahrung* der Sucht? *Wer* ist in Wirklichkeit der Süchtige? Ehe wir einen Süchtigen nicht fragen: „Wer bist du wirklich, jenseits deines Selbstbildes?“, kommen wir nicht wirklich zur Wurzel des Problems, und all unsere Lösungen werden auf fehlerhaften, zweitrangigen Annahmen und auf einem dualistischen Denken basieren.

Menschen, die wir Süchtige nennen, sind im Grunde genommen nicht wirklich anders als wir. In gewissem Sinn ist jeder Suchende ein Süchtiger – süchtig nach einer Zukunft, süchtig danach, die Gegenwart nicht erleben zu müssen, süchtig danach, Erlösung auf irgendeine Weise zu finden, die einem einfällt. Wir finden diese Erlösung durch Sex, durch Drogen, durch Zigaretten, durch ohrenbetäubende Musik, dadurch dass wir endlich die neueste Gucci-Tasche besitzen oder diesen exklusiven Sportwagen oder das neueste Computerspiel. Und eine kurze Zeit scheint es so, als wenn wir von der Bürde des Suchens, von der Bürde des Mangels erlöst wären. Einige kurze, kostbare Momente lang, wenn ich tief an meiner Zigarette ziehe, vergesse ich all meine Probleme, Vergangenheit und Zukunft lösen sich auf oder treten zumindest in den Hintergrund, und alles, was bleibt, ist der warme, tröstliche Rauch, der meine Kehle hinab- und in meine Lungen hineinströmt. Das Gefühl von Leere hat sich aufgelöst. Ein Gefühl von Fülle ist spürbar, das ausschließlich durch diese Zigarette erreichbar scheint. Auf irgendeine Weise wird die Zigarette, das Glas Wein, die ohrenbetäubende Musik wie ein Liebhaber, wie eine Mutter, wie ein Guru, der die Erlösung schenkt, nach der ich mich so sehne. Sie bringt mich zurück in den Mutterleib. Sie erleichtert meine Last. Sie nimmt mir das Unwohlsein. Sie bringt mich heim – wenigstens vorübergehend.

Viele Menschen finden diese Erlösung durch Sex. Beim Höhepunkt ist die ganze Welt wie verschwunden, es gibt nur noch die totale Einheit. Ich schwimme im Ozean der Liebe, und es gibt nur noch diese Einfachheit des Lebens, so wie es ist, nur noch diesen Augenblick – nur noch das, was gerade jetzt geschieht. Alles andere fällt dem Vergessen anheim. Kein Wunder also, dass die Franzosen diese Erfahrung den *petit mort*, den „kleinen Tod“ nennen. Alles andere scheint irgendwie unwichtig; die Welle überschlägt sich und fällt in den Ozean zurück, ich verliere mich ins Leben. Ich bin wieder im Mutterleib. Mein Kämpfen ist beendet. Meine tiefste Hoffnung hat sich erfüllt – wenigstens vorübergehend.

Ich kaufe das neue Auto, das neue Haus, die neue goldene Uhr, und es fühlt sich so an, als ob all mein Suchen an dieser Stelle endet. Es fühlt sich wirklich genauso an, als ob der Sex, die Drogen, die Zigarette, das Geld, der Ruhm die Macht hätten, meinen Schmerz zum Verschwinden zu bringen, die Macht, mich ganz zu machen, auf eine Weise, wie dies nichts und niemand anderes kann. Für einige Suchende ist das Objekt ihrer Sucht die einzige Art, die sie kennen, um sich selbst ganz werden zu lassen.

Es ist beinahe so, als ob wir versuchen, uns durch die Drogen, durch den Alkohol, durch den Sex auszulöschen. Auf einer bestimmten Ebene – genauso wie die Wellen sich danach sehen, wieder eins mit dem Ozean zu werden – sehnen wir uns danach, die Last des getrennten Selbst wieder loszuwerden. Wir verlangen danach, uns selbst zu verlieren und vom Leben aufgesogen zu werden. Wenn ich von einem langen und stressreichen Tag nach Hause komme, nehme ich einen Drink, und dann noch einen und noch einen, und bald scheinen all meine Probleme so weit weg zu sein, als ob sie nicht existierten und nie existiert hätten. Ich vergesse sie nicht einfach – sie sind buchstäblich verschwunden, aus meinem Erleben, aus diesem Moment. Auf einer bestimmten Ebene versetzt uns das Objekt der Sucht in die Lage, das tiefste Sehnen, das ein Mensch in sich trägt, zu befriedigen – nämlich zu verschwinden, sich vom Leben aufnehmen zu lassen, in diesen Moment hinein zu sterben, heimzukommen, in den Mutterleib zurückzukehren, von dieser schweren Last des getrennten Selbst befreit zu werden, sich wieder in den Ozean hinein aufzulösen und zur Ruhe zu kommen, endlich zur Ruhe zu kommen. Wenn ich noch ein weiteres Glas Bier hinunterschütte, wenn ich mir die Modedroge injiziere, wenn ich mit meinem neuen Sportwagen nach Hause fahre, dann fühlt sich alles *okay* an – eine Zeitlang.

Es würde wundervoll sein, wenn dieser Mechanismus das halten würde, was er verspricht – andauernde Ganzheit. Aber nein, das tut er nicht, denn es gibt immer auch den Absturz. Der Glanz vergeht. Das Unwohlsein macht sich wieder breit. Der Schmerz kehrt zurück. Die Unvollständigkeit wird wieder spürbar, manchmal stärker als je zuvor, und dann schmachte ich nach meinem *nächsten* Schuss, nach meiner *nächsten* Erlösung, nach meiner *nächsten* Erfahrung. Der Sucher zeigt sich erneut, immer noch nicht ganz, immer noch unzufrieden – und vielleicht unzufriedener als vorher. Das leere, unerfüllte Gefühl kommt wieder an die Oberfläche, das Gefühl von Mangel macht sich erneut breit. Und ich kehre zurück zu der Geschichte meines unerfüllten Lebens, und dann sehne ich mich danach, erneut von all dem frei zu sein.

Wenn der Suchmechanismus seine Versprechen halten würde und *tatsächlich* das Gefühl von Mangel beheben könnte, dann würde es an dieser Stelle überhaupt kein Problem geben. Dann würde es so etwas wie Süchte überhaupt nicht geben. Dann würde ich keine Drogen brauchen, keine Zigaretten, kein Essen und keinen Sex, die mir meinen Schmerz nehmen sollten. Dann würde ich mich nicht so genötigt fühlen, mich so häufig da hineinzustürzen – vielleicht würde ich es gar nicht brauchen! Das Leben wäre dann im vollkommenen Gleichgewicht. Tatsächlich erzeugt ja die Zigarette keine Ganzheit. Sie nimmt mir meine Probleme nicht weg, und sie löst mein Unwohlsein nicht dauerhaft auf. *Aber vielleicht wird es die nächste tun*? Das Hoch der Droge hält nicht lange an, aber vielleicht wird es das nächste Mal mehr sein. Ich gewinne beim Spielen, und es befriedigt mich nicht wirklich. Aber vielleicht, wenn ich wieder gewinne, wenn ich mehr gewinne, dann werde ich befriedigter sein. Wir suchen immer nach der nächsten Erlösung, und der Kreislauf beginnt von vorn.

Seht ihr, wir sind nicht wirklich nach der Zigarette süchtig, wir sind süchtig nach der scheinbaren *Erlösung*, nach der Auflösung ins Leben, nach der kurzfristigen Atempause von dem Mangel, den die Zigarette *scheinbar* bringt. Wir sind nicht wirklich nach Sex süchtig, wir sind süchtig nach der Erlösung, die er scheinbar schenkt, nach dem Wegfallen der Last des „Ich“. Wir sind nicht wirklich spielsüchtig, es ist nur, dass das Spielen uns ein paar kostbare Minuten, Stunden, Tage lang von uns wegführt. Wir sind nicht wirklich nach Objekten süchtig oder nach Menschen, wir sind süchtig nach der Erlösung, die sie scheinbar bringen.

Der Suchende ist süchtig nach Erlösung. Er ist die Welle, die nach dem Ozean sucht. Was für eine Erlösung ist es doch, jedenfalls einen Augenblick lang, zu denken, dass du das gefunden hast, nach dem du dich so sehr gesehnt hast! Was für eine Erlösung, der Ozean zu sein, auch wenn es nur für einige wenige, vollkommene Minuten ist! Und was für eine Hölle ist es doch, diese Erlösung wieder zu verlieren und so schnell zurück in die Welt der menschlichen Probleme gezogen zu werden!

Alkoholsucht, Drogensucht, Spielsucht, Sexsucht, Sucht nach Menschen, nach Gurus, nach Geld, nach Ruhm – es scheint, als ob es viele verschiedene Arten von Sucht geben würde. Aber in Wirklichkeit gibt es nur eine einzige Sucht: die Sucht des Suchers nach Erlösung. Wenn du das verstehst, dann wird das, was das Zielobjekt der Sucht ist, weniger wichtig. Und oft, wenn wir uns von der Sucht zu befreien versuchen, kümmern wir uns viel zu sehr um die Einzelheiten des Suchtobjekts und um die Geschichte unserer Sucht, und nicht um die Wurzeln und um den Mechanismus, der das Bedürfnis nach dem Suchtobjekt immer wieder entzündet. Es kann sein, dass ich von meiner Zigarettensucht geheilt werde, aber wenn ich mich nicht meinem darunterliegenden Mangel stelle, dann wird die Sucht in irgendeinem anderen Bereich meines Lebens wieder auftauchen. Ich habe Menschen gekannt, die nach 20 Jahren das Rauchen aufgeben und dann sofort anfangen, zu viel zu essen. Menschen, die beziehungssüchtig sind, beenden ihre derzeitige Beziehung und fangen dann sofort an, Drogen zu nehmen. Menschen, die eine Kaufsucht haben, lassen plötzlich diese Sucht fallen und werden süchtig nach einem spirituellen Guru. Jede Form von Suchttherapie oder -kur oder -heilung, die mehr das Objekt der Sucht zum Thema macht als die eigentliche Suche, die in der Sucht liegt, wird die Sucht nicht wirklich lösen können. Sie kann schon helfen, aber nicht wirklich heilen, jedenfalls nicht im wahren Sinn des Wortes.

Ob es nun eine Zigarette ist, eine Flasche Bier oder der Thrill, beim Roulette eine Million zu gewinnen – jedes Suchtobjekt dient demselben Zweck: Es scheint das Unbehagen aus dem Moment, wie er ist, zu nehmen. Es verspricht Erlösung, und es scheint auch vorübergehend diese Erlösung zu bringen. Aber es schenkt nicht wirklich, wonach wir uns wahrhaft sehnen.

Sehr oft sprechen Süchtige davon, dass sie „ihren Kick brauchen". Aber was brauchen sie wirklich? Ganz in der Tiefe, auch wenn sie es wahrscheinlich selbst nicht wissen, versuchen sie, ihr ursprüngliches Gefühl des Getrenntseins zu überwinden, ihren Mangel zu Ganzheit zu machen. Und wie wir wieder und wieder in diesem Buch gesehen haben – nichts und niemand kann dir den Kick geben, mit dem du die Trennung überwindest und dich ganz fühlst, kein Objekt im Außen, kein Mensch kann das. Der einzige anhaltende Kick für dein Gefühl des Mangels, der Unvollständigkeit liegt in der radikalen und vollständigen Annahme genau dieser Unvollständigkeit – einer Annahme, die du in deiner Essenz bereits bist. Danach suchen wir eigentlich, danach sehnen wir uns in der Tiefe – *nach Intimität mit uns selbst.*

Natürlich holen wir keine Zigarette aus der Packung, wir nehmen auch kein Schmerzmittel oder trinken keine Flasche Bier, weil wir denken: „Ich fühle mich nicht ganz, und das hier wird mich ganz machen." Nein, wir spüren einfach diesen *Drang,* diese *Gier.* Wir fühlen uns auf seltsame Weise zu unserem Suchtobjekt *hingezogen,* beinahe gegen unseren Willen. „Wenn ich eine Wahl hätte", sage ich mir, „dann würde ich das hier nicht tun." Aber es fühlt sich so an, als hätte ich keine Wahl. Die Zigarette hat anscheinend eine seltsame *Macht* über mich. Spielen, Sex, Geld – sie alle scheinen eine seltsame *Macht* über mich zu haben, eine rätselhafte Macht, die mich hineinzieht, ganz gleich, wie sehr ich mich auch dagegen sperre. Die Schokolade – die steht hier auf dem Schrank und ruft mir zu: *Iss mich! Iss mich! Ich werde dafür sorgen, dass du dich besser fühlst!* Das Bier – es steht hier, versucht mich wie der Teufel selbst und verspricht mir Erlösung. *Mach schon, nur ein kleiner Schluck…*

Es ist keine intellektuelle Sache, du nimmst nicht bewusst wahr, dass du etwas suchst. Du fühlst dich nur selbst die Zigarette nehmen. Du fühlst dich selbst noch einen Wodka hinunterkippen. Du fühlst dich selbst die Schokolade in dich hineinstopfen. Und es *fühlt* sich so an, als ob du nichts dagegen tun könntest. Es *fühlt* sich so an, als würdest du irgendwie von dem Suchtobjekt kontrolliert und dass alles nicht mehr in deinen Händen liegt. Ja, so *fühlt* es sich an – als ob wir Opfer der Sucht wären. Das Etwas, was wir „Sucht“ nennen, passiert jemanden, der „Ich“ genannt wird.

Diese Macht, die scheinbar ausgehend von dem Suchtobjekt auf uns wirkt, ist dieselbe Macht, über die ich in diesem ganzen Buch gesprochen habe. Wenn wir glauben, dass ein Objekt, eine Substanz oder ein Mensch in der Lage ist, uns auf irgendeine Weise ganz zu machen, dann projizieren wir eine Art rätselhafter Macht auf ihn. Ob es sich dabei um Nahrungsmittel handelt oder um einen spirituellen Guru, um einen Liebsten oder eine Berühmtheit, ob um einen Politiker oder einen religiösen Führer, um eine Flasche Whiskey oder eine Zigarette – es kann sich wirklich so anfühlen, als ob da jemand oder etwas Macht über dich hat, als hätte es eine Art Fluidum, eine Art überwältigender, magnetischer Energie, die von ihm ausgeht. Es scheint Macht auszustrahlen.

Aber das ist keine echte Macht. Nichts und niemand hat diese Art Macht – die Macht, dich ganz zu machen. Keine Welle besitzt mehr Macht als irgendeine andere Welle, jede Welle ist dem Ozean gleich. Macht ist in diesem Sinne niemals im Außen. Was du als Macht „da draußen“ in der Welt erlebst, ist schlicht *deine eigene Macht, die du nach außen projizierst*. Es ist die Lebensmacht, nach außen projiziert und auf ein Objekt oder einen Menschen fokussiert. Diese Macht ist nicht wirklich in diesem Objekt oder in diesem Menschen enthalten, obwohl das so *scheinen* mag und sich vielleicht auch so *anfühlt*, obwohl das so schmeckt oder riecht. Macht gehört nichts und niemandem, denn die einzige Macht ist das Leben selbst.

Diese Vorstellung – dass die Ganzheit irgendwo „da draußen“ wohnt, in Zeit und Raum, in der Welt, und dass einige Dinge oder Menschen sie besitzen und andere nicht – ist die Projektion, die das Suchen aufrechterhält. *Der Sucher muss immer das Ziel seiner Suche außerhalb von sich selbst sehen, damit es ihn weiter geben kann. Der Sucher muss die Quelle der unsichtbaren Macht irgendwo nach draußen verlagern, in die sichtbare Welt, und dann diese Macht suchen.* Seit Anbeginn der Menschheit haben wir immer die Macht „nach draußen“ verlagert – wir haben sie auf die Sonne projiziert, auf die Sterne, auf Tiere oder die Natur, auf unbelebte Objekte oder auf andere Menschen. Menschen haben immer Götter gehabt. Selbst Atheisten sind in diesem Sinn zutiefst religiös.

Der Sucher, der nach Erlösung sucht, projiziert die Macht zur Erlösung auf ein Objekt, in derselben Weise wie der Sucher, der Erleuchtung sucht, genau diese Erleuchtung auf einen anderen Menschen projiziert und diesem Objekt die Macht verleiht, ihn ganz zu machen. Das Ergebnis ist, dass es sich anfühlt, als ob du das Objekt wirklich *brauchst.* Es fühlt sich so an, als ob du deinen Kick *brauchst.* Es fühlt sich so an, als ob du Sex brauchst, als ob du Schokolade brauchst, als ob du einen Drink brauchst, als ob du eine Zigarette brauchst, als ob du noch mal zu diesem Satsang gehen musst oder zu diesem Seminar, als ob du in der Nähe deines Gurus oder deines Liebesobjekts sein musst, damit du wieder ganz sein kannst.

Man könnte sagen, dass das „Brauchen“ das ist, wie der Mechanismus des Suchens sich selbst manifestiert. Wir erleben ja diesen Mechanismus des Suchens nicht auf direkte Weise, wir erleben ein Bedürfnis, ein Verlangen, eine Sehnsucht, eine Gier, eine Ohnmacht angesichts des Lebens. Wir werden niemals wirklich die Natur des Verlangens verstehen, ehe wir nicht den Mechanismus des Suchens verstanden haben, der dahinterliegt. Es ist ein erstaunlich kreativer Mechanismus, der dich von einer Bewusstheit darüber, wer du wirklich bist, abzuhalten scheint. Und wir verstricken uns im Suchen, wenn wir diesen Mechanismus nicht als das erkennen, was er wirklich ist, statt das Suchen zu erkennen und uns selbst als der weit-offene Raum des Bewusstseins wahrzunehmen, in dem das Suchen geschieht, in dem wir leiden und in dem wir versuchen, unserem Leiden zu entkommen.

Nun würde ja die Tatsache, sich die ganze Zeit den Mund voll Schokolade zu stopfen, kein Problem sein, wenn du nicht auf Dauer dadurch übergewichtig würdest und Gefahr liefest, einen Herzinfarkt oder einen Schlaganfall zu erleiden. Es ist ja nichts Schlimmes dabei, wenn du Schokolade isst, *jedenfalls nicht an dem Tun selbst.* Auch das ist Teil des Lebens. Erst wenn die Schokolade benutzt wird, um Erlösung zu finden – dann fängt das Problem an. Das Suchen durch die Schokolade ist das Problem. Schokolade plus Suchen gleich Sucht.

Auf dieselbe Weise ist Alkohol, für sich genommen, nicht falsch oder schlecht oder böse, sondern ein Teil des Lebens. Alkohol ist ein neutraler Stoff, den wir nicht unbedingt so nutzen müssen, wie wir es tun. Erst wenn wir den Alkohol nutzen, um uns von dem abzulenken, was wirklich geschieht, wenn wir dadurch unser Unbehagen vermindern, unsere Ganzheit erreichen, vor diesem Augenblick weglaufen wollen, dann fangen die Schwierigkeiten an. Alkohol plus Suchen gleich Sucht.

Auf dieselbe Art und Weise ist Geld, für sich genommen, nichts Schlechtes. Es ist die Art und Weise, wie wir es nutzen – die Art, wie wir es für uns horten, die Art, wie wir verletzen oder sogar töten, um das Geld anderer zu bekommen, es ist die Konkurrenz oder der Neid, zu dem es führen kann, wenn unsere Gefühle von Unzulänglichkeit und Ohnmacht nicht zutiefst angenommen sind – die man „böse" nennen könnte. Geld selbst besitzt keine böse Macht, die es in sich trägt. Nichts oder niemand tut das.

Du hast dir vielleicht jetzt ein Bild gemacht. Stoffe und Handlungen – Sex, Trinken, Schokolade essen, im Spielcasino spielen oder an der Börse – sind, für sich genommen, kein Problem. Sie können sogar Spaß machen, Freude bringen und sind unschuldige Teile des Lebens. Erst wenn der Sucher anfängt, diese Handlungen zu benutzen, um etwas dadurch zu erzielen, dann fangen die Schwierigkeiten an.

Wenn du mit Hilfe einer Zigarette etwas erreichen willst dann rauchst du eigentlich keine Zigarette mehr. Du erlebst sogar kaum noch die Moment-nach-Moment-Erfahrung des Rauchens. Du bist nämlich bei dieser Erfahrung kaum noch präsent, weil du innerlich schon auf das Hoch wartest. Du rauchst nicht wirklich die Zigarette – du versuchst, Ganzheit zu rauchen. Du rauchst nicht wirklich die Zigarette – du benutzt sie, um irgendwohin zu gelangen. Du hast aufgehört zu erkennen – wirklich zu erkennen – was direkt vor dir liegt. Du wartest auf eine Zukunft, auf einen zukünftigen Moment. Dieser Moment, jetzt, ist nur ein Mittel geworden, damit ein Ziel erreicht werden kann. Du versuchst, von hier nach da zu gelangen und dafür die arme, kleine Zigarette zu benutzen.

Die Zigarette dann in einen Feind zu verwandeln, hilft dir dabei überhaupt nicht weiter. Das ist aber genau das, was eine Menge Selbsthilfebücher und Kurse über Süchte versuchen zu sagen – dass die Zigarette, der Alkohol, die Drogen usw. eine Art Feind von dir sind, dass sie böse sind, dass wir sie bekämpfen sollten, vielleicht für den Rest unseres Lebens.

Ich möchte euch gerne einen anderen Weg vorstellen, wie man Süchte betrachten kann. Die Zigarette ist nicht der Feind. Wenn du erkennst – wirklich erkennst – wie der Mechanismus des Suchens arbeitet, mit all seinen Feinheiten und Subtilitäten, dann erkennst du, wie unschuldig die Zigarette ist. Sie hat keinerlei Macht über dich und hat sie auch nie gehabt. Du hast sie nur benutzt, um Ganzheit zu finden. Du bist ein Nutzer geworden, im wahrsten Sinn des Wortes. Die Zigarette war immer unschuldig, immer neutral, und in deiner Jagd nach Erlösung hast du sie benutzt und dann vergessen, warum du sie benutzt hattest (wenn du das überhaupt je gewusst hast). Und dann hast du dich herumgedreht und sie beschuldigt, einen Zauber über dich geworfen zu haben. In Wirklichkeit war es genau andersherum – du hast einen Zauber über die Zigarette geworfen. In deiner Unschuld, in deiner Suche nach Ganzheit, hast du die Macht, Ganzheit zu erzeugen, auf sie projiziert. Du hast sie zu einem Symbol für das Ziel deiner Suche gemacht. Du hast sie in deinen Guru verwandelt und ihr eine Macht gegeben, die sie niemals hatte und niemals haben konnte.

Hier geht es nicht darum, irgendjemanden zu beschuldigen – weder die Zigarette noch den Raucher. Es bedeutet auch nicht, dass die Zigarette unschuldig ist und du schuldig. Ihr seid beide unschuldig. Wenn du im Suchen gefangen bist, dann hast du keine Wahl – du greifst nach allem, von dem du glaubst, dass es dir Erlösung bringt. In deiner Unschuld greifst du nach einer Zigarette. Wenn du das Gefühl hast, dass du etwas brauchst, dann fühlt sich das so an, als hättest du *keine Wahl* – du musst das bekommen, was du brauchst. In deinem Suchen bist du unschuldig. Also gebe ich niemandem die Schuld. Das Schuld-und-Scham-Spiel ist hier nicht nötig. Hier geht es einfach um das Erkennen, was in deinem eigenen Erleben vorgeht, und nicht darum, dass du dich dafür verurteilst.

Triebe, Gier, Bedürfnisse und Wünsche

Wie fühlt sich ein Drang, ein Trieb an? Wie fühlt sich Gier an? Wie fühlt es sich an, wenn du etwas wirklich brauchst?

Es ist sehr schwer, zu beschreiben oder exakt zu definieren, was eine Gier oder ein Drang ist. Wir sprechen über solche Gefühle – über Triebe, Gier oder Bedürfnisse – als wüssten wir genau, worüber wir hier sprechen. Aber wie wir es ja schon im ganzen Buch getan haben, werden wir auch hier über die Geschichte hinausgehen, über die Geschichte des Drangs, und zurückkommen zu der wirklichen augenblicklichen Erfahrung dieses Gefühls. Wenn man einmal die Geschichte hinter sich lässt – was ist dann wirklich los?

Ich sitze hier in meinem Lieblingssessel und lese ein Buch. Mir fehlt nichts. Das Leben entfaltet sich einfach – Geräusche und Gerüche, Gedanken, Gefühle, alles kommt und geht. Ich freue mich an der Einfachheit dieses Augenblicks.

Plötzlich spüre ich eine Gier in mir – ich bin gierig nach einer Zigarette. Was ist da gerade geschehen? Lasst uns zu der eigentlichen Erfahrung zurückkommen und sie in Zeitlupe noch einmal durchgehen.

Am Anfang war da ein Gefühl von Ungemütlichkeit. Etwas fühlte sich plötzlich unbefriedigt und unvollständig an, und es wollte erneut vervollständigt werden. Es wollte nach etwas greifen – nach einer Zigarette, dem Ding, das nach meiner Vorstellung diese Unvollständigkeit wegmachen sollte. Und es gab einen Drang zu rauchen – mit anderen Worten, einen Drang, Ganzheit durch Rauchen zu finden. Rauchen würde das Unbehagen wegnehmen.

Da ist etwas *Drängendes* im Drang, nicht wahr? Ein Drang ist niemals eine entspannte, zurückgelehnte, leichte Erfahrung. Etwas fühlt sich angespannt und zusammengezogen an. Es fühlt sich an, als ob etwas *dringend* befriedigt werden muss. Plötzlich ist da etwas Drängendes im Leben. Es fühlt sich so an, als ob du jetzt sofort eine Zigarette brauchst – nicht morgen, nicht ein wenig später, sondern *jetzt.*

Es ist nur wenige Augenblicke her, da schien das Leben vollständig, ganz zu sein. Ich saß da, bequem in meinem Stuhl und las in meinem Buch. Nichts fehlte. Nun, ganz plötzlich, fühlt es sich so an, als ob etwas in meiner gegenwärtigen Erfahrung *fehlt*. Ein Loch hat sich in der momentanen Erfahrung geöffnet. Es fühlt sich an, als gäbe es da einen Mangel. Aber was fehlt? Und was wird dieses Loch stopfen? Was wird den Mangel beheben? Ist es wirklich möglich, dass in einem Moment nichts fehlt und dann, in einem Augenblick, plötzlich etwas fehlt?

Alle Triebe – und wirklich alles Suchen – fangen immer mit diesem allgemeinen Gefühl von Mangel an, und dann wird aus diesem allgemeinen Mangel der Mangel von etwas Besonderem.

Aber was fehlt denn? Ah, ich weiß. Eine *Zigarette* fehlt in der gegenwärtigen Erfahrung. Das Loch ist ein Loch in Form einer Zigarette. Wenn ich jetzt rauchen würde, dann würde meine gegenwärtige Erfahrung wieder ganz sein. Die Zigarette würde das Loch stopfen.

Die ursprüngliche Bedeutung des Wortes „benötigen, nötig haben" war gleichbedeutend mit „Mangel". Erst seit ein paar hundert Jahren ist aus dem Wort „benötigen" ein Synonym für „brauchen, wollen" und damit die Verbindung zum „Verlangen" geworden. Wenn ich also sage: „Ich brauche jetzt eine Zigarette", dann meine ich eigentlich: „Ich fühle mich, als ob mir gerade in diesem Moment eine Zigarette fehlt. Ja, ich brauche eine Zigarette." Vor einem Moment fehlte diese Zigarette nicht. Dann, plötzlich, fehlt sie.

Plötzlich fehlt mir eine Zigarette; plötzlich brauche ich eine Zigarette – das ist genau dasselbe.

Aber eine Zigarette fehlt in der Erfahrung des Jetzt nicht wirklich. Die gegenwärtige Erfahrung ist immer in sich vollständig. In der gegenwärtigen Erfahrung kann niemals etwas fehlen, genauso wie der Ozean niemals fehlen kann, ganz gleich, wie viele Wellen in ihm auftauchen. Es ist nur ein Gedanke, der sagt: „Etwas fehlt." Aber selbst der Gedanke, dass etwas fehlt, taucht einfach nur in dem offenen Raum auf. *Der Gedanke und das Gefühl, dass etwas fehlt*, fehlen darin gar nicht! Sie sind schon vollständig da. Nichts, buchstäblich nichts, fehlt hier.

Der Beginn großer Freiheit besteht darin, zu erkennen, *dass in der gegenwärtigen Erfahrung niemals etwas fehlt*. Da gibt es immer nur die *Geschichte*, dass etwas fehlt, das *Gefühl*, dass etwas fehlt. Und all die Geschichten und die damit verbundenen Gefühle erscheinen in dem weiten, offenen Raum, der du bist, der immer in sich selbst ganz und vollständig ist. In dem offenen Raum, der du bist, fehlt nichts, denn der offene Raum, der du bist, enthält *alles*, das kommt und geht. Selbst das stärkste Gefühl des Mangels taucht in dem, was du bist, auf und verschwindet wieder. Selbst der Mangel ist Teil der Ganzheit dieses Augenblicks. Hier, wo du bist, ist selbst der Mangel ganz.

Hier ist ein wunderbares Gleichnis: Stell dir vor, du siehst eine Filmszene, in der einige Schauspieler um einen Esstisch herum sitzen und über einen anderen Schauspieler sprechen, von dem sie sagen, dass er an der Tafel fehlt. Aber aus deiner Perspektive – fehlt da jemand an der Tafel? Hast du als Zuschauer das Gefühl, dass da ein Schauspieler fehlt? Nein, die Szene ist vollständig, so wie sie ist. Diese Schauspieler, die um die Tafel herum sitzen und über jemanden reden, der fehlt, stellen eine in sich vollständige Szene in diesem Film dar. Nichts fehlt *jemals* in einer Filmszene. Du sieht niemals eine Filmszene an und sagst dir: „Hmm, das ist komisch. Da fehlt doch jemand in dieser Szene." Selbst wenn es in der Szene *um* jemanden geht, der fehlt, weißt du, dass in Wahrheit hier nichts und niemand fehlt. Kein Schauspieler kann jemals in einem Film fehlen. Eine Filmszene ist immer in sich geschlossen. Auf dieselbe Weise, wenn jemand stirbt, den du liebst und du vermisst ihn, fehlt er oder sie dann tatsächlich? Nein, nichts und niemand fehlt im Ozean des Lebens.

Es ist also eine Lüge, eine riesengroße Lüge, zu sagen, dass dir eine Zigarette *fehlt*. Der Mangel einer Zigarette ist eine Lüge. Dein Wunsch nach einer Zigarette ist eine Lüge.

Ich möchte das ganz klar machen: Letztlich ist nichts Falsches daran, dass man im Leben Wünsche hat. Hier riskieren wir nämlich, in eine andere spirituelle Falle zu gehen. Im Laufe der Jahre habe ich viele Menschen getroffen, die verzweifelt versucht haben, ihre Wünsche loszuwerden, weil sie dachten, dass das der Weg zur Erleuchtung wäre. Sie glaubten ganz aufrichtig, dass ein erleuchteter Mensch keine Wünsche mehr hat.

Erstens war aber ihr Wunsch, alle Wünsche loszuwerden, der größte Wunsch von allen.

Zweitens würde ein Leben ohne Wünsche ein ziemlich trübes Leben sein. Ich zweifle, ob es überhaupt möglich ist, ein lebendiges, atmendes menschliches Wesen zu sein und keine Wünsche mehr zu haben. Ich möchte gern eine Kunstgalerie besuchen. Ich möchte eine Tasse Tee. Ich möchte meine geliebten Eltern besuchen. Du bist gestolpert, und ich möchte dir aufhelfen. Ich möchte gern ein Kind. Ich möchte, dass ihr meine Bücher lest. Ich möchte euch ehrlich sagen, wie ich mich fühle. Ich möchte aus diesem Kriegsgefangenenlager ausbrechen. Das alles sind vollkommene Ausdrucksformen des Lebens in sich selbst, und Wünsche zu verweigern oder versuchen vorzugeben, dass ich sie nicht mehr habe, kann wirklich sehr ungesund sein. Zu versuchen, alle Wünsche loszuwerden, ist nur ein Teil des Spiels des Suchers.

Ich denke, dass es hilfreich sein würde, zwischen authentischen, gesunden Wünschen, wie „Ich möchte heute in den Park gehen", und Wünschen zu unterscheiden, die aus einem Gefühl von Mangel entstehen – du könntest sie auch „suchende Wünsche" nennen – wie beispielsweise: „Ich brauche jetzt eine Zigarette, weil ich ohne sie nicht ganz bin." Ich denke, dass ist eine sehr bedeutungsvolle Unterscheidung, die es zu machen gilt.

Es scheint, dass viele spirituelle Lehren über Wünsche so sprechen, als wären sie grundsätzlich etwas Negatives. „Wünsche sind Ego. Wünsche sind selbstsüchtig. Wünsche sind Vortäuschungen. Wünsche sind dualistisch. Wünsche führen immer zum Leiden, und wenn wir das Leiden beenden wollen, sollten wir uns von allen Wünschen befreien, von allem Verlangen, von jeder Anhaftung. Wir sollen danach streben, in einem Zustand zu leben, in dem wir nichts mehr wollen. Wir sollten damit aufhören, Geld zu wollen. Wir sollten damit aufhören, Besitztümer haben zu wollen. Wir sollten alles, was wir haben, weggeben und auf der Straße leben. Dann wären wir frei. Wir sollten aufhören, Sex haben zu wollen. Wir sollten jedes Verlangen nach Sex aufgeben und ein zölibatäres Leben führen. Dann wären wir rein und Gott näher. Wir sollten aufhören, Genuss zu wollen, weil Genuss schlecht und unspirituell ist, und wenn wir uns von allen Quellen des Glücks im Leben abschneiden, dann werden wir erleuchtet sein." Das scheinen einige spirituelle Lehren zu sagen.

Aber die Kehrseite des Aufgebens von Wünschen ist, dass wir anfangen, ein trübes, lebensfernes, abgeschnittenes Leben zu führen – und wir kommen dahin, dass wir unsere Wünsche und Bedürfnisse bekämpfen müssen. Heimlich wollen wir doch unsere Wünsche nicht wirklich loswerden, deshalb müssen wir sie unterdrücken. Wir unterdrücken unser Verlangen nach Sex, zum Beispiel, indem wir uns selbst und anderen gegenüber so tun, als ob wir davon frei sind, und dennoch geht heimlich unser Verlangen nach Sex weiter. Und je mehr wir es zu beerdigen versuchen, desto mehr droht es herauszuplatzen – bis es das schließlich dann auch tut. Und wir können die Folgen davon leicht erkennen. Schaut euch nur die vielen Skandale um die angeblich zölibatären religiösen Führer im letzten Jahrhundert an. Alles, was wir zu unterdrücken versuchen, muss irgendwann in einer verdrehten Form herauskommen. Die Lebenskraft will sich zum Ausdruck bringen und sich nicht hemmen lassen.

Kürzlich erzählte mir eine Frau von ihrer knapp 20-jährigen Ehe und von ihrem Ehemann. In den letzten paar Jahren war sie eine spirituelle Sucherin geworden und hatte viele Stunden damit verbracht, eine Methode zu praktizieren, die darauf abzielte, sie von allen Sehnsüchten in ihrer Ehe zu befreien – denn Sehnsüchte, so hatte sie gelernt, waren unangemessene Forderungen, die man einem anderen Menschen auflud. Wenn sie einmal damit aufgehört haben würde, irgendetwas von ihrem Ehemann zu wollen, dann würde sie frei sein. Sie nannte diese Methode „sich von ihrem Ego befreien."

Nun, sie hatte es geschafft, sich von all ihren Wünschen zu befreien. Und in gewisser Hinsicht war das wirklich wunderbar. Viele, viele Wünsche, die sie hatte, waren unangemessene Forderungen an ihren Ehemann gewesen und waren Ausdruck ihres Suchens; sie waren Wege gewesen, mit denen sie versuchte, ihren Ehemann zu etwas zu machen, was er einfach für sie nicht sein konnte. Der Versuch, ihn zu reparieren, hatte ihr so viel Leid gebracht. Deshalb war es eine Erleichterung für sie, frei von diesen unangemessenen, auf ihrer Suche begründeten Wünschen zu sein.

Aber sie war zu weit gegangen und hatte alle ihre Wünsche ausgemerzt. Und die Beziehung zu ihrem Ehemann war auch nicht besser geworden. Sie hatte alles ausgemerzt; und es war tatsächlich kaum noch eine Beziehung zwischen ihnen übriggeblieben. Die Beziehung war tot.

Ich fragte sie: „Sag mal, was wünscht du dir denn von einer Beziehung?" Sie zögerte und antwortete dann: „Oh, ich dachte, ich sollte nichts wollen."

Ich fragte sie erneut. Sie dachte eine lange Weile nach, ihr fiel aber nichts ein.

„Okay, ich helf' dir mal", sagte ich. „Wie wäre es mit etwas ganz Einfachem, wie beispielsweise jemanden zu haben, mit dem du reden kannst?"

„Oh, ja, das würde mir schon gefallen, natürlich. Das wäre wundervoll", antwortete sie.

Ich fand diese Antwort sehr bewegend. Da gab es einen echten Wunsch, einen authentischen Wunsch, der nicht aus einem Gefühl von Mangel aufkam. Er kam direkt aus ihrem Herzen. Er war ein wunderschöner, leidenschaftlicher Ausdruck des Lebens selbst. Es war ein echter, authentischer Wunsch, der in ihrem Bestreben, frei von allen Wünschen zu werden, in ihr vergraben worden war. Dieser kleine Wunsch hatte einfach nicht die Chance bekommen zu atmen. Indem sie alle Wünsche zerstört hatte, hatte sie auch die echten, authentischen Wünsche zerstört. Sie hatte das Kind mit dem Bade ausgeschüttet.

Nicht alle Wünsche sind ein Ausdruck von Mangel. Wenn wir einen echten, gesunden Wunsch aussprechen, dann sagen wir so etwas wie: „Ich wünsche mir das. Ich würde das gerne erleben. Aber ob ich nun das, was ich mir wünsche, bekomme oder nicht – ich bin immer noch vollkommen okay. Nicht das zu bekommen, was ich wünsche, nimmt kein Jota von diesem augenblicklichen Okaysein weg."

Es gibt einen Unterschied zwischen dem Wunsch, eine Zigarette zu rauchen, und dem Wunsch, eine Zigarette zu rauchen, damit du *ganz wirst* – was keine Zigarette kann. Eine Zigarette zu wollen, ist kein Problem, so lange jedenfalls, bis du eine Zigarette willst, *damit du dein Unbehagen loswirst*. Dann hast du nämlich einen Wunsch, der aus dem Suchen kommt, einen Wunsch, der ein Ausdruck von Mangel ist, und das ist ein Wunsch, der direkt zum Leiden führt und zu noch mehr Mangel. Du sagst dann: „Ich will das, und wenn ich es nicht bekomme, dann werde ich nicht okay sein. Nur wenn ich bekomme, was ich will, sind die Dinge wieder in Ordnung." Das ist ein Bedürfnis, das auf der Illusion des Mangels basiert, der Illusion, dass nur eine Zigarette die Leere füllen kann. Nun sehen wir die Wirklichkeit nicht länger, wie sie ist, wir sind zum Suchen übergegangen. Wir sind in einem Traum verfangen und deshalb leiden wir dann.

Einem Drang begegnen

Du denkst jetzt vielleicht: „Ich kann ja zwar intellektuell verstehen, dass die Zigarette mich nicht ganz machen wird, aber es fühlt sich immer noch so an, als ob ich eine Zigarette brauche." Ein Drang fühlt sich *körperlich* an. Ein Bedürfnis fühlt sich *körperlich* an. Und bevor du es auch nur weißt, fühlt es sich wirklich so an, als ob dein Körper es *braucht*. Wie schon gesagt, der Körper kennt keinen Unterschied zwischen einer wirklichen und einer fantasierten Bedrohung und kann auch den Unterschied zwischen einem echten und einem nur vorgestellten Mangel nicht wahrnehmen.

Die Wirklichkeit ist, dass dein Körper niemals eine Zigarette braucht. *Du* brauchst sie. Der Sucher braucht sie. Dein Körper versucht nicht, sich ganz zu machen. *Du* versuchst es. Ich glaube, es ist eine der ganz großen Lügen, die wir aussprechen, wenn wir sagen: „Mein Körper braucht eine Zigarette" oder „Ich kann ohne eine Zigarette nicht leben" oder „Ich sterbe ohne meine Zigarette." Nun ja, wir fühlen uns vielleicht so. Aber nur, weil du dich so fühlst, muss dieses Gefühl ja nicht die Wirklichkeit widerspiegeln.

Was wir wirklich meinen, wenn wir sagen: „Ich brauche eine Zigarette", ist: „Ich bin nicht bereit, das Unbehagen zu ertragen, diese Zigarette nicht zu rauchen." Und das ist es: Ich will das Unbehagen nicht ertragen – das Gefühl, nicht ganz zu sein, den Schmerz, das Verletztsein, das Nichtokaysein – weil ich das nicht bekomme, was ich wünsche. Ich möchte nicht, dass diese Wellen kommen. Ich fühle mich so, als würde ich in ihnen ertrinken. Ich fühle mich so, dass ich von ihnen überwältigt würde. Ich werde nicht in der Lage sein, mit ihnen umzugehen. Ich habe das Gefühl, dass ich ohne mein Suchtobjekt, ohne meinen Ausweg, ohne irgendetwas, das mir den Schmerz der Existenz nimmt, sterben werde.

Wenn die Hoffnung auf Ganzheit vom Sucher abgezogen wird, was bleibt dann? Wenn die Zeit abgezogen wird, wenn alle Hoffnung darauf, das zu bekommen, was du willst, und dadurch ganz zu werden, verschwindet – womit bleibst du zurück?

Du bleibst mit dem zurück, was da ist. Du bleibst zurück mit deinem Unbehagen, mit deinem Gefühl von Unvollkommenheit, mit all dem, vor dem du wegläufst, ohne Hoffnung auf Entrinnen. Du bleibst damit zurück, dich mit dem Leben, so, wie es ist, konfrontieren zu müssen – dich mit den Wellen, die du zurückweist, konfrontieren zu müssen, mit den Gedanken und Gefühlen, vor denen du wegläufst, vielleicht schon dein ganzes Leben lang. Du bleibst zurück mit deinem Schmerz, mit deiner Trauer, mit deiner Schuld, mit deinem Bedauern, mit deiner Einsamkeit, mit deinen schlimmsten Ängsten. Du bleibst hier zurück, jetzt, in diesem Augenblick, und musst dich mit dem konfrontieren, was ist.

Für einen getrennten Menschen, der mit all diesen Dingen konfrontiert ist, ist das ein großes Problem. Aber in dem offenen Raum, der du bist, gibt es kein Problem – jede Welle darf einfach da sein. Das extreme Unbehagen. Das Gefühl von Mangel. Der Drang zu rauchen. Ein Drang, ein Wunsch. Dieses Gefühl, dass etwas ganz werden muss. Schmerz. Aufregung. Vielleicht Herzklopfen. Schwitzen. Alle Arten von Vorstellungen – darüber, wie schrecklich dein Leben ist, von dir, wie du die Zigarette voll Seligkeit rauchst, von dir, wie du diesen kühlen Rauch tief inhalierst, darüber, welche Entspannung sie bringen wird, welche Erlösung sie sein wird. Die Erlösung ist so nah, du kannst sie beinahe mit den Händen greifen.

Es gibt einen verzweifelten Drang, danach zu greifen und die Zigarette anzuzünden. In einem einzigen Augenblick kann das ganze Unbehagen wie ausgelöscht sein. In einem einzigen Augenblick kann sich die Hölle in den Himmel verwandeln. Diese Ahnung ist beinahe unerträglich. Du willst diese Zigarette so verzweifelt. Diese Zigarette wird doch dieses ganze Unbehagen wegnehmen. Es ist doch nur eine winzige, kleine Zigarette. Nur einige Augenblicke entfernt. Mach schon. Nur eine einzige, winzige Zigarette. Oh, es ist *so* verführerisch!

Wie wir gesehen haben, willst du eigentlich nicht wirklich diese Zigarette. Was du wirklich willst, ist, dass du in diesem Moment wieder zutiefst okay sein willst. *Was du wirklich willst, ist, dass du nicht mehr so bedürftig bist. Was du wirklich willst, ist, dass du nicht mehr in einem Mangelzustand bist.* Was du wirklich willst, ist, dass du mit all diesem Unbehagen *zutiefst angenommen* bist. Du möchtest zutiefst angenommen sein, genau da, wo du gerade bist, du willst hier und jetzt zu Hause sein, und du denkst, dass der einzige Weg, dorthin zu kommen, in der Zigarette liegt.

„Ich will jetzt eine Zigarette" – das ist eine Lüge. Es ist eine Lüge, die auf einer Fehlidentifikation basiert, eine Lüge, die basiert auf immens großen Annahmen darüber, wer du wirklich bist, eine Lüge, die daher kommt, dass du die Ganzheit in deiner lebendigen Erfahrung des Jetzt nicht erkennst.

Nun sage ich dir nicht, dass du *so tun sollst, als ob* du keine Zigarette wolltest. So tun als ob, funktioniert nie – es führt nur zu noch mehr So-tun-als-ob. Ich sage auch nicht, dass du so tun sollst, als hättest du keine Begierden und Triebe mehr. Du bist ein menschliches Wesen, kein Roboter. Ich bitte dich darum, deinen Wunsch zu respektieren, aber auch zu versuchen, dich selbst bis zum Zentrum dieses Wunsches vordringen zu lassen – und all deine Annahmen loszulassen, das, was ist, mit neuen Augen zu sehen, jenseits von dem, was man dir gesagt hat, was es wäre, oder was du annimmst, was es ist, oder was du glaubst, was es ist.

Wir sind jetzt direkt durch die Erfahrung der Gier gegangen und haben dabei im Kern der Gier den einfachen Mechanismus des Suchens entdeckt. *Das Verlangen gilt eigentlich nicht der Zigarette (oder dem Drink oder dem Sex oder dem nächsten Kick), sondern der tiefsten Akzeptanz.* Wir verlangen nicht nach der Zigarette, sondern wir verlangen nach der Intimität mit dem Bewusstsein des gegenwärtigen Moments – dem offenen Raum, in dem jede Erfahrungswelle angenommen ist. Wir verlangen eigentlich nicht wirklich nach der Zigarette, wir verlangen nach unserer Gier nach der Zigarette, um zutiefst okay zu sein. Wir verlangen danach, unsere Gier zu lieben, so, wie sie ist, auch wenn das im ersten Moment total verrückt klingt.

Wenn eine Gier einfach zugelassen wird, mit all dem Unbehagen, das sie mit sich bringt, und wenn der Drang, dem Unbehagen zu entkommen, ebenfalls einfach zugelassen wird – wenn jeder Gedanke, jede Empfindung, jedes Gefühl einfach zugelassen wird und wenn diese gegenwärtige Erfahrung erkannt wird als etwas, was in diesem Augenblick zutiefst angenommen ist – dann *brauche* ich die Zigarette nicht mehr, um mich ganz zu machen *An diesem Punkt kann der Teufelskreis des Brauchens unterbrochen werden – direkt im Herzen des Brauchens selbst.* Das ist die Freiheit *im* Brauchen, die Freiheit *in* der Gier, nicht die Freiheit *von* der Gier. Hier geht es darum, die Freiheit zu entdecken, in der die Gier und der Drang, die Gier zu befriedigen, beide auftauchen und zugelassen sind, genauso, wie alle Wellen im Ozean vom Ozean bereits zugelassen sind.

Es geht hier nicht darum, die Gier zu bekämpfen oder sie zu ignorieren. Es geht darum, diese Gier zutiefst zuzulassen, ebenso wie jeden Drang, selbst einen einzelnen Drang, die Gier zu befriedigen. Ein Drang und ein Drang, diesen Drang zu befriedigen, sind die besten Freunde. Wenn du dich also mit einem Drang hinsetzt, dann musst du ebenso seinen besten Freund willkommen heißen, den Drang, diesem Drang zu entrinnen, und den Ort entdecken, an dem beide in dem, was du bist, zutiefst angenommen sind.

Eine Gier zuzulassen – sich einfach mit ihr hinzusetzen, all die inneren Bilder anzuschauen, die so vorüberschweben, all die Empfindungen zu fühlen, die kommen und gehen, dir wirklich erlauben, den Drang zutiefst zu fühlen, jetzt eine Zigarette zu haben, das Unbehagen zuzulassen, selbst den stärksten Drang zuzulassen, den Drang, der so stark ist, dass du dich fühlst, als *müsstest* du jetzt danach handeln, auch zuzulassen – kann eine sehr seltsame Erfahrung sein. Denk daran, es gibt keinen Drang, der zu stark für diese tiefste Annahme ist, der „gehandhabt" werden müsste. Du fühlst dich, als würdest du ohne Zigarette sterben, und dennoch, tief in diesem Gefühl ist die tiefste Annahme immer noch da. Diese tiefste Annahme kann dieses Gefühl auch annehmen. *Das ist unerträglich. Ich kann nicht so weiter.* Auch dieses Gefühl. *Das ist zu unbequem, Ich halte das nicht mehr aus.* Auch dieses Gefühl wird angenommen. *Ich sterbe!* Und du bist immer noch lebendig. *Ich kann damit nicht umgehen!* Du tust es doch schon. *Ich kann es nicht aushalten.* Du hältst es gerade aus.

Was ich entdeckt habe, ist Folgendes: Selbst ohne Zigarette, selbst mit all diesen Gefühlen, die in Abwesenheit einer Zigarette auftauchen, *selbst in der Erfahrung, nicht das zu bekommen*, was ich will, bin ich dennoch zutiefst okay. Selbst ohne Zigarette bin ich in dieser gegenwärtigen Erfahrung ganz. Mitten in der intensivsten Gier ist diese tiefste Annahme immer noch absolut vorhanden. Das bedeutet nicht unbedingt, dass die Gier dann weggeht, aber es bedeutet, dass meine Beziehung zu dieser Gier sich verändert. Sie ist nicht länger eine abgewehrte Welle, die ich nicht annehmen kann – sie ist ein Ausdruck des Ozeans, der umfangen werden soll.

Und aus dieser Ganzheit heraus habe ich immer noch die Freiheit, mir eine Zigarette zu nehmen oder nicht. Das ist jetzt sehr wichtig. Ich habe die Freiheit zu rauchen, *aber ich brauche es nicht länger zu tun*, um meine Ganzheit zu finden. Eine Zigarette zu rauchen oder es nicht zu tun, werden auf eine seltsame Weise in ihrer Essenz gleich. In der tiefsten Annahme erreiche ich das, was die Zigarette mir niemals geben konnte – die Freiheit, mir eine Zigarette zu nehmen *oder auch nicht*. Ich bin nicht länger gebunden. Ich werde nicht mehr kontrolliert. Ich bin erlöst aus der Umklammerung meines Gurus. Der Zauber ist gebrochen. Ich kann die Zigarettensekte verlassen. Ich bin nicht mehr machtlos. Ich bin kein Opfer mehr.

Um es einfacher auszudrücken: Wenn ein Wunsch – nach einer Zigarette, nach einem Drink, nach Sex, nach einem Ausflug ins Spielcasino, nach einem Riegel Schokolade – zutiefst zugelassen wird, zugelassen wird, genau wie er ist, dann ist der Wunsch nicht länger ein Wunsch im wahrsten Sinn des Wortes. Mit anderen Worten, wenn ein Wunsch zutiefst zugelassen wird, dann ist er nicht länger ein Ausdruck eines Mangels, er ist nicht länger ein *Ausdruck von* Unvollkommenheit und nicht länger eine *Suche nach* Ganzheit. Nun ist er einfach ein Bündel Empfindungen, die in dem, was du bist, aufkommen und wieder verschwinden – Empfindungen, die zutiefst zugelassen sind und die in dem, was du bist, aufkommen und wieder verschwinden dürfen, selbst wenn sie im Moment wirklich unangenehm sind. Wünsche kommen und gehen, das, was du bist, bleibt. Das Ende jeder Sucht liegt in dieser tiefsten und vollständigen Annahme des Wunsches, so paradox sich das auch anfangs anhören mag.

Und nochmal, nimm wahr, dass ich dich nicht darum bitte, den Wunsch zu bekämpfen, und ich sage dir auch nicht, den Wunsch zu ignorieren oder ihn zurückzuweisen oder Abstinenz zu praktizieren. Tiefenakzeptanz bedeutet keine Selbstverleugnung – in keiner Weise. Ich sage hier nicht: „Gib dir nicht, was du willst, und *versuche*, glücklich damit zu sein, dass du es nicht bekommst." Ich bitte dich nicht, irgendetwas zu *tolerieren*.

Ich kann schon jetzt die Kritiker dieser Botschaft sagen hören: „Jeff Foster sagt uns, dass wir diesen Wunsch nicht mehr haben sollen. Er sagt, wir sollten damit zufrieden sein, dass wir nicht bekommen, was wir wollen, dass wir uns den Genuss verweigern sollten. Es klingt alles so miesmachend, so lebensverneinend, so deprimierend!"

In Wirklichkeit sage ich nicht, dass du *damit zufrieden sein sollst*, dass du nicht bekommst, was du willst. Ich lade dich vielmehr ein, all deine vorherigen Schlussfolgerungen fallenzulassen und neu zu schauen – zu erkennen, ob du dieses Okaysein in seiner tiefsten Bedeutung, in der Erfahrung *finden* kannst, dass du nicht bekommst, was du willst. Schau mal, ob das in deiner Welt möglich ist. Den Ort der tiefsten Annahme zu finden, bedeutet nicht, etwas zu tolerieren oder dich damit zufrieden zu geben, dass du nicht bekommst, was du willst; es geht darum, den Ort zu finden, an dem selbst die Intoleranz und die Frustration angenommen sind.

Und ich bitte dich, sogar die Vorstellung infrage zu stellen, ob das, was du willst, wirklich das ist, was du willst und, noch tiefer, die Vorstellung infrage zu stellen, dass du ein separater Mensch bist, der etwas will. Das ist etwas ganz anderes, als *vorzugeben,* dass man damit einverstanden sein soll, nicht das zu bekommen, was man will. Es ist etwas ganz anderes als eine Verweigerung des Genusses, was das sein kann, was der Geist daraus macht. Ich bitte dich zu schauen, ob du das Okaysein auch in der Erfahrung finden kannst, dass du nicht das bekommst, was du dachtest, dass du es wolltest, aber nicht wirklich jemals wolltest.

Es kann ziemlich seltsam sein, einen Wunsch zutiefst zuzulassen. Die meiste Zeit versuchen wir, einen Wunsch entweder zu ignorieren (was nur dazu führt, dass er wächst) oder dem Wunsch nachzugeben. Den Wunsch zutiefst anzunehmen ist der mittlere Weg. Zwischen Zurückweisen und Nachgeben liegt das *Erkennen*, und im Zulassen liegt dann das Entdecken der Freiheit – selbst an den ungemütlichsten Orten.

Deine neue spirituelle Praxis ist also nun die folgende: *Lass dich nieder mit deinem Unbehagen und mit seinem besten Freund, dem Drang, diesem Unbehagen zu entrinnen. Sitze einfach da, tue nichts damit. Sitze da, ohne zu erwarten, dass sie sich verändern. Sitze da, ohne zu versuchen, dich zu verändern. Sitze da, ohne auf irgendein bestimmtes Ziel zu hoffen. Und nimm wahr, dass jeder einzelne Gedanke, jede einzelne Empfindung, jedes Gefühl – einschließlich deiner Erwartungen, deiner Frustration, deinem Mangel an Akzeptanz oder deinen Versuchen, diesen Augenblick zu verändern – bereits in diesen Moment eingelassen worden sind. Versuche, das Okaysein mitten in diesem Nichtokaysein zu finden. Finde den Ort, an dem dieser Augenblick okay ist, selbst wenn es sich ungemütlich und überhaupt nicht okay anfühlt. Dieser Ort ist die Freiheit. Dieser Ort ist das, was du bist. Und wenn du diesen Ort genau jetzt noch nicht entdecken kannst und wenn du deshalb irgendein Gefühl von Scheitern hast, dann lass auch das zutiefst zu. Nimm ganz einfach alles wahr, was da ist, und nimm wahr, dass alles, was da ist, bereits zugelassen ist. Dieses Wahrnehmen ist die Essenz der Meditation.*

Und, ja, es kann sehr ungemütlich an diesem Ort sein, wo es kein Entrinnen gibt. Ich weiß von einem Heroinabhängigen, der von seiner Droge durch plötzlichen Entzug loskommen wollte. Seine Freundin sagte mir, dass seine Entzugserscheinungen grauenvoll waren – schreckliche Krämpfe im ganzen Körper, starkes Schwitzen und Zittern, Halluzinationen. Viele Male hatte er gedacht, dass er gleich sterben würde. Er rief seine Freundin an und schrie ins Telefon: „Ich kann das nicht mehr aushalten! Ich sterbe gleich!" Interessanterweise war es niemals *diese* Runde der Muskelkrämpfe, die ihn umbringen würde – es war immer die *nächste* Runde. Sie würde ihn immer umbringen – die jetzige hatte ihn noch nicht umgebracht. Der Sucher lebt immer in den Erinnerungen, wie schlimm es war, und in der Erwartung, wie schlimm es werden wird. Der Sucher lebt immer im Rahmen der Zeit.

Irgendwann stimmte seine Freundin, hauptsächlich aus der Angst heraus, dass er es wirklich nicht schaffen würde (auch wenn sie es schon erlebt hatte, dass er schon früher durch diese Art von Entzugserscheinungen hindurchgekommen war und sie überlebt hatte) zu, ihn durch die Stadt zu seinem Drogendealer zu fahren, um seinen Schuss zu bekommen. Auf dem Weg dorthin im Auto verbesserte sich plötzlich sein Zustand. Sobald er wusste, dass er seinen Schuss bekommen würde, konnte er sich entspannen. Er war immer noch zittrig und unruhig, und er hatte auch noch weiter Schmerzen, aber er war nicht mehr in Panik und drohte auch nicht mehr zu sterben. Die Droge war zum Synonym für die Freiheit vom Tod geworden, und als er wusste, dass die Droge ihm zur Verfügung stand, entspannte sich sein System.

Konfrontiert mit der Unmöglichkeit, zu bekommen, was du willst, konfrontiert mit dem Scheitern deiner Suche, kannst du eine vollkommene Hilflosigkeit erleben, eine immens große Angst, einen totalen Mangel an Kontrolle. Es fühlt sich wirklich so an, als stündest du kurz vor dem Tod. Du erlebst alles, dem du entkommen wolltest, du erlebst deine ganze Ohnmacht im Angesicht des Lebens. Mit diesen Dingen konfrontiert zu werden, fühlt sich ziemlich genauso an, als würde man mit dem Tod konfrontiert sein. Füge dem noch körperliche Schmerzen hinzu, durch die der Körper sich wieder ins Gleichgewicht zu bringen versucht, und du hast eine scheinbar unerträgliche Situation, die nur durch einen neuen Schuss gelöst werden kann – oder so scheint es zumindest.

Der Mechanismus des Suchens kann brutal sein, und der Rückzug schrecklich – wir wollen uns nichts vormachen. Aber kannst du erkennen, dass innerhalb selbst des extremsten Unbehagens eine Einladung zum Ganzsein enthalten ist? Kannst du erkennen, dass der Ozean immer noch existiert – selbst wenn die Wellen wirklich ungemütlich sind? Es ist eine Einladung, die nie verschwindet, ganz gleich, was geschieht.

Der Körper zittert vielleicht ohne jede Kontrolle. Es kann sein, dass du schreckliche Schmerzen hast. Es kann sogar das Gefühl geben, dass „ich gleich sterben werde" oder dass „ich es nicht mehr aushalten kann". Aber das, was ich bin, ist der weite, offene Raum, in dem sich all diese Empfindungen und Gefühle entfalten. Der Schmerz, die Angst, die Frustration, selbst das Gefühl von Hilflosigkeit und blinder Panik – für das, was ich bin, sind auch solche Wellen nicht wirklich ein Problem. Sie sind Teil der andauernden Einladung des Lebens; sie sind in dem, was ich bin, zutiefst zugelassen. Sie sind da, um bemerkt zu werden, um als Teil des Lebens erkannt zu werden – sie sind keine Bedrohung des Lebens. Sie sind nicht böse, keine Feinde, keine Unreinheiten, die ausgemerzt werden sollten. Sie sind ganz einfach geliebte Teile meines Selbst. Und ich bin die Ruhe im Auge des Sturms. Der Körper macht sein Ding, und was ich bin, braucht vor dem, was geschieht, nicht davonzulaufen, selbst wenn es den Drang gibt, vor dem, was geschieht, davonzulaufen. Hier, wo ich bin, ist es immer okay, auf eine Art und Weise, die ich niemals erklären können werde.

Süchte zu beenden hat nichts damit zu tun, die Gier danach loszuwerden. Es hat damit zu tun, diese Gier als das zu erkennen, was sie wirklich ist, und zutiefst zuzulassen, dass sie da ist. Ja, letztlich gibt es diese Freiheit auch darin, *dass du nicht das bekommst, was du willst.* Diese Erkenntnis fordert das gesamte konventionelle Wissen heraus, stellt sich gegen viel von dem, wie du konditioniert worden bist, und wird in keinem der Bücher über positives Denken oder Selbsthilfe gelehrt. In einer Gesellschaft, in der so viel Betonung auf die Erfüllung von Wünschen gerichtet wird, und in der behauptet wird, dass die Erfüllung deiner Wünsche gleichbedeutend ist mit Glück, klingt es beinahe verrückt, vorzuschlagen, dass du dadurch frei und glücklich werden könntest, wenn du nicht das bekommst, was du willst. Vielleicht muss man in einer wirklich verrückten Welt selbst verrückt sein, um gesund zu sein!

Wenn du entdeckst, wer du wirklich bist, dann bist du frei, ob du dann das bekommst, was du willst oder nicht. Ganz gleich, ob oder ob nicht – du bist ganz, und keine Menge Zigaretten, Alkohol, Sex, Essen oder Geld kann dir das geben, genauso wie das Fehlen dieser Dinge dir dies nicht nehmen kann.

Wer du bist, ist nicht süchtig

Ist der, der du wirklich bist, süchtig? Macht deine Sucht dich wirklich aus? Ist es wirklich wahr, dass irgendetwas grundsätzlich falsch mit dir ist? Jede Therapie, jedes Rehabilitationsprogramm, das nicht zuallererst zum Grund dieser Fragen vorstößt, erhält lediglich Illusionen aufrecht. Ich sage hier nicht, dass du alles aufgeben sollst, was du schon tust, um frei von deiner Sucht zu werden. Aber bewaffnet mit diesem tieferen Verständnis dessen, was du wirklich bist, wird jeder Entgiftungsplan deutlich wirkungsvoller sein, dessen bin ich mir sicher.

Und wer weiß? Vielleicht wirst du an irgendeinem Punkt keinen Entgiftungsplan mehr brauchen. Du wirst vielleicht merken, dass du einen Drang verspürst, dir den nächsten Schuss zu geben, und du wirst eine tiefe Akzeptanz genau in diesem Drang spüren, und in jedem Unbehagen, das im Zusammenhang damit auftaucht. Du wirst in allem, vor dem du weggelaufen bist, Freiheit finden, und an diesem Ort vollkommener Akzeptanz wirst du entdecken, dass du kein Süchtiger bist. Du wirst entdecken, dass da nicht Falsches an dir ist. Das, was du bist, hat nie etwas anderes gewollt oder gebraucht, als diesem Augenblick zu entkommen. Was du bist, erlaubt diesem Moment zutiefst, so zu sein, wie er ist.

Ein Mann, der sich einst als Alkoholiker definiert hatte, sagte mir einmal: „Ich habe nie aufgehört zu trinken. Ich habe nie aufgehört, ein Süchtiger zu sein. Ich habe nur ganz einfach den *nächsten* Drink nicht genommen."

In diesem Augenblick, wenn du nicht trinkst: Bist du dann ein Trinker? In diesem Moment, in dem du nicht rauchst: Bist du dann ein Raucher? In diesem Augenblick, in dem du nicht nach dem Objekt deiner Sucht greifst: Bist du dann ein Süchtiger? In diesem Moment: Bist du ein Süchtiger?

Vielleicht wirst du eines Tages – und dieser Tag könnte heute sein – eine Zigarette finden oder einen Drink oder ein Stück Schokolade, da, direkt vor dir, und wirst schließlich wissen, auf tiefster Ebene wissen, dass es dir nichts geben kann, was nicht schon da wäre, direkt hier. Es kann deine Erfahrung in keiner Weise ganzer machen, als sie schon ist. Du kannst das Erscheinen eines Drangs würdigen. Du kannst den Drang würdigen, einem Drang nachzugeben. Du kannst dein Unbehagen würdigen, weil du nicht das bekommst, was du willst. Und du kannst einfach alles hier zulassen, so, wie es ist, ohne dass du es auf irgendeine Weise verändern musst.

Wenn du anfängst, deine Sucher-Energien zu kanalisieren, dann kanalisiere sie direkt hierhin, wo du gerade bist, und lass dann alles zu, was gerade jetzt hier geschieht. Lass deine Suche nach einem zukünftigen Augenblick los, an dem du frei von deiner Sucht sein wirst, und entdecke stattdessen, was gerade jetzt hier ist, in diesem Augenblick. Und vielleicht wird dies zu dem überwältigenden Drang werden – diesen Augenblick ganz und vollständig anzunehmen. Vielleicht wirst du süchtig nach der tiefsten Annahme dieses Augenblicks werden. Das ist eine Sucht, von der du niemals loskommen musst, eine Sucht, die keine Nebenwirkungen kennt. Und dann, selbst mitten in deinem Schmerz und deinem Unbehagen und rätselhaften Trieben, die du nicht kontrollieren und vielleicht nicht einmal benennen kannst, wirst du vielleicht dahin kommen, dich daran zu erinnern, was du schon immer gewusst hast, tief in dir, und was Juliana von Norwich so gut ausgedrückt hat: „Alles wird gut, und alles wird gut sein, und aller Art Dinge wird gut sein."

Es ist die Wahrheit, die befreit,
nicht deine Mühe, frei zu werden.

Krishnamurti

Die Suche nach spiritueller Erleuchtung

Unsere tiefste Angst ist nicht die Angst vor dem Tod, es ist die Angst vor dem Leben. Es ist die Angst zu leben – wirklich zu leben – wahrhaftig lebendig zu sein und ins Hier und Jetzt zu erwachen, die Angst, angesichts der rohen und wilden Energie, die das Leben selbst ist, ungeschützt zu sein. Wie wir gesehen haben, umfasst das Leben alles – nicht nur die schönen Dinge oder die positiven Dinge oder die glücklichen Momente – genau wie der Ozean alle Arten von Wellen umfasst, und so müssen wir, um wahrlich lebendig und erwacht zu sein, uns allem gegenüber öffnen. Allem gegenüber. Ja, das Leben ist Freude und Seligkeit und Glück, aber es ist auch Schmerz und Trauer, Angst, Wut, Verwirrung und Hilflosigkeit. Zu erwachen bedeutet zuzugeben, dass du dich vor keiner dieser Wellen im Ozean des Lebens schützen kannst, dass das, was du wirklich bist, so groß ist und so bedingungslos und frei, dass es gar nicht anders kann, als alles in sich zuzulassen. Dich dem Leben wirklich zu öffnen ist gleichbedeutend damit, dich dem Tod zu öffnen – dem Tod dessen, was du zu sein dachtest, dem Tod dessen, der du zu sein glaubtest, dem Tod deines eigenen Bildes von dir. Leben und Tod sind wirklich gleich, und der Geist wird das niemals, wirklich niemals verstehen.

Die Menschen denken oft, dass spirituelle Erleuchtung etwas damit zu tun hat, alle Erfahrungswellen loszuwerden, vor denen sie Angst haben. Unser falsches Bild von dem, was Erleuchtung ist, besteht darin, zu glauben, dass es ein besonderer Zustand von Erleben ist, ein Ort, an dem es keine Angst, keinen Schmerz, keine Wut, nichts Negatives mehr gibt. Mit anderen Worten, Erleuchtung ist ein vollkommen ruhiger und kontrollierter Ozean, in dem alle schlimmen Wellen zu Tode gekommen sind. Es ist Licht ohne Dunkelheit, Einheit ohne Verschiedenheit.

Aber diese Sicht ist ganz einfach ein Ausdruck der Sehnsucht des Suchers. Der Sucher möchte sich dem Leben gegenüber taub machen. Der Sucher möchte vor dem Tod geschützt sein und die vollständige Kontrolle über alle Wellen seines gegenwärtigen Erlebens haben. Erleuchtung ist für viele Menschen die Vision des perfekten Ozeans – eines Ozeans, der frei von jeglichen negativen Wellen ist, frei von jeglichen bösen Wellen, frei von jeglichen gefährlichen Wellen. Es ist der ständig selige Guru, der in einem Zustand vollkommenen Glücks lebt, der niemals Schmerzen spürt oder Traurigkeit, Langeweile, Frustration, Angst oder irgendeine Art Schwäche. Es ist die Freiheit von der Welt der Relativität, von der Welt von Schmerz und Leid. Es ist ein Entkommen aus der Welt der Dualität. Es ist der allerhöchste Schutz.

Wir erkennen jetzt, dass diese Art Erleuchtung *nicht möglich* ist. Sie ist eine Lüge und basiert auf dualistischen Vorstellungen darüber, wer und was wir sind. Sie ist der Traum des Suchers und nichts anderes. Unglücklicherweise – oder vielleicht glücklicherweise, im großen Plan der Dinge – gibt es viele spirituelle Lehren, die diesen Traum nähren. Dieser Traum *verkauft sich* gut, denn er ist das, was der Sucher mehr als alles andere will – *Trost, Sicherheit und Gewissheit.*

In der ganzen Geschichte der Menschheit haben wir aus unserer grundlegenden Angst vor dem Tod heraus (die heimlich unsere Angst vor dem Leben ist) all das bekämpft, was wir als Dunkelheit wahrgenommen haben, und sind dem gefolgt, was wir als Licht gesehen haben. Indem wir nicht erkannten, wer wir wirklich sind, haben wir alles angegriffen oder unterdrückt, was wir als Bedrohung dieses Lichts gesehen haben. Wir haben diese Aspekte des Lebens gefährlich genannt, böse, sündig, unheilig, schlecht – Tabus, im ursprünglichen Sinn des Wortes. Spiritualität wurde zu einem Krieg mit der Dunkelheit statt zu der Wiederentdeckung des Lichts des Jetzt.

Indem wir uns als getrennte Wesen wahrnahmen und die Wirklichkeit zweiteilten, haben wir geglaubt, dass wir lange und in Wohlstand leben würden, wenn wir diese dunklen Aspekte unseres Erlebens loswerden könnten, wenn wir das Böse bekämpfen könnten, wenn wir die Sünde überwinden könnten, wenn wir die Welt vom Bösen befreien könnten oder wenn wir die Unreinheit zerstört hätten. In unserer Suche nach dem Himmel haben wir die Hölle erst erfunden und dann angefangen, sie zu bekämpfen. In unserer Suche nach dem Nirwana, haben wir die Samsaras weggeschoben. In unserer Suche nach geistiger Gesundheit haben wir das bekämpft, was wir geistige Krankheit genannt haben. In unserer Suche nach Gott haben wir der Sünde den Krieg erklärt.

Sünde, Krankheit, das Böse, Verrücktheit, Unreinheit, alles Unheilige, alles, das nicht in unseren Plan des Suchens passte, wurde zu unserem Tabu, und wir fühlten uns im Recht, es zu unterdrücken, zu bekämpfen oder sogar zu zerstören. Wir erschufen Sündenböcke und daraus ergab sich große Gewalt. Wir glaubten, dass wir auf der Seite des Lebens wären und dass wir für unsere Probleme mit mehr Leben belohnt werden würden, dass wir vor dem Tod beschützt seien und dass alles gut sein würde. Es machte alles vollkommen Sinn – in einer Weise.

Entkomme dem Dunkel und finde das Licht. Entkomme dem Bösen und finde das Gute, das Reine, das Heilige. Entkomme dem Persönlichen und erreiche das Unpersönliche. Entkomme der Dualität und erreiche die Nondualität. Das ist es, was wir in unserer Unschuld geglaubt haben.

Aber wenn du alle religiösen Nebenbedeutungen abstreifst, dann sind Worte wie „Dunkelheit" und „das Böse" nicht länger fremde, mystische Kräfte, die man fürchten und die man bekämpfen muss, sondern einfach Wegweiser zu solchen Erfahrungswellen – jenen Gedanken, Empfindungen, Gefühlen – die derzeit abgewehrt und nicht als Ausdrucksformen der Ganzheit erkannt werden.

Das „Böse" oder „Dunkle" sind Wellen, die wir einfach und fälschlicherweise als eine Bedrohung *der* Ganzheit sehen, eine Bedrohung des Lebens. Es sind abgewehrte Wellen. Es sind ungeliebte Wellen. Es sind die Wellen, denen wir den Rücken zukehren. Es sind die Wellen, die wir fürchten. Es sind die Waisenwellen, die Sehnsucht danach haben, nach Hause zurückzukommen, und die nicht eingelassen werden. Es sind die Wellen, die unsere kostbaren Selbstbilder bedrohen. Angst, Wut, Traurigkeit, Schmerz, sexuelle Bedürfnisse, seltsame Gedanken – sie alle sind nicht inhärent dunkel oder böse. Sie sind nur einfach nicht im Licht zugelassen und daher *erscheinen* sie als etwas, was sie gar nicht sind. Sie scheinen dunkel zu sein und böse und das Gegenteil von Licht, aber in Wahrheit kann keine Welle das Gegenteil des Ozeans sein, denn jede Welle ist der Ozean. Eine sogenannte dunkle Welle steht dem Licht nicht entgegen, sie ist das Licht, aber sie wird als solches nicht erkannt. Was wir böse nennen, ist nur das abgewehrte und ungeliebte Licht. Was wir böse nennen, ist nur das, was wir fürchten.

Viele spirituelle Lehren und Praktiken aus allen Zeitaltern sind uns als die ultimativen Lösungen für das Problem des Menschseins präsentiert worden. Uns ist beigebracht worden, wie wir das Negative transzendieren und das Positive anziehen können, wie wir den Körper überwinden und verlassen können, wie wir schmerzliche Emotionen auslöschen und wie wir Gefühlen entkommen können, wie wir Gedanken anhalten und wie wir Unvollkommenheit und Unreinheit zerstören können und wie wir uns vom Leben entfernen können. Aber warum dieser nie zu Ende gehende Kampf gegen Gedanken und Gefühle? Warum dieser Krieg gegen den gegenwärtigen Moment? Warum fürchten wir eine vollständige Annahme unseres gesamten Menschseins, eine Annahme, die wir in unserer Essenz bereits sind? Warum fürchten *wir uns selbst* so sehr? Warum diese andauernde Abwehr gegen das Leben? Vielleicht fürchten wir, dass wir in Wirklichkeit irgendeine Art sublimer Existenz in der Zukunft verpassen oder verhindern würden, wenn wir unser Menschsein im Hier und Jetzt vollkommen annehmen? Wir sind dahin gekommen zu glauben, dass die Menschheit in einer Art gefallenem Zustand ist und dass eine vollständige Annahme dieser gefallenen, erdgebundenen, sterblichen, „illusionären" menschlichen Erfahrung ein Fehler sein würde, eine faule Ausrede, ein Aufgeben, ein Sichabfinden mit weniger, als wir verdienen, eine Zurückweisung unseres kosmischen Erbes. Uns ist beigebracht worden, dass es jenseits der menschlichen Erfahrung, jenseits der Schatten in der Höhle eine vollkommenere Welt gibt, ein unsterbliches, himmlisches und erleuchtetes Reich, das auf uns wartet.

Vielleicht sind solche Glaubensüberzeugungen nur die Träume und Alpträume des Suchers, und die Ganzheit, die wir suchen, ist schon da, verborgen in unserem Menschsein, verborgen in allem, dem wir zu entkommen versuchen. Vielleicht war das Menschsein niemals ein Problem. Vielleicht war das Leben niemals ein Problem. Vielleicht brauchen wir keine Lösungen für das nichtexistente Problem, hier und jetzt am Leben zu sein. Vielleicht brauchen wir keine Versprechungen über eine bessere Welt, über ein Leben nach dem Tod, über ein Himmelreich, ein transzendentes, spirituelles Reich, und haben sie auch nie gebraucht. Vielleicht sind wir zutiefst okay so, wie wir sind, schon jetzt vollkommen in unserer Unvollkommenheit, schon jetzt von eben dem Leben, das wir zu vermeiden versuchen, zutiefst angenommen.

Also, was ist dann Erleuchtung, wenn sie nichts damit zu tun hat, unserem Menschsein zu entrinnen, oder etwas zu entkommen, das Negativität genannt wird oder das Böse oder das Dunkle, und stattdessen zu etwas anderem zu streben, dass Licht genannt wird? Was ist spirituelles Erwachen, wenn es nicht darum geht, all den Kram loszuwerden, den wir an uns nicht mögen? Was ist die ultimative Wahrheit, wenn sie nicht mehr die Verleugnung unseres Menschseins ist? Was ist das Unpersönliche, wenn es nicht länger das Persönliche bekämpft? Was ist das Absolute, wenn es schließlich das Relative annimmt? Was geschieht, wenn alle Wellen geliebt sind, wenn es hier niemanden gibt, der vom Leben selbst getrennt ist? Was geschieht, wenn unsere Angst vor dem Tod, die unsere Angst vor dem Leben ist, endlich aufhört?

Ein Mann kam am ersten Tag eines meiner Seminare in Holland zu mir. Er sagte mir, dass er in den vorangegangenen Jahren, nachdem er in seinem Leben einen tiefen Schmerz und viel Trauer erlebt hatte, auf eine spirituelle Suche gegangen war. Er hatte auf dieser Suche nach dieser schwer fassbaren Sache, die man Erleuchtung nennt, viele Bücher gelesen und viele verschiedene Lehrer besucht. Eines Tage saß er zu Hause in seinem Garten, als plötzlich etwas sehr Seltsames und Unerwartetes geschah. Alles Denken, jedes Zeitgefühl fielen weg und alles, was blieb, war die absolute Frische und Einfachheit dieses Augenblicks. Er hatte eine tiefe Erkenntnis, dass die Welt vollkommen war, so wie sie war, selbst in ihrer Unvollkommenheit. Das Gras, die Bäume, die Kriege, der Hund, der auf den Bürgersteig schiss – alles war göttlich. Er wusste zutiefst, dass alles am richtigen Ort war und dass er nicht als eine getrennte Wesenheit existierte. Er war eins mit dem ganzen Leben. Er war keine Person mehr. Er war nur noch ein offener Bewusstseinsraum, in dem sich das Leben abspielte. Es fühlte sich so an, als ob seine spirituelle Suche an ihrem Ziel angekommen war. Er hatte den weiten, friedlichen Ozean gefunden, jenseits der Millionen Wellen. Er fühlte sich frei. Er fühlte sich so, als ob er nie wieder leiden würde.

Er blieb einige Tage lang in diesem Zustand tiefsten Friedens. Aber Zustände und Erlebnisse sind nicht von Dauer, und bald kehrten die Gedanken und Gefühle und die ganze komplizierte Geschichte seines Lebens zurück. Und obwohl er eine sehr tiefe Erkenntnis des Ozeans gehabt hatte, fingen die Wellen an, ihn wieder zu *verletzen*. Er erzählte mir, dass ihn das zutiefst verwirrte. Er hatte erwartet, dass nach seinem „Erwachen" die Wellen vollständig aufhören würden. Er hatte erwartet, dass der Ozean nach seiner Erkenntnis vollkommen still und klar bleiben würde, und dennoch fuhren diese Wellen – Schmerzwellen, Traurigkeitswellen, Angstwellen, Wellen der Hilflosigkeit und des Zweifels – fort, sich in ihm zu bewegen. Und er wusste nicht, was er mit ihnen machen sollte. Er erlebte noch immer Konflikte in seinen Beziehungen. Und es gab so viel Traurigkeit und Angst und Sehnsucht in ihm, mit denen er nicht umgehen konnte. Er kämpfte immer noch mit seiner Nikotinsucht. Wie konnte er erwacht sein und immer noch so leiden? Wie konnte er erwacht sein und immer noch Zweifel und Ungewissheit und Momente von Wut erleben? Die Gurus hatten ihm versprochen, dass das Erwachen das Ende allen Leids bedeuten würde. Es schien keinen Sinn zu machen.

Während des Seminars sprachen wir über seine Verwirrung nach seinem Erwachen. Wir sprachen über die tiefste Annahme des Lebens, über die Untrennbarkeit der Wellen vom Ozean, über den weit offenen Raum, der alles enthält, darüber, wie alle Wellen in dem, was du bist, zugelassen sind – einschließlich derjenigen, die du vorher dunkel oder böse genannt hattest, all denjenigen, die in dein Konzept von Erleuchtung nicht hineinpassen. Wir sprachen über die vollständige Annahme des Lebens im Jetzt – der Annahme, die du in deiner Essenz bist – und der Entdeckung dieser Annahme hier und jetzt.

Am Ende des Retreats sagte mir der Mann, er habe erkannt, dass die Wellen nicht aufhören *sollten*. Sie *wären* der Ozean. Und jede Welle war eine winzige Einladung, den Ozean wieder zu erkennen, und zwar *in* der Welle. Selbst der Konflikt, den er in seiner Ehe erlebte, war eine gigantische Einladung, zu erwachen und den Ozean mitten in dem Konflikt zu erkennen, um zu entdecken, an welchen Selbstbildern er immer noch festhielt, welche Gefühle in seinem Erleben nicht ganz zugelassen waren, wie er sich vor seiner Frau verschloss und sich als „den Verletzten" sah, wenn sie stritten. Er hatte den Ozean vollständig erkannt, und der Ozean gab immer mehr von sich zu erkennen, Tag für Tag. Es war eine wunderschöne Widersprüchlichkeit.

Dann sagte er einige wunderbare Dinge zu mir: „Ich hatte immer die Vorstellung, dass da irgendetwas mit mir falsch war, weil ich nicht in der Lage war, die Wellen anzunehmen und es zu schaffen, dass sie verschwanden – so, als wäre ich nicht stark genug oder erwacht genug oder so etwas. Aber jetzt kann ich erkennen, dass es nicht um mich geht, der nicht stark genug ist, die Wellen anzunehmen. Die Wellen der gegenwärtigen Erfahrung sind schon jetzt in dem, was ich bin, angenommen. Ich brauche sie gar nicht anzunehmen. Ich bemerke nur gerade jetzt, dass sie bereits angenommen sind. Ich brauche nicht stark genug zu sein, um sie anzunehmen. Ich bin ganz einfach zu schwach, sie davon abzuhalten, dass sie nicht weiter in mich hineinkommen."

Erleuchtung hat nichts damit zu tun, so stark zu sein, dass du in der Lage bist, alle Wellen anzunehmen. Es geht nicht darum, die Wellen auf irgendeine Weise zu kontrollieren. Es geht nicht darum, dem gegenwärtigen Augenblick zu entkommen. Es geht nicht darum, ein Selbstbild von dir als einem Erleuchteten aufrechtzuerhalten und zu beweisen, wie spirituell, selig geworden und friedlich du die ganze Zeit bist. Es geht darum, zu entdecken, wer du bist – was so radikal offen ist, so verletzlich, so ungeschützt, so schwach, in gewisser Weise, dass es immer unmöglicher für dich wird, den Wellen zu entrinnen, die im Jetzt auftauchen. Und diese Schwäche ist nicht wirklich Schwäche, denn in dieser Schwäche liegt die größte Stärke. Es ist die tiefste Annahme des Lebens. Und du musst diese Annahme nicht vollziehen – du bist bereits so gebaut.

Viele Menschen haben Erweckungserlebnisse wie dieser Mann, in denen sie den weiten Ozean jenseits der Vielfalt der Wellen berühren. Aber das Leben ist damit nicht zu Ende. Die Wellen kommen weiter und sehr schnell sind all unsere wunderbaren spirituellen Eingebungen vergessen. Ganz gleich, wie erwacht oder spirituell entwickelt wir unserer Ansicht nach sind, ganz gleich, wie sehr wir das Selbstbild aufrechterhalten, dass wir „kein Selbst“ haben oder „niemand“ sind oder „über das Persönliche“ hinausgelangt sind, wir werden weiter in die Wellen des Lebens verwickelt, ob wir das nun zugeben oder nicht. Wie werden in das Leiden zurückgesaugt, in den körperlichen Schmerz, in den Beziehungskonflikt, in Süchte, in das Jagen nach neuen Erlebnissen oder in das Festhalten an alten oder in weiteres spirituelles Suchen. Es fühlt sich an, als ob wir erwacht wären und dann das Erwachen wieder verlören. Wir haben den Himmel berührt, und dann sind wir wieder aus ihm herausgefallen. Großes Leid und große Verwirrung können daraus resultieren. Wenn du einmal den Himmel berührt hast, dann kann das Leben zur Hölle werden. Selbst der scheinbar am meisten erleuchtete Mensch kann nach seinem Erleuchtungserlebnis immer noch an Traurigkeit leiden oder an Angst oder an schrecklichen Beziehungskonflikten. Und oft finden sie es schwerer als je zuvor, dieses Leid zuzugeben, nun, wo sie ein Selbstbild von sich als „der Erleuchtete“ oder, noch schlimmer, als „der erleuchtete Lehrer“ aufrechterhalten müssen. Aber dieses anhaltende Leid ist eine wunderbare Nachricht, ja, wirklich, denn zu leiden ist nur eine Einladung, alle Selbstbilder von dir loszulassen, einschließlich des Bildes, dass du erleuchtet bist oder über das Leiden hinausgelangt seiest, eine Einladung, dich furchtlos deiner gegenwärtigen Erfahrung zu stellen und die tiefste Annahme dort zu finden – und nirgends sonst.

Manche spirituellen Lehren sprechen über die Stadien des Erwachens. Sie sagen, dass es Zeit braucht, um voll zu erwachen. Manche Lehren sagen auch, dass es ein anfängliches Erweckungserlebnis geben kann (in anderen Worten, die Erkenntnis, dass es den Ozean gibt), aber dann kann es Jahre oder sogar ein ganzes Leben dauern, um das Erwachen vollständig zu integrieren oder zu verkörpern und es wirklich im täglichen Leben auch zu leben. Manche Menschen sprechen über Erwachen als Reise zur Integration aller Wellen, die zu einem Punkt in der Zukunft führen würde, an dem alle Wellen vollständig in den Ozean integriert sind und an dem sie als Individuen vollständig, 100 Prozent, erwacht sind. Und manche Menschen sagen, dass es in Wirklichkeit so etwas wie Erwachen überhaupt nicht gibt, dass Erwachen ein Mythos ist, dass niemand bisher jemals wirklich erwacht war und dass wir es einfach lassen sollten, uns ewig mit unserem Leid zu beschäftigen, und stattdessen lieber eine Tasse Tee trinken und ein Käsesandwich essen sollten.

Es gibt da draußen so viele Lehren, so viele unterschiedliche Perspektiven, und sie alle können für jemanden so verwirrend sein, der ernsthaft daran interessiert ist, Freiheit in seinem Leben zu erlangen. Alle spirituellen Wege, Prozesse, Praktiken und Lehren haben ihren Platz, und ich bin nicht da, um irgendeine von ihnen zu beurteilen. Aber indem du dich als der weit offene Raum erkennst, in dem alle Wellen auftauchen und wieder verschwinden, als die vertraute Weite, in der alle Gedanken, Empfindungen und Gefühle kommen und gehen, wird es viel klarer, um was es beim Erwachen wirklich geht.

Indem du dich als der weite und vertraute offene Bewusstseinsraum erkennst, ist es nicht mehr die Frage von etwas, das *Ich* genannt wird und das im Laufe der Zeit immer erwachter wird oder eine volle Integration in der Zukunft erreicht, denn es kann so gesehen werden, dass aus einer Perspektive dessen, was ich wirklich bin, jede Welle, die genau jetzt erscheint, bereits im Ozean integriert ist – jede Welle ist bereits vertraut mit dem, was ich bin. Und deshalb ist es nicht die Frage, ob ich mich irgendwann in der Zukunft auf einen Zielpunkt vollständiger Integration hin bewege. Das ist der Traum des Suchers, der ständig in der Geschichte der Zeit und der spirituellen Errungenschaften lebt. Es ist immer, immer eine Frage der *Erkenntnis*, dass die Integration der gegenwärtigen Erfahrung im *Hier und Jetzt* liegt. Es geht um das Erwachen zu der Vollständigkeit und Ganzheit und der tiefen Akzeptanz in diesem Augenblick, so wie er ist. Es geht darum, zu erkennen, dass *diese* Wellen hier und jetzt bereits zutiefst angenommen sind. Die Integration morgen ist nicht mein Job. Die Geschichte des gestrigen Erwachens spielt keine Rolle. Hier und jetzt – nur da ist das Leben. Und es gibt *nur* hier und jetzt.

Und obwohl dies ein Prozess zu sein *scheint*, der im Rahmen der Zeit stattfindet – das Verbrennen des falschen Selbstbildes, das Erkennen des Suchens in seinen subtilen und noch subtileren Formen, die Entdeckung der Tiefenakzeptanz in jenen Wellen, von denen du nie gedacht hättest, dass sie akzeptabel seien, das Auffinden von Liebe und Frieden an Orten, von denen du gedacht hättest, dass es dort keine Liebe und keinen Frieden gibt, die Entdeckung eines immer vertrauteren Umgangs in deinen persönlichen Beziehungen, auch wenn du zutiefst erkennst, dass es keine „anderen" außerhalb von dir selbst gibt – so ist es dennoch ein zeitloser Prozess, der sich immer nur im Jetzt abspielen kann. Das Leben integriert sich selbst mit sich selbst, hier und jetzt, und du bist Zeuge dieses Tanzes. Das Leben heilt sich selbst durch dich.

Ja, das ist das wundervolle Paradox des spirituellen Erwachens. Das Leben ist schon vollständig, radikal ganz, hier und jetzt. Es gibt nichts, das falsch an dir wäre – selbst in deiner Unvollkommenheit bist du vollkommen, genauso, wie du bist. Das Leben hat sich in und als dieser Moment schon selbst vervollständigt, und dies ist die ultimative Wahrheit der Existenz. Und dennoch, gleichzeitig, drückt sich die Vollständigkeit weiterhin in einer nie endenden Einladung zur erneuten Entdeckung dieser Vollständigkeit inmitten dieser verkörperten, zutiefst menschlichen Erfahrung aus, hier und jetzt.

Wenn jede Welle erscheint, als Gedanke, Geräusch, Geruch, Empfindung, Gefühl in dem Ozean, der du bist, auftaucht, dann wispert sie sanft: „Bitte, wende dich nicht von mir ab, ganz gleich, wie schmerzlich oder intensiv ich gerade erscheine. Vertraue mir, ich bin auch der Ozean. Ich nehme nur jetzt diese Form an. Ich gehöre hierher, obwohl das nicht offensichtlich zu sein scheint. Hab' keine Angst, du musst mich nicht annehmen, ich bin schon *darin*. Und mach dir keine Sorgen, du kannst mich auch nicht abweisen, denn ich bin schon *darin*. Hast du das schon bemerkt? Bist du bereit, über jedes deiner Selbstbilder hinauszugehen, über alle Geschichten deiner Vergangenheit und Zukunft, und einfach zuzugeben, dass ich schon da bin, dass ich schon *eingelassen* worden bin? Kannst du *zulassen*, dass das, was du wirklich bist, groß genug ist, um das ganze Leben zu enthalten, das Gute *und* das Schlechte?"

Schau auf dein Leben. Die Einladung ist überall. Sie ist da in der Freude und im Schmerz, in der Langeweile und in der Erregung, in der Trauer und in der Ekstase, in der Süße und in der Bitterkeit, bei deiner Geburt und auf deinem Sterbebett. Die Einladung ist hier, in jedem einzelnen Moment dieses kostbaren, fragilen Geschenks des Lebens, das wir so leicht als gegeben hinnehmen. Und genau jetzt, genau jetzt, wo du diese Worte liest, ruft sie dich sanft zu sich zurück.

Über den Autor

Jeff Foster hat Astrophysik an der Universität Cambridge studiert. Nach einer langen Zeit, in der er depressiv und krank war, wurde er Mitte 20 süchtig nach der Idee spiritueller Erleuchtung und ging auf eine intensive spirituelle Suche nach der ultimativen Wahrheit der Existenz.

Diese spirituelle Suche brach zusammen, als er klar die nonduale Natur von allem erkannte und das Ungewöhnliche im Gewöhnlichen entdeckte. In der Klarheit dieses Erkennens wurde das Leben zu dem, was es immer schon war: vertraut, offen, liebend und spontan, und Jeff blieb zurück mit einem tiefen Verständnis der grundlegenden Illusion, die hinter allem menschlichen Leid steht, sowie mit einer tiefen Liebe für den gegenwärtigen Augenblick.

Er hält zur Zeit Treffen, Retreats, Seminare und private Einzelsitzungen auf der ganzen Welt ab und weist Menschen sanft, aber direkt auf die Tiefenakzeptanz hin, die im gegenwärtigen Moment enthalten ist. Er hilft Menschen zu entdecken, wer sie wirklich sind, jenseits aller spirituellen Konzepte, jenseits aller Gedanken und Bewertungen über sich, selbst mitten im Stress und in den Anstrengungen des modernen Lebens und der Liebesbeziehungen. Er gehört keiner spirituellen Tradition oder Linie an und macht seine Lehren allen zugänglich.

Jeff wurde zu Nummer 51 der „100 einflussreichsten spirituellen Menschen der Gegenwart“ in der 2012 veröffentlichten Liste des Watkins Magazins gewählt. Er lebt in der Nähe von Brighton in England. Um mehr über Jeff und seine Lehren zu erfahren und seine Termine einzusehen, besuche bitte
www.lifewithoutacentre.com

Weitere Bücher aus dem Verlag Via Nova:

Die Vision vom göttlichen Menschen

Eine spirituelle Weg-Begleitung in das neue Jahrtausend

Barbara Schenkbier

Paperback, 424 Seiten, 21 ganzseitige Bilder, ISBN 978-3-928632-68-3
Prachtband: Geb., 424 Seiten, Einband Kunstleder mit Goldaufdruck,
21 ganzseitige Bilder, Zweifarbendruck, ISBN 978-3-928632-18-8

Das Buch ist ein umfassendes Standardwerk, das den Durchbruch einer neuen Evolutionsstufe im Bewusstsein des Menschen vorbereiten hilft. Aufbauend auf wissenschaftlichen Erkenntnissen und der mystischen Tradition aller Religionen führt es zu einem tieferen Wissen über das menschliche Bewusstsein, um dann den Weg zum göttlichen Menschen zu beleuchten. Alle wichtigen Schritte werden beschrieben, wesentliche Übungen aus einer neuen Sicht heraus dargestellt und die Transformationsstufe zu einem neuen Bewusstsein geschildert. Beim Lesen und Anwenden der beschriebenen Wahrheiten eröffnet sich dem Leser eine neue Sicht auf den Sinn des Lebens. Alle, die den geistigen Weg beschreiten, werden ihn besser verstehen, ihn bewusster, mutiger und konsequenter weitergehen. Das Buch ist aus der eigenen spirituellen Erfahrung der Autorin heraus geschrieben und eröffnet den Blick in eine Zukunft, die die evolutionäre Schöpferkraft selbst schaffen wird.

Geh den Weg der Mystiker

Meister Eckharts Lehren für die spirituelle Praxis im Alltag

Peter Reiter

3. Auflage

Hardcover, 304 Seiten, ISBN 978-3-936486-37-7

Noch nie war Mystik so spannend, so aufregend! Zeitgemäß, lebendig und alltagsorientiert vermittelt der Meister-Eckhart-Experte Peter Reiter die Lehre des größten deutschen Mystikers – exemplarisch für alle mystischen Traditionen. Die Kraft und Inspirationen der Lehre Meister Eckharts werden hier so vermittelt, dass sie direkt ins Herz des Lesers fließen. Schritt für Schritt begleitet Peter Reiter den Suchenden an den Ort, wohin der alte Meister schon seine Zuhörer führte: zur unmittelbaren Erfahrung des All-Eins-Seins inmitten der Welt, ins Hier und Jetzt! In allen Lebensbereichen kann das Göttliche geahnt, gefühlt und erfahren werden. Der Weg zum Ziel führt mit entsprechenden Übungen über verschiedene Etappen: Mitgefühl mit allem Sein, leben in Gelassenheit, Widerstand aufgeben, die Welt annehmen, Verantwortung übernehmen, Altes bereinigen, Bewerten und Verurteilen sein lassen, mit Trauer und Leid umgehen und die Liebe leben. Die Übungen im Geiste Eckharts stammen aus verschiedenen mystischen Schulen und geistigen Traditionen.

Das One-Bewusstsein

In der Erfahrung der Einheit die Fülle des Seins leben

Barbara Vödisch

Paperback, 192 Seiten, ISBN 978-3-86616-261-7

Jetzt ist die Zeit, den Sprung von einer dualen Weltsicht, die trennt und auf Angst und Mangel basiert, in das Bewusstsein der Einheit und Fülle zu vollziehen. Willst du, dass deine Probleme enden, deine Beziehungen liebevoll und erfüllend sind? Sehnst du dich nach einer menschlicheren Welt, nach mehr Leichtigkeit und Liebe in deinem Leben? Wenn du es nicht mehr bei der Theorie belassen, sondern wirklich den Bewusstseinssprung vollziehen und in der Fülle des Seins leben willst, fordert dieses Buch von dir alles. Es packt dich, enttarnt deine Illusionen, hilft dir, dich von deinen Verstrickungen und jeglichen Leiden zu lösen und endlich glücklich und eins mit allem zu sein. Barbara Vödisch lebt seit über 12 Jahren in diesem Bewusstsein. Um dieses auch anderen zu eröffnen, hat sie in der Arbeit mit vielen Menschen ein einfaches und effektives System zum Erwachen in der Einheit entwickelt.

Alles ist da – du musst es nur finden

Mystische Erfahrungen im Alltag

Gisela Zuniga

Taschenbuch, 208 Seiten, ISBN 978-3-86616-251-8

Viele Menschen in unserer Zeit suchen nach religiöser Erfahrung, sehnen sich nach Spiritualität. Eine erfahrene Meditationslehrerin macht sich mit dem Leser auf die Spur seiner tiefsten Sehnsucht. Sie begleitet ihn auf dem Weg zur Vereinigung mit dem letzten Geheimnis, mit seinem tiefsten Grund, mit Gott. Sie lehrt den spirituellen Weg der Kontemplation. Sie führt in die Stille, um hinter der Stille des letzten Geheimnisses gewahr zu werden, in die Fähigkeit des Loslassens und zur Erfahrung des wahren Selbst. Es ist der Weg von der Oberfläche in die Tiefe, vom Haben zum Sein, aus der Zerstreutheit zurück in den Ursprung. Jeder Mensch, so sagt die Autorin, ist fähig, in ein Höheres Bewusstsein zu erwachen und ein Leben aus der Kraft des Seins zu führen, ohne Angst, ohne Sorge, in Freiheit und Liebe.

Ruheloser Geist trifft Achtsamkeit

Aus der Zeit in den Moment

Matthias Dhammavaro Jordan

Taschenbuch, 160 Seiten, ISBN 978-3-86616-252-5

Einfachheit und Tiefe sind die Qualitäten dieses Buches. Der ehemalige buddhistische Mönch spricht aus eigener Erfahrung, verständlich, unterhaltsam, lehrreich, inspirierend und mitten im Leben stehend. Sofort findet der Leser sich selbst wieder und wird behutsam und fundiert an essentielle Weisheiten herangeführt. Vor allem aber zeigt das Buch, sowohl bei den Betrachtungen über die Wirkungsweise des menschlichen Geistes als auch bei den Meditationsanleitungen, wie man durch bewusstes Üben der Achtsamkeit innere Ruhe und Frieden finden und ein entspanntes und erfülltes Leben führen kann. Zeit ist kostbar und dieses Buch zeigt uns den Weg vom Hier ins Jetzt und, wie wir den Reichtum des Augenblicks neu erleben und wertschätzen können.

Klarer Geist – weites Herz

Die Wirkung des integrativen Übens im Yoga

Helga Simon-Wagenbach

Hardcover, 240 Seiten, 108 Abbildungen, ISBN 978-3-86616-250-1

Die integrativeYogapraxis, die zur Balance, zur Meditation und zur Heilung führt, realisiert in einfachen und in anspruchsvollen Übungen das Zusammenwirken von Körper, Atem und höchster Aufmerksamkeit. Spürende Achtsamkeit als innere Haltung ermöglicht dadurch in jeder Yogaübung auch die individuell stimmige Balance zwischen Bemühen und Loslassen. Die Kunst des Übens im Yoga ist es, wie die Autorin anschaulich und nachvollziehbar erklärt, diese verschiedenen Aspekte als wechselseitige Ergänzungen zu erfahren, die zusammengehören und miteinander auf vielfältige Weise kommunizieren. Dabei ist es wichtig, sich immer wieder daran zu erinnern, dass es weniger auf das WAS des Übens als auf das WIE ankommt, um eine innere Vision zu verwirklichen.

Emotionale Reife

Die Heilung der Gefühlswelt

Chuck Spezzano

Hardcover, 200 Seiten, ISBN 978-3-86616-280-8

Chuck Spezzanos internationaler Bestseller „Wenn es verletzt, ist es keine Liebe" inspirierte bis heute unzählige Menschen weltweit. Nach fast 20 Jahren präsentiert der berühmte Weisheitslehrer nun den ersten Teil der Fortsetzung seines erfolgreichen Meisterwerks, in das der reiche Erfahrungsschatz seiner Arbeit mit Menschen auf Seminaren und Trainings in der ganzen Welt einfließt. Den Leser erwartet wieder ein Feuerwerk an Inspirationen und Weisheiten, aufgeteilt in praktische, in sich abgeschlossene Lektionen, die mitten im Leben abholen und auf den Pfad der emotionalen Reife führen. Ein Handbuch des Herzens – stets überraschend, humorvoll, tiefgründig und voller Liebe, weist es den Weg zu lebendigem Glück, erfüllenden Beziehungen und innerem Wachstum.

Tiger Woman

Starke Frauen in der Partnerschaft

Chuck Spezzano

Hardcover, 192 Seiten, ISBN 978-3-86616-247-1

Dieses Buch ist eine große Hilfe für starke, selbstbewusste Frauen, sich selbst besser zu verstehen, und es ist gleichzeitig an Männer gerichtet, die in einer Liebesbeziehung mit einer solchen unabhängigen, willensstarken und leidenschaftlichen Frau leben. Chuck Spezzano geht in der ihm eigenen humorvollen und doch äußerst tiefgründigen Weise auf die damit verbundenen Herausforderungen ein. Er beschreibt Gefahren, die eine selbstbewusste Frau in einer Partnerschaft durch ihre Stärke und Kraft heraufbeschwören kann. Vor allem stellt er die Fallgruben dar, in die der Partner einer starken Frau nur allzu leicht hineintappen kann, und er zeigt Wege auf, sie zu umgehen oder sich erfolgreich daraus zu befreien. Damit werden Heilung, Harmonie und Erfolg auch in der oft stürmischen Beziehung möglich und geben ihr die Chance, zu echter und tiefer Partnerschaft und beglückender Ko-Kreativität zu gelangen.

Karten des Lebens

Lebensgeschichten erkennen und heilen

Chuck Spezzano

6. Auflage

100 künstlerisch gestaltete farbige Karten mit Begleitbuch, 224 Seiten, ISBN 978-3-86616-028-6

Die Drehbücher oder Geschichten, die unser Leben bestimmen, schreibt jeder Mensch selbst. Die Karten des Lebens – das neue Karten-Set des bekannten Lebenslehrers Chuck Spezzano – zeigen die Geschichten, die wir in unserem Leben erzählen, ganz gezielt auf. Es können fröhliche und kraftvolle, aber auch dunkle und zerstörerische Geschichten sein. Wir schreiben sie oft in Sekundenbruchteilen, tragen sie und ihre Folgen aber ein Leben lang mit uns. Negative Geschichten aus der Vergangenheit zu heilen und positive, lebensbejahende Geschichten zu stärken ist ein Herzensanliegen von Chuck Spezzano und ein Eckpfeiler seiner Arbeit. 100 wunderschöne, von der deutschen Künstlerin Petra Kühne einfühlsam gestaltete Karten sowie ein Begleitbuch, das die tiefere Bedeutung jeder einzelnen Karte erklärt und Beispiele für verschiedene Befragungsmöglichkeiten enthält, geben dem Leser ein ideales Werkzeug an die Hand, mit dessen Hilfe er seine Lebensmuster erkennen, negative und destruktive Muster heilen und dadurch zu mehr Glück und größerer Fülle im Leben gelangen kann.

Vom Segen der Dankbarkeit

Was dich wirklich glücklich macht

Angeles Arrien

Paperback, 240 Seiten, ISBN 978-3-86616-262-4

Dankbare Menschen, so haben Studien ergeben, sind zufriedener, mehr mit sich im Einklang, sie leben länger, spüren mehr Freude, Liebe und Glück. Aber wie wird man dankbar? Angeles Arrien weist einen völlig neuen Weg: Im Einklang mit der Natur, Monat für Monat, nimmt sie den Leser an die Hand und führt ihn – begleitet von Übungen, Meditationen und Praktiken aus den spirituellen Traditionen der Welt – in ein neues Erleben der Wirklichkeit. Ein echtes Arbeitsbuch, ein Buch, mit dem man lernt, Dankbarkeit in alle Bereiche des eigenen Lebens zu bringen – in Beruf und Finanzen, in Beziehungen, in Gesundheit, Ernährung und Spiritualität.

Freier Kopf – offenes Herz

Im Fluss der Lebensenergie Klarheit, Freude und Glück erfahren

Hanspeter Ruch

Paperback, 112 Seiten, ISBN 978-3-86616-265-5

Erst wenn es uns gelingt, aus dem stetigen Kreislauf der Gedanken auszusteigen, können wir Ruhe und Klarheit, Freude und Stille finden. Dieses Buch ermutigt uns, einen neuen Weg einzuschlagen, um den Kopf frei zu machen und das Herz zu öffnen. So finden wir zurück zu unserer wahren Bestimmung, unserem wirklichen inneren Zuhause, und unsere Lebensenergien können sich wieder frei entfalten. Mit inspirierenden Denkanstößen und Betrachtungen, anregenden Fallgeschichten und leicht umsetzbaren Übungen zeigt uns dieses Buch, wie wir das Diktat des „vollen Kopfes" mehr und mehr beenden können, um die wertvollen Qualitäten des „offenen Herzens" im Alltag zu leben.

Hinter die Symptome schauen

Die seelischen Ursachen der Krankheiten

Ferenc Pósa

Hardcover, 464 Seiten, ISBN 978-3-86616-246-4

In dieser Ausgabe des in Ungarn erschienenen Bestsellers (15 Auflagen) vermittelt der bekannte Gesundheitsphilosoph, Therapeut und Seminarleiter F. Posa seine Auffassung über Krankheiten und deren Heilung erstmalig auch Lesern in Deutschland. Aus seinem ganzheitlichen Verstehen beschreibt er die seelischen Ursachen der Krankheiten und zeigt Lösungswege auf, wie der Mensch sein körperlich-seelisches Gleichgewicht finden und gesunden kann. Der Autor macht bewusst, dass niemand mit Absicht krank werden möchte, im Unterbewusstsein jedoch vieles tut, was die Krankheit hervorruft. Sie kann zur Ersatzhandlung für ein glückliches und freudvolles Leben stehen. Ferenc Pósa stellt die Zusammenhänge zwischen Leben, Gesundheit und Krankheit dar, die helfenden und behindernden Kräfte sowie die wichtigsten Prinzipien für die geistige Heilung. Es werden über 250 konkrete Krankheiten und Krankheitsbilder behandelt, ihre medizinischen Grundlagen, die Erfahrungen der Naturheilkunde, die seelischen Ursachen und der Weg zur Genesung.